农业水价、灌溉用水与粮食生产研究

陈杰 许朗◎著

NONGYE SHUIJIA, GUANGAI YONGSHUI
YU LIANGSHI SHENGCHAN YANJIU

中国财经出版传媒集团

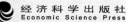

经济科学出版社
Economic Science Press

图书在版编目（CIP）数据

农业水价、灌溉用水与粮食生产研究/陈杰，许朗著 . -- 北京：经济科学出版社，2022.7

ISBN 978 - 7 - 5218 - 3806 - 0

Ⅰ.①农… Ⅱ.①陈…②许… Ⅲ.①农村给水 - 水价 - 研究 - 中国 Ⅳ.①F726.2

中国版本图书馆 CIP 数据核字（2022）第 124685 号

责任编辑：崔新艳 梁含依
责任校对：靳玉环
责任印制：范 艳

农业水价、灌溉用水与粮食生产研究
陈 杰 许 朗 著

经济科学出版社出版、发行 新华书店经销
社址：北京市海淀区阜成路甲 28 号 邮编：100142
经管中心电话：010 - 88191335 发行部电话：010 - 88191522
网址：www. esp. com. cn
电子邮箱：expcxy@ 126. com
天猫网店：经济科学出版社旗舰店
网址：http: //jjkxcbs. tmall. com
北京季蜂印刷有限公司印装
710 × 1000 16 开 13.75 印张 240000 字
2022 年 8 月第 1 版 2022 年 8 月第 1 次印刷
ISBN 978 - 7 - 5218 - 3806 - 0 定价：62.00 元
（图书出现印装问题，本社负责调换。电话：010 - 88191510）
（版权所有 侵权必究 打击盗版 举报热线：010 - 88191661
QQ：2242791300 营销中心电话：010 - 88191537
电子邮箱：dbts@ esp. com. cn）

本书是国家自然科学基金项目"农业水价综合改革背景下节水效应与粮食生产影响研究——基于不同经营规模农业生产主体适应性行为差异（71973065）"的研究成果。

前　言
Preface

水资源短缺是很多国家需要解决的问题。中国水资源极为匮乏，随着城镇化水平的提高，工业与服务业快速发展，跨部门的水资源竞争问题也日益突出。为了促进水资源可持续利用，2012 年中国发布了《关于实行最严格水资源管理制度的意见》，确立了水资源开发利用控制红线，明确了用水总量控制制度。对于农业而言，中国一直尝试使用多种措施实现节水灌溉。

调整农业水价是中国农业用水总量控制的一项重要政策措施。自 2011 年中国开展农业水价综合改革示范区建设以来，政府积极探索两部制等农业水价形成新机制。2016 年国务院正式印发《关于推进农业水价综合改革的意见》，提出建立新的农业用水价格形成机制，供水价格原则上应逐步提高到"运行维护成本"或"全成本"水平，农业水价综合改革工作开始全面提速。农业水价提高在于促进农户建立节水意识，提高农业水资源利用效率，发挥价格机制，有效节约农业水资源，减少农业用水总量，促进农业水资源的转移应用，但从目前中国耕地灌溉亩均用水量和农业用水量变化的现实状况来看，对于农业水价是否正常发挥了预期作用，则需要展开更加深入的分析。

综合上述内容，本书将重点研究农田灌溉亩均用水量和农业灌溉用水量受农业水价的影响情况，考察农业水价对农业水资源重新投入到农业生产中的作用机制，探寻实现农业水资源节约的相应解决措施，同时分析农业灌溉用水减少对粮食生产可能产生的影响。这对理解农业水价的价格机制和实现地区层面的农业用水总量节约具有重要的意义。具体研究内容包括如下几个方面。

研究内容 1：黄淮海地区农业水价和农业灌溉用水变化状况。本书的研究区域为黄淮海地区，通过梳理中国灌溉管理和农业水价相关政策的变化历程，阐明黄淮海地区农业水价相关政策与农业水价变化状况；分析黄淮海地区农田灌溉亩均用水量和农业灌溉用水量等在农业水价综合改革时期的变化情况。

研究内容 2：农业水价对农田灌溉亩均用水量的影响分析。根据生产者理论和资源替代等理论，分析农业水价通过节水灌溉技术应用和灌溉用水强度路径对单位面积农田灌溉用水量的影响。在农业水价对农田灌溉亩均用水量影响的理论基础上，通过构建中介效应检验模型，利用相关农户调研数据进行实证检验。

研究内容 3：农业水价对农业灌溉用水总量的影响分析。农业水价降低了农田灌溉亩均用水量的同时也降低了农业生产成本，提高了水资源利用效率，会对农业生产决策产生影响。重点分析农业水价为农业灌溉用水总量带来的综合影响。通过构建多重中介效应模型，利用农户调研数据进行实证检验。

研究内容 4：农业水价变化下水权交易对农业灌溉用水量的影响分析。计量收费是当前农业水费征收方式的主要趋势，将选取代表性地区作为典型，考察农业水价与水权交易在农业节水实践中发挥的作用。

研究内容 5：农业灌溉节水对粮食生产的影响分析。水资源是农业生产的基本投入要素。根据水资源与粮食生产之间的关系，分析农业灌溉用水量变化对粮食亩均产量和播种面积等生产决策的影响。同时，应用实证数学规划模型，以当前农业灌溉用水量等变量为基准，考察农业灌溉总量节水后对农户农业纯收入产生的影响。

研究内容 6：在粮食安全视域下，对农业灌溉用水价格节水空间进行研究。基于标准彭曼公式，对当前农业灌溉用水价格水平下节水损失效应的产生与否进行判定，通过对位山灌区的小麦生长需水量的测算，探索农业灌溉用水是否仍有一定的节水潜力。同时，利用剩余经济价值法对目前农业灌溉用水价格变化空间进行测算。

感谢国家自然科学基金为本著作正式出版提供资助，感谢团队中的王钇霏、孙诗阶、刘纪云、张艳玲和高珊等研究人员，感谢为研究提供过帮助的所有领导、专家和朋友！

目　录

第1章 绪 论

1.1 研究背景与问题的提出

1.1.1 研究背景

水资源短缺是很多国家需要解决的问题。中国水资源极为匮乏，人均水资源量不足世界平均水平的一半。随着城镇化水平的提高，工业与服务业快速发展，跨部门的水资源竞争问题也日益突出。为了促进水资源可持续利用，2012年中国发布了《关于实行最严格水资源管理制度的意见》，确立了水资源开发利用控制红线，明确了用水总量控制制度。《全国农业可持续发展规划（2015～2030年)》要求2030年中国农业用水必须控制在3730亿立方米以内。对于农业而言，农业用水主要被用于农业灌溉。中国一直尝试使用多种措施在用水需求方面实现节水灌溉，并促使农业领域节约的水资源转移应用到工业或生态补偿之中。现有数据表明，随着各项农业节水政策的实施，中国耕地实际灌溉亩均用水量虽然在不断下降，但是区域层面的农业用水量并未如预期般实现相同程度的下降，农业水资源节约并跨行业转移应用的目标尚未实现。

根据水资源公报和水利发展统计公报数据，中国的耕地实际灌溉亩均用水量在逐年下降。2011～2019年中国节水灌溉面积由29179千公顷增加到37059千公顷，增加27.01%，其中高效节水灌溉面积由2012年的14126千公顷持续增加到2019年的22640千公顷，增加60.27%。2011～2020年的农田灌溉水有效利用系数由0.51持续提高到0.565，耕地实际灌溉亩均用水量不断下降，由415立方米下降到356立方米，下降程度为14.21%。

尽管中国耕地实际灌溉亩均用水量在不断下降，但是全国和部分地区层面的农业用水量在相同时期却未有显著性变化或者远低于耕地实际灌溉亩均用水量的下降幅度。根据水资源公报数据，2011 年中国农业用水量为 3744 亿立方米，2013 年达到 3920 亿立方米，2017 年又重新回落到 3765 亿立方米，2020年农业用水量为 3612.4 亿立方米。2011～2020 年中国农业用水量未有显著性下降，例如黄河区 2011～2020 年的农业用水量始终在 262.6 亿～273.2 亿立方米波动变化。2014～2015 年农业用水量下降 3.13%，但是仍远低于耕地实际灌溉亩均用水量的平均下降幅度。区域层面的农业用水量并未和耕地实际灌溉亩均用水量保持同样的变化。

耕地实际灌溉亩均用水量的下降幅度明显，而农业用水量并未表现出相同程度的下降趋势，表明通过耕地实际灌溉亩均用水量下降所节约的水资源被重新用于农业生产，并没有实现跨行业转移应用到工业生产或生态环境补偿之中。这种节约的自然资源被重新用于原领域进行生产的状况通常被称为回弹效应，会直接影响对农业灌溉用水总量目标的控制。

农业水价调整是农业用水管理的重要措施，最终目标同样是实现农业水资源的节约并转移应用到工业生产或生态补偿领域中。农业水价作为农业灌溉水资源配置和利用的重要经济手段，是农业水资源管理的重要研究内容。在过去的几十年里，中国的水资源政策一直致力于通过修建更多的运河和水库来保证农业生产的持续供应。为了保证农村地区的粮食安全和扶贫，中国还以低于供应成本的价格提供灌溉用水。农业用水定价主要基于非容积性收费，当价格较低且与用水量无关时，节约用水的效益很低，农户缺少节约灌溉用水的积极性，导致农业灌溉用水效率低下。自 21 世纪初以来，中国农业用水管理模式逐步演变，一直在尝试使用需求侧管理解决方案来实现农业用水的可持续利用。农业水价过低而无法发挥价格机制作用的状况正在逐渐改善。农业水价作为调节农业灌溉水资源供需的重要手段，成为实现中国农业灌溉用水总量控制的一项重要干预措施。农业水价提高正在有效发挥其价格杠杆作用。

1.1.2　研究问题的提出

自 2011 年中国开展农业水价综合改革示范区建设以来积极探索两部制等农业水价形成新机制。2016 年国务院正式印发《关于推进农业水价综合改革的意见》，提出建立新的农业用水价格形成机制，供水价格原则上应该逐步提高到"运行维护成本"或"全成本"水平，农业水价综合改革工作开始全面提速。根据各地区发布的公告，截至 2019 年底，全国共有 27 个省份 712 个试点县（灌区）完成了农业供水成本监审工作，很多地区的农业水价达到了"运行维护成本"或"全成本"水平。例如，山东省试点区的农业水价提高到了运行维护成本水平，总体达到 0.41 元/立方米；河南省试点区对粮食作物和经济作物分类定价，粮食作物的平均农业水价为 0.23 元/立方米，经济作物的平均农业水价为 0.77 元/立方米，基本达到了全成本农业水价水平。根据水利发展统计公报数据，多数地区的农业水价最终将提高到 2016 年价格水平的 2~3 倍。农业水价已经一改价格水平过低、价格机制难以发挥作用的状况，由农业水价提高带来的农业用水成本提高已经开始对农户的生产决策和灌溉水资源要素投入产生较大的影响。农业水价提高的目标在于发挥价格机制，提高农业水资源的利用效率，使农户建立节水意识，有效节约农业水资源，促进农业用水量的减少和农业节约的水资源跨行业转移应用。但从目前中国耕地灌溉亩均用水量和农业用水量变化的现实状况来看，农业水价是否正常发挥了预期作用以及对农业灌溉用水回弹效应的影响需要更加深入地分析。

　　综合上述内容，本书将研究农田灌溉亩均用水量和农业灌溉用水量受农业水价的影响，考察对节约的农业水资源被再次投入到农业生产中的作用机制，探寻实现农业水资源节约的相应解决措施，同时分析农业灌溉用水减少对粮食生产所产生的影响。这对明晰农业水价的价格机制和实现区域层面的农业用水总量节约具有重要的意义。具体研究如下几个方面的问题：（1）农业水价对农田灌溉亩均用水量的影响；（2）农业水价对农业灌溉用水总量是否有显著影响以及农业水价对水资源重新投入农业生产的影响机制；（3）农业水价配套措施如何实现农业灌溉用水总量节约的目标；（4）农业灌溉节水对粮食生产的影响。

　　黄淮海地区是中国重要的粮食生产基地，也是中国水资源严重不足的地区之一，其中京津唐地区和胶东半岛的水资源供需矛盾更为突出。农业水资源的短缺与灌溉浪费极大地制约了这些地区的农业可持续发展，通过价格机制提高农业水资源利用效率，促进农业节水，是缓解黄淮海地区缺水的有力举措。黄淮海地区目前已经成为实施农业水价调整的重要地区。农业灌溉节约的水资源被重新投入农业生产的现象也在该地区显现，因此本研究主要选取黄淮海地区作为研究区域。

1.2 研究意义

本研究在分析黄淮海地区农业水价、农田灌溉亩均用水量和农业灌溉用水总量变化状况的基础上，解释农业水价引起农田灌溉亩均用水量下降而农业灌溉用水总量未有显著变化的理论机制，同时利用中介效应模型等计量模型和农户调研数据进行实证检验，进一步分析水权交易在农业水资源节约中同农业水价共同发挥的作用以及农业节水实现后粮食生产可能受到的影响。本书旨在为农业水价更好地发挥价格机制、实现水资源利用效率提高和农业用水总量节约提供理论与实证指导依据。本研究对于提高水资源利用效率、节约农业用水具有重要的理论和现实意义。

（1）理论意义：本研究通过文献和经验分析，阐明了农业水价对灌溉用水的影响机制，重点分析了农业水价提高对种植规模变化的影响，全面剖析了农业水价对农业灌溉用水总量影响不显著的作用机制。这区别于以往研究中只重视农业水价对农户某项生产行为的影响，而忽视对最终农业灌溉用水量影响的分析，延伸了农业水价对农业生产影响的理论分析，丰富了农业水价相关理论研究。

（2）现实意义：本研究通过对黄淮海地区宏观数据的整理与分析，首先描述了农业水价、农田灌溉亩均用水量和农业灌溉用水总量以及其他相关因素的状况，判定黄淮海地区农业水价的变化以及农业灌溉用水的基本情况；其次，应用经济学相关理论和实地调研数据，理论分析和实证检验了农业水价对农田灌溉亩均用水量和农业灌溉用水总量的具体影响；再次，根据前述分析结果，讨论了农业水价结合水权交易对于提高农业水资源利用效率和实现农业灌溉总量节水的激励作用；最后，探究了农业灌溉用水节约后粮食生产可能受到的影响。以上为黄淮海地区农业水价相关政策的优化实施提供了数据支撑和科学依据，对于黄淮海地区农业灌溉水资源利用效率提高、农业灌溉节水和粮食生产稳定的实现具有重要的现实意义。

1.3 研究目标

本研究的总目标是通过综合分析农业水价对农业灌溉用水的影响，阐明农业水价对水资源被重新投入到农业生产中的作用机制，并在保障粮食生产安全的前提下，基于农业水价和水权交易构建黄淮海地区更有效的灌溉节水激励机制，最终实现农业灌溉用水总量节约的目标。

本书的具体目标如下。

（1）根据相关经济学理论和以往的研究成果，分析农业水价通过改变节水灌溉技术应用等农户生产行为对灌溉用水的影响，为提高农业水资源利用效率的定量研究提供理论分析框架。

（2）探究在农田单位面积层面灌溉用水节约的水资源被重新投入农业生产之中的原因和作用机制。在农业水价对农户生产行为影响的理论分析的基础上，重点考察由于节水灌溉技术应用带来水资源利用效率变化所引起的农业种植决策的变化，分析农业水价是否是造成农业生产灌溉规模扩大或种植结构调整的原因及其作用机制，同时利用相关统计数据进行实证分析，验证理论分析内容。

（3）探讨在农业水价变化下水权交易对农业灌溉节水的作用。在对农田灌溉用水量和农业灌溉用水总量分析的基础上，讨论农业水价和水权交易相配合对于农业灌溉用水总量的影响，进而讨论构建黄淮海地区农业水价和水权交易相结合的农业灌溉节水激励措施，实现农业用水总量控制的节水目标。

（4）分析在实现农业灌溉用水总量节水时粮食生产受到的影响。研究粮食作物的亩均产量和播种面积等农业生产受到农业灌溉用水的影响，在农业灌溉节水激励措施发挥作用的基础上，分析农业灌溉用水减少是否会对粮食生产带来负面影响，借此讨论黄淮海地区农业节水条件下粮食生产安全状况。

1.4　研究内容

根据本书的研究问题和研究目标，主要设定了以下研究内容。

研究内容 1：农业灌溉用水管理和黄淮海地区农业水价变化历程分析。

梳理中国灌溉管理和农业水价相关政策的变化历程，阐明黄淮海地区农业水价相关政策与农业水价变化状况；分析黄淮海地区农田灌溉亩均用水量和农业灌溉用水总量等因素在农业水价综合改革时期的变化情况，考察黄淮海地区农田灌溉亩均用水量下降而农业灌溉用水总量不变的现实状况。

研究内容 2：农业水价对农田灌溉亩均用水量的影响分析。

本部分主要分析农业水价通过节水灌溉技术应用和灌溉用水强度对农田单

位面积灌溉用水量产生的影响。根据生产者理论和资源替代等理论，阐明农业水价变化引起生产要素相对价格和生产成本变化时，通过节水灌溉技术要素替代自然资源要素影响灌溉用水量的理论机制；根据微观经济学需求定理等相关理论，结合已有文献，阐明农业水价通过灌溉用水频次等直接灌溉用水限制措施对农田单位面积灌溉用水量的影响。在理论分析基础上，通过构建中介效应检验模型，利用研究区域内农户调研数据，实证检验农业水价对农田灌溉亩均用水量产生的综合影响。

研究内容3：农业水价对农业灌溉用水回弹的影响分析。

本部分主要分析农业水价给农业灌溉用水总量带来的影响，探究农业水价提高带来农业灌溉用水总量回弹的作用机制。本部分重点考察农业水价是否为节约的水资源被重新用于农业生产领域的原因，分析产生这种现实问题的机制路径。通过构建多重中介效应模型和利用相关农户调研数据进行实证检验，分析黄淮海地区农业水价提高对农户层面的农业灌溉用水总量带来的具体影响。

研究内容4：农业水价变化下水权交易对农业灌溉用水总量的影响分析。

本部分主要分析在农业水价提高的情况下，农户对剩余水权进行水权交易时给农业灌溉用水总量带来的影响，讨论水权交易和农业水价的配套实施能否形成更加有效的灌溉节水激励机制。计量收费是当前农业水费征收的变化趋势，因此在计量收费前提下理论分析农业灌溉用水仅按照使用量收费和剩余水权自由转让两种情形下的农业灌溉用水变化。选取具有代表性的典型地区作为案例进行剖析，考察农业水价与水权交易在农业灌溉节水实践中所发挥的作用，验证理论分析内容。

研究内容5：农业灌溉节水对农业生产的影响分析。

本部分主要分析在实现农业灌溉用水总量下降后，农业生产可能受到的影响。水资源是农业生产的基本投入要素，灌溉用水量变化会对粮食生产带来影响。根据水资源要素投入与粮食生产之间的关系，首先理论分析农业灌溉用水量变化对粮食单位面积产量和粮食播种面积生产决策的影响；其次应用计量经济模型和农户调研数据进行实证检验，运用实证数学规划模型，以当前农业灌溉用水量等变量均值为基准，观察农业灌溉用水量变化对农户农业纯收入的影响，从而分析农业灌溉节水后的农业生产变化状况。

研究内容6：农业水价的节水空间研究。

基于标准彭曼公式对当前农业灌溉用水价格水平下节水损失效应的产生与否进行判定，通过对位山灌区的小麦生长需水量进行测算，探索农业灌溉用水是否仍有一定的节水潜力。同时，利用剩余经济价值法对目前农业灌溉用水价格变化空间进行测算。

本书研究内容的设计按照问题的提出、问题的分析与解释以及问题的解决的顺序进行安排。在本书研究问题的基础上分析农业水价在农田灌溉亩均用水量层面的节水成效，考察农业水价在农业灌溉用水总量层面的回弹作用机制，进而讨论如何将农业水价和水权交易结合以形成更有效的节水激励措施，并判断农业灌溉节水对粮食生产的影响。

1.5　研　究　方　法

根据本书的研究内容设计，本研究将理论分析和实证检验方法相结合，通过文献阅读法、描述性统计分析法、案例分析法和计量经济模型法对具体内容进行研究。

针对研究内容 1：本部分研究主要通过文献阅读法总结归纳我国灌溉用水管理和农业水价变化情况，应用描述性统计分析法考察黄淮海地区的农田灌溉亩均用水量和农业灌溉用水总量等农业生产状况。

针对研究内容 2：本部分研究主要通过中介效应模型实证检验农业水价对农田灌溉亩均用水量的综合影响及其影响路径。

针对研究内容 3：本部分研究主要通过多重中介效应模型实证检验农业水价对农业灌溉用水总量的综合影响及其影响路径，重点分析农业水价带来农业灌溉用水回弹的作用机制。

针对研究内容 4：本部分研究主要通过案例分析验证农业水价和水权交易相结合对农业灌溉节水的激励作用。

针对研究内容 5：本部分研究主要通过似不相关模型检验分析农业灌溉节水对粮食单位面积产量和粮食种植面积的影响，通过实证数学规划模型分析农业灌溉节水对农业纯收入的影响。

针对研究内容 6：本部分研究主要通过采用剩余经济价值法分析灌溉用水价格节水空间。剩余经济价值法是指在生产者符合理性经济人假定的前提下，农业生产经营活动中除水以外的所有投入要素在完全竞争的市场中获得与其机会成本相适应的价格，农业总产值剔除非水价值的剩余部分可以看作农业灌溉用水价值。

第 2 章　理论基础与文献综述

本章主要对在理论分析本书研究问题过程中所应用到的基础理论进行介绍，具体介绍供求理论、生产理论、厂商理论和资源替代理论。同时，本章对国内外相关问题的研究文献进行了归纳梳理和简要述评，以便探究过往文献中存在的深化研究空间。

2.1　理 论 基 础

2.1.1　供求理论：需求定理

需求是人们在市场交易时的行为，也是经济学中最常用的基本概念之一。需求既指对某一种商品的需求，也指对社会总商品的需求。微观经济学中所说的需求通常是指对个别商品的需求。需求与需求量具有不同的含义。需求量通常指在特定产品价格下消费者愿意且有能力购买的对应的商品数量。需求则是指在不同产品价格下，消费者愿意且有能力购买的商品数量。需求描述的是产品价格和商品数量的对应关系，而需求量只强调在特定产品价格下对应的商品数量。

微观经济学理论认为价格是某种商品或劳务需求的一个决定因素。基于完全竞争市场的前提条件，通常认为在其他条件基本不变的情况下，产品的价格和商品购买数量有反向的关系，即产品的价格上涨时，消费者的购买数量便会下降，产品的价格下降时，消费者的购买数量便会上升，这也被称为需求法则或需求定理。

在理解需求法则时要注意以下两点。

（1）其他条件基本不变指的是能够影响产品需求的其他因素没有发生变化。这个假定是需求法则成立的前提条件。如果影响产品需求的其他因素一直在变化，那么需求法则便无法研究产品价格和产品需求量之间的关系。换言之，需求法则离开了其他条件不变的前提就无法成立。

（2）需求法则的适用对象是正常商品。需求法则描述的是正常（一般）商品的价格需求规律。奢侈品与吉芬商品的产品价格和商品需求量有特殊的规律，因此并不适用需求法则。

需求法则可以通过需求价格函数表述。需求量通常可以写为需求价格的线性函数，具体函数形式可以构建为：

$$Q_d = a_0 - a_1 \times P(a_0, a_1 > 0)$$

在上述函数式中：a_0 代表常数项，$-a_1$ 代表需求量和价格关系的系数值。当 $P = 0$ 时，消费者对商品的需求量就是常数项 a_0；系数值 $-a_1$ 则表示当商品价格 P 发生微小变化时，商品数量 Q_d 所产生的变动方向与程度大小。

消费者对某一种商品的需求不仅取决于该商品的价格和消费者的收入，还取决于同它一起使用或替代使用的相关商品的价格。例如一种物品是另一种物品的替代品，当该物品的价格上涨时，在需求法则的作用下，人们对该商品的需求量减少，对其替代品的需求量增加。比如当苹果的价格上涨时，消费者对梨等其他替代品的购买量就会增加。这个规律被称为需求派生法则，因为这一规律是从需求法则中引申出来的。

需求派生法则可以采用需求交叉弹性的概念来解释。在两种商品相互关联的情况下，其中一种商品的价格产生变动会引起另一种商品需求量的变动，另一种商品的需求量对于一种商品价格变动的具体反应程度，就被称为需求交叉弹性。函数公式可以表示为：

$$E_{xy} = \frac{\Delta Q_{dx}/Q_{dx}}{\Delta P_Y/P_Y} = \frac{\Delta Q_{dx}}{\Delta P_Y} \times \frac{P_Y}{Q_{dx}} \qquad (2-1)$$

式（2-1）中，E_{xy} 是商品 X 对商品 Y 的需求价格交叉弹性，代表商品 Y 的价格 P_Y 发生相对变动后，商品 X 的需求量 Qx 发生的具体反应程度；P_Y 代表商品 Y 价格的绝对量；ΔP_Y 代表商品 Y 价格的变动量；Q_{dx} 代表商品 X 需求量的绝对值；ΔQ_{dx} 代表商品 X 需求量的变动量。

供求理论在本书的应用原则：需求定理主要用于农业水价与农业灌溉量以及灌溉节水与农业生产关系的理论分析。根据上述对需求定理的介绍，该理论主要用于观察某种产品价格变动对需求量的影响。农业灌溉用水作为水资源产品，对灌溉用水量产生最直接影响的因素就是农业水价。农业水价能够有效发挥价格的杠杆作用，通过农业水价的变化影响农业灌溉用水量。根据需求定理可知，农业水价提高能够减弱农户的灌溉用水强度，这种减弱可能表现在灌溉频率的减少，也可能表现在灌溉用水量的减少。

2.1.2　生产理论：边际技术替代率

生产理论是描述生产厂商对产品生产过程中所涉及的生产要素需求的规律。在产品生产的过程中，生产厂商将各种生产要素进行组合，从而制造出最终商品的行为被称为生产。生产的产出品和生产要素的关系同样可以通过函数公式表达出来。假定某种产品需要投入 N 种生产要素，那么这种产品的生产函数公式就可以写为：

$$Q = f(X_1, X_2, X_3, \cdots, X_n) \tag{2-2}$$

生产函数体现的是生产要素投入和最终商品产出之间的关系。这个投入与产出关系是指在特定的技术条件下，某种生产要素的组合所能产出的最大商品量，也可以看作在特定的技术条件下，生产一定数量的商品所需生产要素的最少投入。在生产函数公式中，Q 代表产品的产出量，X_n 代表第 n 种生产要素在生产过程中的投入数量。按照传统的经济学归类，在生产中投入的生产要素可以被大致归为土地、劳动、资本和企业家才能四大类。其中，土地一般指自然资源（水、森林等）。

生产函数可分为短期生产函数和长期生产函数。在长期生产函数中要解决的问题是：为达到一定的生产水平，各种生产要素应以怎样的数量投入？减少一种生产要素的投入数量能否用其他的生产要素进行替代以及用多少来替代？

假定在一定的技术条件下，生产一种产品需要投入资本 K 和劳动力 L 两种生产要素。那么，这两种生产要素可以形成一条等产量曲线，这条线上资本 K 和劳动力 L 的任何组合都能得到相同的产品产量。等产量曲线的重要作用是可以探究生产过程中生产要素之间的替代关系。在特定的技术条件下，等产量线上两种生产要素资本 K 和劳动力 L 的任意组合可以获得同等的产量，但是两种生产要素在进行要素组合时，一种生产要素的增加需要以另一种生产要素的投入变动为代价，反之亦然。这种变动需要根据具体情况判断，可能增加也可能减少。这两种生产要素投入变动的数量关系被称为边际技术替代率。具体可以用如下函数公式表示：

$$MRTS_{LK} = \frac{dK}{dL} = -\frac{MP_L}{MP_K} \qquad (2-3)$$

$MRTS$ 代表资本 K 和劳动力 L 之间的边际技术替代率。边际技术替代率有几个特点：（1）等产量线的斜率可以为正值、负值、零或无穷大。若等产量曲线的斜率为正值，表明资本 K 和劳动力 L 必须同时增加才能维持与原来相同的产量水平；（2）若等产量曲线的斜率为负值，这表明资本 K 和劳动力 L 可以相互替代，为了维持与原来相同的产量水平，一种生产要素的增加或减少需要以另一种生产要素的减少或增加为代价；（3）若等产量曲线的斜率是无穷大或零，表明资本 K 和劳动力 L 不能相互替代。两种生产要素对于产品的生产都必不可少。

边际技术替代率的特性可以用图 2-1 来表示。

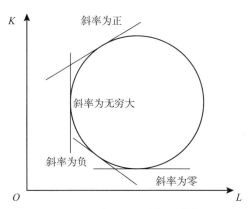

图 2-1　边际技术替代率与要素替代性

边际技术替代率存在递减规律，被称作边际技术替代率递减法则。边际技术替代率递减法则主要是指在产品生产的等产量线上，随着一种生产要素的增加，这种生产要素投入所能代替的另一种生产要素量会不断减少。边际技术替代率下降的速度能够在一定程度上反映出生产要素之间的替代程度。

生产理论在本书的应用原则：生产理论描述了生产要素投入和最终产出之间的关系以及与生产要素投入之间的相互关系。本书在分析农业水价与农业灌溉用水量的关系时，主要采用生产理论对于生产要素替代的相关理论观点；在分析灌溉节水与农业生产的关系时，主要应用生产要素投入和最终产出品之间关系的相关理论观点。农业灌溉水资源和节水灌溉技术间存在替代性，农业水价变化在很大程度上会改变水资源要素和其他要素的相对价格，进而影响农业灌溉用水量。根据生产理论，农户此时会采用节水灌溉技术替代农业灌溉用水，这会对农业灌溉用水量产生间接影响。同时，这种要素替代形成了新的投入要素组合，根据生产理论中生产投入要素和最终产出品之间的关系，能够很好地分析出在新的条件下粮食生产可能受到的影响。

2.1.3　厂商理论：成本和收益理论

生产成本理论通常假定厂商以利润最大化为目标，认为在完全竞争市场中，当所生产产品的边际成本等于其边际收益时，恰好达到厂商的最优产量，此时厂商实现利润的最大化。若厂商所生产产品的边际收益大于边际成本，表明每多生产一个单位的产品都会给厂商带来总收益的增加，总利润尚未达到最大化。此时的生产厂商会不断扩大生产规模，增加厂商利润；反之，厂商会减少生产。只有当边际收益与边际成本相等时，厂商实现了利润的最大化，没必要调整其产量。若假定厂商的利润是 π，总收益是 TR，总成本是 TC，利润是总收益和总成本的差额，总收益和总成本都是有关产量 Q 的函数，那么边际收益 MR 是总收益对产量 Q 的偏导数，边际成本 MC 是总成本对产量 Q 的偏导数，厂商达到利润最大化的必要条件就是 $MR = MC$。

在生产要素的使用上，同样遵循这一原理。在完全竞争的市场上，生产要素投入的均衡状态是生产要素投入的边际成本与生产产品获得的边际收益相等，由于在完全竞争市场中产品的边际收益等于产品价格，因此厂商对生产要素的投入需求就是要实现边际收益与边际成本及价格相等，即 $MR = MC = P$。生产要素投入带来的边际收益取决于生产要素的边际生产力和最终产品的市场价格。完全竞争市场上的生产者是价格接受者，因此边际收益主要取决于生产要素的边际生产力。边际生产力是在其他条件基本不变的情况下，每增加一单位的某生产要素所能带来的最终产品的产量增加。边际生产力是对产品实物产量的表述，因此也被称为也称边际物质产品。美国经济学家克拉克（Clark）提出了边际生产力理论，该理论认为在其他条件基本不变的前提下，生产要素的边际生产力是递减的，因此生产要素的边际收益曲线是一条向右下方倾斜的曲线。这条曲线也是生产要素的需求曲线（见图 2-2）。

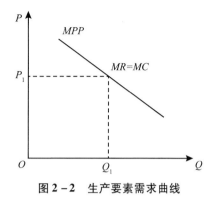

图 2 - 2　生产要素需求曲线

根据图 2 - 2，纵轴表示某生产要素的价格，横轴表示该生产要素的需求量，MPP 表示边际物质产品曲线，即边际生产力。假如某生产要素的价格为 P_1，需求量为 Q_1 时，生产要素可以实现厂商利润最大化 $MR = MC$，若生产要素的价格升高，则会出现 $MR < MC$，厂商会减少对该生产要素的需求；反之，厂商则会增加对该生产要素的需求。

2.1.4　资源替代理论

资源替代理论是可持续发展经济学的基本原理之一。可持续发展经济中所指的资源并不是常规意义上的资源，只要是能够满足社会发展需求的各种自然资源都可以被称为可持续发展经济中的资源，会随着社会经济的不断发展和技术的不断进步而改变。因此，资源替代的概念从更加广泛的意义来理解更加恰当。资源替代主要是指在社会经济发展过程中，较高层次的资源对较低层次资源的替代。较高层次和较低层次资源的涵盖范围则需要根据社会经济发展和技术水平等条件来判定。

从可持续发展的角度看，资源替代是由技术进步推动的，同时也是技术进步的目标与结果。通过技术进步，使得原本无法利用的资源可以被广泛利用，从而替代短缺的资源，打破经济发展的资源限制，实现社会经济的可持续发展。技术进步还可以使丰富的资源替代短缺的资源，可以打破社会经济发展过程中的资源限制。资源替代理论认为自然资源、技术知识、劳动力和物质资本之间具有很强的替代关系。具体来说，自然资源可以被技术知识、物质资本和劳动力替代，劳动力可以被技术知识和物质资本替代，物质资本可以被技术知识替代。资源替代可以满足人类不断增长的物质需求，实现经济的持续发展。

　　资源替代理论在本书的应用原则：资源替代理论阐述了在社会发展过程中各种要素之间的替代关系。这种要素间的替代关系与生产理论中生产要素之间相互替代关系的基本理念相同。本书在分析农业水价与农业灌溉用水的关系时，认为节水灌溉技术因素、种植结构调整因素和农业水价提高因素相互之间具有替代关系，可以看作是技术因素、管理制度和自然资源之间具有替代关系。这种替代关系对农业灌溉节水既有积极影响，也有消极影响。按照资源替代理论的观点，农业水价与其他要素之间的替代作用会影响到农业灌溉用水量和农业生产状况。本书在分析回弹效应的影响机制时，依据资源替代理论分析了不同因素间由于替代作用对农业灌溉用水产生的重要影响。

2.2　国内外文献综述

　　本部分是对涉及本书研究问题的相关文献梳理。国内外学者围绕农业水价与农户生产决策行为、农业生产中的水资源要素投入与粮食生产的关系已经进行了大量研究，具体可以分为以下几个方面。

2.2.1　农业水价的政策措施与节水成效

　　农业水价综合改革是中国调整农业水价的主要措施，其目的在于增强农户节水意识，促进农业节水，是一项关乎水资源可持续利用的复杂系统工程（冯欣等，2019；胡继连等，2018；张永凯等，2016；张维康等，2014）。有关农业水价综合改革的研究文献众多，具体涵盖农业水价综合改革路径、农业水价定价机制、农业水价支付意愿、农业水价收费方式、农业水价对农业生产行为的影响以及节水效应等方面（胡继连等，2020；易福金等，2019；田贵良，2018；田贵良等，2017；李然等，2016；Wang et al.，2016；Aydoǧdu，2016；邱书钦，2016；何寿奎，2015）。

　　农业水价综合改革十分必要，很多学者认为中国当前低于农户支付意愿的农业水价未能充分体现出水资源的价值，这些过低的农业水价导致农户对农业灌溉用水的价格变化不敏感，因此农业水价提高未能有效发挥节水效应（何文盛等，2021；刘维哲等，2019；胡振通等，2018；尹小娟，2016；Shi et al.，2014；Alcon et al.，2014；曹金萍，2014）。农业水价综合改革的重要内容之一是对农业水价的调整，通过对农业水价综合改革政策的不断推进，农业水价过低的问题逐渐得到改善（王斌等，2021；袁念念等，2021；贺天明等，2021）。随着农业水价的提高，农业水价开始发挥价格杠杆的节水作用。很多学者通过构建节水效果评价指标体系对农业水价综合改革试点地区的改革成果进行综合评价，表明很多地区尽管仍然存在着节水力度薄弱和节水激励不足等问题，但是农业水价提高在农业节水方面逐渐体现出良好的效果（王西琴等，2021；王蔷，2020；姜文来等，2019；刘静等，2018）。

农业水价对于不同土地经营规模农户的节水成效可能有所不同（许朗等，2021；闫宗正等，2018）。中国自从完成土地改革以来，农业生产经营制度和经营主体的变迁表现出了明显的阶段性特征（王国刚等，2017）。中国的农业生产经营模式从传统小农经济逐渐转向适度规模化经营的方向。农户群体也由原来的小农户逐渐二元分化为土地经营规模较小的传统农户和土地经营规模较大的新型农业经营主体。农业生产经营主体由同质性变为异质性（叶明华等，2018；郭珍，2015）。部分学者的研究表明农业生产经营主体由于受到种植规模、农业基础社会条件和农业收入等各种因素的影响，不同农业生产经营主体在农业技术采用（饶静，2018；徐志刚等，2018；贾蕊等，2017；吕杰等，2016；朱萌等 2016；王亦宁等，2010）、农田水利设施管护（秦国庆等，2019；黄露等，2017；姜翔程，2017）、粮食作物单产、种植结构和品种选择等方面均有所差异（余志刚等，2018；田旭等，2017；姜长云，2015；Riesgo et al.，2004）。不同农业生产经营主体对于农业水价的提高会采取不同的应对措施，形成不同的节水成效。

2.2.2 农业水价与灌溉用水的关系

农业水价变化会对农业灌溉用水造成何种影响是很多学者关注的重点。国内外学者研究认为，农业水价变化会影响农户生产决策行为，能够通过影响灌溉用水强度、种植结构和节水灌溉技术应用影响农业灌溉用水。

1. 农业水价对灌溉用水强度的影响

农业水价提高会带来更高的用水成本，导致农业灌溉用水强度的适度减少（戴勇等，2015；Graveline et al.，2014；Ogg，1989）。通过农业需水价格弹性理论，能够发现中国的农业水价和灌溉需水量之间有显著的相关关系，而且在不同的农业水价水平下，水价与节水量之间具有不同的定量关系（张向达等，

2018；牛坤玉等，2010；尉永平等，2007；裴源生等，2003）。多数文献的研究结论认为农业水价提高对节水有正向影响，农业水价上升会使总用水量下降，改善用水结构（Zhao et al.，2016；Qin et al.，2010；Wang et al.，2009）。基于水量定价的政策能够达到节水效果，但在边际利润和确定性等价上会造成损失，而适当引入用水定额指标则会显著降低水消耗且对农户确定性等价没有负面影响（贺晓英等，2020；Lehmann，2014）。

也有部分研究认为，即使农业水价与灌溉用水的关系在统计上是显著的，但在现有的低水价情况下其需求价格弹性过低，价格杠杆无法起到显著作用，水价不会引导生产者显著降低对灌溉水的需求（Zhou et al.，2015；Storm et al.，2011）。一些学者的研究结论也佐证了该观点（Shen，2017；Mamitimin，2015），例如有学者基于数据的随机非参数包络方法（STONED）评估了2002～2012年农业水价上升对中国农业用水需求的影响，结果表明农业用水需求无弹性，提高水价无法刺激农户节水的动机。此外，还有部分学者研究发现农业水价政策在水资源利用效率较高的地区也可能会失效，因为这些地区的水资源已经得到了充分的开发利用（Shen，2017；Grafton et al.，2018；Expósito，2017；Birkenholtz，2017）。

与此同时，也有文献研究结论表明农业水价提高带来节水效应的同时可能会对农业生产和农民收入带来不利的影响。例如，通过对约旦河流域的研究发现，被寄予很大希望的农业水价政策不但没有促进节水，反而降低了来自低价值作物的收入（Venot et al.，2008）。国内学者廖永松（2009）则以石津、泾惠渠和武都三个灌区内的农户调查数据为基础，分析了农业水价提高对农业灌溉用水量、农民收入和粮食生产的影响，研究结果表明农业水价提高能够降低农业灌溉用水量，但同时会给粮食生产带来负面影响且降低农民收入。

2. 农业水价对种植结构的影响

一些学者对于农业水价和种植结构之间的关系进行了研究。研究认为，农业水价的提高会激励农户主动减少高耗水作物的种植面积，从而降低总灌溉需水量，发挥较好的节水效果（董小菁等，2020；童庆蒙等，2018；杨宇等，2018；吴乐等，2017；Gonzáles，2017；杨宇等，2016；周俊菊等，2016；Pfeiffer et al.，2014；赵连阁，2006）。例如，常跟应等（2016）通过对民勤县传统农户的研究发现，与农业水价节水政策实施前相比，政策实施后农作物单位面积的年灌溉量有一定程度的下降，农业水价发挥了农业节水效应。

数学规划方法常被用于估计农业水价变动对种植结构的影响。数学规划方法的分析使用在不断优化，建立了农户多目标决策模型，在目标决策模型中纳入了生产函数，放松了每亩灌溉用水投入量固定的假设条件，同时考虑种植结构和每亩灌溉用水量投入变动对用水量的影响。研究发现随着农业水价的提高，农民会调整种植决策（刘莹等，2015），这会带来作物种植结构的变化，造成每亩灌溉用水量的持续下降。

部分学者的研究结论则表明，农业水价上涨对于粮食作物的种植面积实际影响并不大，但对经济作物的影响较大。若农户仅种植粮食作物，农业水价的提高不会改变原有的种植结构，对种植结构的影响并不显著（王晓君等，2013；廖永松，2009）。张永凯等（2016）根据1990~2013年张掖市节水试点地区农业水价的变化情况，得出了类似的结论，认为农业水价调整几乎不会对农业种植结构造成影响。

3. 农业水价对节水灌溉技术应用的影响

有关节水灌溉技术应用的研究主要集中于滴灌、喷灌和地面灌溉等工程技术方面。已有研究表明，在水资源配给政策下，农业水价、灌溉系统类型等都会影响水资源利用情况（Mpanga et al.，2021；徐依婷等，2021；Bozorg-Haddad et al.，2016）。农业水价上涨能够诱导农户节水，较高的农业用水成本、地下水灌溉水源的使用和较大的土地经营规模都会提高农户采用滴灌和喷灌等节水灌溉技术的概率（李贵芳等，2019；Patel et al.，2019；Alcon et al.，2011；高雷，2010；Caswell et al.，1985）。实施不同的农业水价政策会给节水灌溉技术的选择带来不同影响，与节水补贴策略相比，提高水价对农户选择节水技术的激励效果更好（许朗等，2021；Huffaker et al.，2003）。国内学者刘一明和罗必良（2011）比较分析了超定额累进加价和单一水价政策对农户灌溉用水行为的影响，表明这两种水价政策都会促进农户采用更高效的节水灌溉技术。

在节水灌溉技术应用的其他影响因素方面，以塞尔维亚土豆生产为例进行的分析表明，对水资源增税可能会激励农户采用现代节水技术（Ørum et al.，2010）。许朗和刘金金（2013）利用山东省蒙阴县的农户调查资料，发现农户对农业水价的认知有助于农户对节水灌溉技术的采用。然而，韩一军等（2015）基于北方干旱缺水地区麦农调查的数据分析，认为农业水价是对水资源稀缺程度的反映，但是农业水价提高对麦农采用节水灌溉技术并未有显著的影响。对于麦农而言，教育程度、政府补贴、对节水技术的认知程度以及农业技术培训才是促进其采用节水灌溉技术的主要影响因素。这种情况可能与农业用水缺乏完善的定价机制有关。左喆瑜（2016）的研究结果则表明农业水价提高时农户并非无节水灌溉技术采用意愿，而是因为较低的收益和农户较低的风险承受能力限制了农户对节水灌溉技术的支付能力。

2.2.3　水权交易与农业节水的关系

水权交易市场利用市场机制优化配置水资源，促进水资源的可持续利用，从而有效节约水资源（陈向南等，2021；田贵良等，2020；Fan et al.，2020；沈大军等，2020；潘海英等，2019）。在国际上，水权交易制度在澳大利亚墨累达令河流域和美国科罗拉多流域已经取得了成功经验，因此中国水资源管理部门和学者开始逐渐关注水权交易市场（Townsend et al.，2016）。水权概念由产权的概念延伸而来，类似于房产权、矿业权、森林权等（沈满洪，2005；Matthews et al.，2004）。农业水权是与灌溉密切相关的水权。由于农业用水的高用水份额和低使用价值，水资源的商品化促成并加速了传统农业用水向其他行业用水转移。这种转移既包含在行业初始水权分配环节，也包括农业行业用水环节（沈茂英，2021）。

农业水权交易价格是很多学者研究的焦点。线性规划和边际价格等方法通常被用来计算不同流域或行业的水资源影子价格（吴凤平等，2019；吴凤平等，2018；陈艳萍等，2021；戎丽丽等，2016；龚春霞，2018；黄红光等，2012）。基于信息不对称理论的双边随机前沿思想也逐渐被引入水权交易价格的分析中来，通过对水权价格进行分解来分析水权价格的形成机制，并进一步考察信息不对称造成的交易双方的议价能力差异（许长新等，2019）。

很多学者认为农业水权交易能够优化水资源配置，促进农业灌溉水资源向更高效益和更高效率的方向转变，最终实现农业节水（沈大军等，2020）。农业水价综合改革所倡导的农业用水精准补贴和节水奖励机制能够强化水权交易产生的影响，达到节约水资源、提高用水效率、促进水资源循环利用及可持续发展的目标（田贵良等，2020；田贵良等，2017；Fang et al.，2020）。在农业水权分配下进行的农业水价提高更有利于提高农民节约用水的积极性和农业水价的落实，实现农业节水（任保平等，2022；马九杰等，2021；Chen et al.，2021；李丹迪等，2020；石腾飞，2018）。但是很多学者也提出水权交易市场对于农业水资源配置效率的优化效果很容易受交易成本、技术因素和风险不确定性等现实因素影响（田贵良等，2020；王亚华等，2017），中国应根据实际水情积极探索适合自身国情的水权市场制度体系，发展中国特色水权市场。农业水权交易市场的建立需要以一个完整的制度框架为基础，当前中国水权交易实践探索过程中存在政府责任的缺位问题，因此需要从健全水权交易法律法规保障机制、创新水权初始分配决策机制、探索水权交易公众参与机制等方面着手（张凯泽等，2019；潘海英等，2018；刘刚等，2017）。

2.2.4　农业灌溉用水与生产的关系

很多学者对水资源要素和农业生产的关系进行了大量研究（Wang et al.，2017；Qureshi et al.，2014；Overman et al.，2002）。兹维·格里利克斯首先提出农业生产函数框架，对水资源要素投入量对粮食生产的影响展开研究。兹维·格里利克斯表示自然资源和环境因素应纳入生产函数中。在此基础上，林毅夫（1992）根据该思路拓展了农业生产函数，并采用拓展的生产函数法对影响农业的要素进行分解。通过一系列的分析研究，一些学者得出水资源要素与粮食产量具有显著的正相关关系（Nakashima et al.，2017；Tari，2016；王西琴等，2014；余潇枫等，2009）。在不同程度的缺水状况下，作物的产量将随着灌溉水量的增加而增加（Azder et al.，2020；牛坤玉等，2010；马晓河等，2006）。

水资源本身并不能单独决定粮食产量，种植面积、作物品种选择和土壤质量等众多因素都起到了作用（Foley et al.，2011；于智媛等，2017；Tilman et al.，2002）。基于作物生长过程的作物生长模型被用于观察不同生产要素对作物产出的影响（Mueller et al.，2014；Siebert et al.，2010）。部分学者的研究认为，由于农业生产的特殊属性，温度、降雨量、日照时数等自然条件与粮食生产在一定范围内的关系可总结为二次曲线，超过一定量后，粮食产出会随着用水量的增加而减少（吴兆丹等，2021；常明等，2019；Lee et al.，2019；于法稳，2008）。

目前越来越多的学者采纳了作物水分生产率的概念，并对相关问题进行研究。作物水分生产率是指作物消耗单位水量的产出，反映了水量的投入产出效率（Cai et al.，2011）。灌溉水分生产率指单位灌溉水量所能生产的农产品的数量。灌溉水分生产率有效地把节约灌溉用水与农业生产结合起来，既可以避免片面追求节约灌溉用水量而忽视农业产量的倾向，又可防止片面追求农业增产而不惜大量增加灌溉用水量的倾向（翟超等，2021；操信春等，2012）。灌溉水分生产率适用范围广，分析粮食作物和经济作物相关问题时均可使用，因此很多学者将作物分类进行研究（Roth et al.，2013；Zwart et al.，2004）。已有文献研究表明，灌溉水分生产率在不同作物、不同时期和不同地区有较大差异（Altun et al.，2022；张娜等，2021；吴汉等，2020；李涛等，2020），这让农业灌溉用水与粮食生产之间的关系表现得更加具体。

2.3 文 献 述 评

综上所述，有关农业水价的现有文献认为，当前中国农业水价水平较低，导致相当比重的农户对农业水价变化不敏感，无法有效调动农户的节水积极性，农业水价应适当提高。大部分文献通过数学规划等方法模拟农业水价提高，对农业水价提高时微观农户的生产决策行为进行分析，主要集中在农业水价提高对于灌溉用水强度、种植结构和节水灌溉技术应用等方面的影响。

尽管有关农业水价的研究取得了比较丰富的研究成果，但是随着农业水价综合改革的实施，农业水价的价格水平进一步提高，农业水价已经逐渐摆脱以往价格水平过低而无法发挥价格作用的状况。此外，目前已有研究集中在农业水价提高对农户生产决策行为的影响方面，尚未关注地区层面农业灌溉用水总量可能并未随着农业水价的提高而出现显著性变化这一现实问题。农户对农业水价变化不敏感是在农业水价变化的情况下，农户的生产或灌溉用水行为无任何变化。本书关注的问题是农业水价提高后农户在单位耕地面积的灌溉用水量有减少，而农业生产总体的农业灌溉用水总量未有显著下降，这两个问题有所不同。目前少数文献虽然观察到部分地区的这种现状，但尚未有文献结合中国的农业用水管理状况，从农业水价角度对其产生的作用机制以及应对措施等方面进行研究，这也成为本书深化研究的方向。因此，本研究选择黄淮海地区为研究区域，将理论和实证分析相结合，探究农业水价对农田灌溉亩均用水量和农业灌溉用水总量的影响，旨在解释农业灌溉节水被重新投入农业生产中的作用机制，并讨论构建解决此类状况的相关措施，思考农业灌溉总量节水实现后对粮食生产可能产生的影响。

第3章　理论分析框架与研究假说

本章首先详细阐述了研究内容和研究逻辑，明晰整体逻辑思路和框架结构；其次，剖析农业水价对农业灌溉用水在不同层面的影响机制，同时提出相应的研究假说；最后，阐明本书后续分析中的数据来源及应用范围。

3.1　逻辑分析思路

本书的主要研究内容是农业水价对农业灌溉用水以及农业灌溉节水对粮食生产的影响，重点关注的研究问题是农业水价提高在地区层面为何未对农业灌溉用水总量产生节水作用。为此，本书的研究内容和具体章节按照如下逻辑思路递进。

首先，阐明研究区域内的现实状况。依据地区层面的统计数据阐述研究区域的农业水价和农业灌溉用水的变化情况。

其次，研究问题产生的作用机制。阐述研究区域内存在的研究问题后，对研究问题产生的原因与机制进行分析。根据研究问题提出的逻辑将分两个部分进行分析，一部分是研究农业水价在农田单位面积层面灌溉所发挥的具体作用，另一部分是研究农业水价在农田地区层面灌溉所发挥的具体作用。结合农业水价在农田单位面积层面和地区层面灌溉用水的影响作用，可以从理论和实证的角度证明问题的存在并明晰研究问题产生的作用机制，为后续研究如何解决该问题奠定了基础。

再次，提出解决措施。在分析了研究区域的现实状况和产生机制后，结合农业用水管理的常规目标可知，该问题的出现阻碍了农业用水管理达到最优的管理目标。那么，采取何种措施可以减轻研究问题对农业用水管理带来的部分影响，实现更优的农业用水管理目标？结合中国农业用水管理制度的政策措施实施状况，本书提出将农业水价与水权交易结合，完善水权交易市场，提高用水户的节水积极性。水权交易本身是农业水价综合改革的一部分，与农业水价提高有着千丝万缕的联系，而且水权交易市场的建立在各地区已经逐步启动，农业水价和水权交易的结合是在现有管理基础上的联系和完善，可操作性更强。

最后，研究问题解决后对粮食生产的影响。各项农业用水管理措施实施的前提都是不影响粮食生产安全。那么，在解决本书提出的研究问题后，粮食生产是否会受到不利影响也是需要考虑的问题。本书在分析农业水价对研究问题产生的作用机制以及如何解决该问题后，分析了农业灌溉用水下降对粮食生产的影响，证明在农田单位面积层面和地区层面同时进行农业灌溉节水既能实现更高的农业用水节约目标，又不会对粮食生产安全带来不利影响。

3.2　理论分析与研究假说

本部分基于不同的理论基础给出了相应研究内容的理论分析框架和研究假说，具体包括四个方面：（1）农业水价对农田灌溉亩均用水量的作用机制分析；（2）农业水价对农业灌溉用水总量的作用机制分析；（3）农业水价与水权交易对灌溉用水的综合作用机制分析；（4）农业灌溉节水对农业生产的作用机制分析。

3.2.1　农业水价对农田灌溉亩均用水量的作用机制分析

农业水价通过价格机制调控灌溉用水量，主要通过节水灌溉技术的应用和灌溉用水强度两条路径对农田灌溉亩均用水量产生影响，其中节水灌溉技术的应用发挥着重要作用（李颖等，2017；杨宇等，2016；刘莹等，2015；刘一明等，2011；廖永松，2009；赵连阁，2006；于法稳，2005）。

1. 农业水价通过节水灌溉技术的应用产生的影响

通过促进节水灌溉技术的应用提高灌溉用水效率是实现农业节水的关键。根据生产理论和资源替代理论，农业水价的上升会带来农业生产成本以及水资源与其他生产要素相对价格的提高。为了保持农产品产量稳定，农户会选择其他低成本要素代替水资源要素的投入（见图 3 - 1）。由于农业生产函数多为凸函数且技术要素和自然资源生产要素有一定的替代性，因此采用节水灌溉技术，加大技术要素投入力度，提高灌溉用水利用效率以减少灌溉用水量，成为农户水资源要素投入的重要替代路径。农业水价的提高会使生产要素组合由图 3 - 1 中的 1 点变动到 0 点。

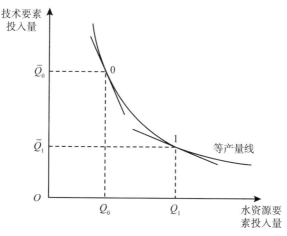

图 3 - 1　水资源要素边际替代

很多文献的研究结论已经验证了农业水价对于节水灌溉技术的应用具有显著的正向影响，农业水价的提高会促进农户节水灌溉技术的应用（乔丹等，2017；陆迁等，2016；左喆瑜，2016）。贾蕊等（2017）通过对甘肃张掖的农户样本分析发现，当农业水价提高时，78.9% 的样本农户会选择采用节水灌溉技术。部分学者也得出了不同的研究结论，李颖等（2017）基于河北省地下水超采综合治理区的调研发现，有 75.32% 的样本农户在农业水价改革情景中并没有采用节水灌溉技术。韩一军等（2015）基于北方干旱缺水的小麦主产区调查也发现，农业水价对农户采用节水灌溉技术并未产生显著的影响。这些文献的研究结论与本书的理论分析并不冲突。

目前农业水价对节水灌溉技术影响的实证研究对于农业水价的衡量标准并不相同。一部分学者的研究采用了水价认知来衡量农业水价，而另一部分学者则采用了直接的农业水价。根据本书的理论分析框架和已有研究可知，不同水平的农业水价对节水灌溉技术的应用发挥着不同程度的影响，水价认知的衡量标准涵盖了多个水平，直接的农业水价只是当前特定的水价水平（刘莹等，2015；于素花等，2001）。一直以来中国农业水价普遍较低，不能很好发挥价格杠杆作用，水资源要素投入量对应图 3 - 1 中 1 的位置，大量的水资源要素减少才能换取少量的技术要素增加，因此利用直接的农业水价进行实证分析的文献更容易得出农业水价对节水灌溉技术应用无影响的研究结论。这并没有否定本书对于农业水价与节水灌溉技术应用的理论分析结论。目前中国农业水价综合改革已经实施了一段时间，很多地区的农业水价有了一定幅度的提高，此时应用直接的农业水价或水价认知来衡量农业水价，都可以得到农业水价对节水灌溉技术应用有促进作用的研究结论。

2. 农业水价通过灌溉用水强度产生的影响

灌溉用水强度是指特定农业水价下的灌溉需水量。根据微观经济理论的厂商理论和需求定理，生产要素需求是由人们对农作物的消费需求引致的，生产要素的需求曲线是一条向右下方倾斜的曲线。灌溉水资源作为农业生产的基本投入要素，在其他条件不变情况下，农业灌溉水资源价格的上升会引起灌溉需水量即灌溉用水强度的下降。灌溉用水强度下降既可以表现为灌溉频率的减少，也可以表现为每次灌溉用水量的减少。

具体而言，由于农产品市场通常被看作是完全竞争市场，农户既是农产品的生产者又是农产品的价格接受者，所以农户对灌溉水资源的需求主要取决于灌溉水资源生产要素给农户带来的边际收益。根据美国经济学家克拉克（Clark）提出的边际生产力理论，在其他条件基本不变的前提下，水资源对农业生产的边际生产力递减，因此灌溉水资源要素对农户所能带来的边际收益是一条向右下方倾斜的曲线。这条曲线就是灌溉用水强度需求曲线（见图3-2）。

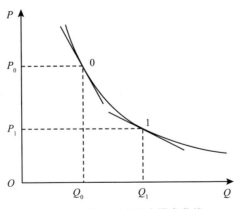

图 3-2　灌溉用水强度需求曲线

图 3 - 2 中，横轴表示灌溉用水强度，纵轴表示农业水价。当农业水价由 P_1 提高到 P_0 时，灌溉用水强度由 Q_1 下降到 Q_0，反之亦然。农业水价对灌溉用水强度有直接的调节作用。

部分学者的调研数据初步验证了该理论分析内容。于法稳等（2005）在内蒙古河套地区的调研发现，其他条件不变而农业水价提高时，有约 25% 的农户会直接降低灌溉用水量。但样本中超过 70% 的农户不会改变灌溉用水量，因为这些农户认为无论水价如何调整，农作物的生长都需要特定的水量，在保持传统灌溉方式的情况下，不应减少灌溉用水量。以上表明农业水价对灌溉用水量的确发挥了直接的影响，但影响程度有待进行更深入的分析。

由此，提出本书的假说 1：农业水价通过节水灌溉技术应用和灌溉用水强度路径能降低农田灌溉亩均用水量。

3. 土地经营规模对农业水价与农田灌溉亩均用水量关系的影响

根据已有文献的研究结论可知，由于种植规模、农业收入和农业基础设施条件等因素的影响，不同土地经营规模的农业生产经营主体在农业技术采用、种植结构和品种选择等方面有所差异（饶静，2018；姜翔程等，2017；吕杰等，2016；姜长云，2015）。土地经营规模较大的农户比土地经营规模较小的农户对农业水价变化更加敏感，土地经营规模对农业水价与农田灌溉亩均用水量的关系具有一定的调节效应。因此，本部分主要分析土地经营规模异质性对农业水价与农田灌溉亩均用水量关系的影响。

农业水价对不同土地经营规模农户的节水激励作用有所差异。中国的农业发展逐渐从小农经济转向适度规模化经营，农业土地经营规模呈现明显的异质性（叶明华等，2018；饶静，2017；Gómez - Limón et al. ，2004）。农户群体也随之分化为土地经营规模较小的传统小农户和土地经营规模较大的新型农业生产经营主体（王国刚等，2017）。不同土地经营规模农户对于农业水价的提高有不同的反应。土地经营规模较大的农户由于农业灌溉用水量大，农户人力资本积累质量较高，节水意识较强，通常有较高的灌溉需水价格弹性。农业水价的提高能够显著促进土地经营规模较大农户对节水灌溉技术的应用，提高农业灌溉用水效率，减少农业灌溉用水量（李宁等，2021）。相对而言，由于节水灌溉技术有一定的沉没成本，土地经营规模较小时农户的摊销成本较高，而多数土地经营规模较小农户兼业普遍且农业收入占比较小，节水灌溉技术的应用受到客观条件的限制，因此对节水灌溉技术的投入不足。土地经营规模较小的农户仍会保持传统的农业种植习惯，相比于土地经营规模较大的农户，农业水价提高时农田灌溉亩均用水量变化不大。

由此，提出本书的假说2：土地经营规模对于农业水价减少农田灌溉亩均用水量有促进作用。土地经营规模越大，农业水价减少农田灌溉亩均用水量的节水作用就越强。

3.2.2　农业水价对农业灌溉用水总量的作用机制分析

通过上述理论分析可知，农业水价对农田灌溉亩均用水量能够发挥良好的节水效果，这在后续的分析中也得到了验证。那么，根据本书提出的研究问题，农业水价在农业灌溉用水总量层面是否也发挥了节水效果，其中的作用机制如何？本书理论分析认为，农业水价提高影响了农户的生产决策，调整了作物的种植结构和种植面积，经济作物这类高耗水高收益作物的种植规模和有效灌溉面积的增加最终造成农业灌溉用水总量未产生显著下降。节水灌溉技术能够提高灌溉水资源利用效率，放宽水资源硬性约束，因此在这个作用过程中起着关键作用。

1. 不考虑节水灌溉技术应用的影响

当不考虑节水灌溉技术应用的影响时，农业水价的提高增加了农业生产成本，农户会通过减少高耗水农作物的种植面积和比重来降低作物种植总的灌溉需水量。根据微观经济学的供求理论，农业水价的提高增加农业生产成本时，除了采用节水灌溉技术进行水资源要素替代外，通过调整种植结构和种植面积，移动整体需求曲线，从需求方面有效降低作物实际需水量也是农户通常采取的节水措施。种植结构和种植面积的调整主要是增加低耗水农作物的种植面积，减少高耗水农作物的种植面积，从而降低作物种植总的灌溉需水量。类比图3-2，灌溉用水量需求曲线的表现为整体左移，与变动前相比，同等水平农业水价下的灌溉用水总量下降。

很多实证研究结论表明农业水价会显著影响作物的种植结构和种植面积，尤其是对用水量较多的作物种植面积影响较大（Bazzani et al.，2005；于法稳，2005；Gómez - Limón et al.，2004；Yang et al.，2003）。刘莹等（2016）通过对水价政策的模拟，发现农业水价提高后，农户开始逐渐减少水稻这类高耗水量作物的种植，直至完全放弃水稻种植，提高了小麦和玉米的种植比例和面积。

2. 考虑节水灌溉技术应用的影响

当考虑节水灌溉技术应用的影响时，若灌溉水资源要素成本产生强烈的边际产品价值响应，节水灌溉技术的应用很可能会促使农户种植更多的高耗水高收益作物，最终造成农业灌溉用水总量不变甚至增加。

假定农户种植水资源密集型 S1 作物和非密集型 S2 作物，作物生产期都需要进行灌溉，农业灌溉水资源存在硬约束，灌溉水资源利用效率为 E。根据边际效用均等法则在生产理论中的应用可知，在产品市场为完全竞争市场且生产者追求最大利润目标下，生产者均衡时水资源要素在两种作物间的分配满足边际产品价值相等的条件，即 VMP1 = VMP2。边际产品价值是所生产产品的价格乘以投入生产要素的边际产品。这表示在其他条件不变的前提下，农户每增加一单位的灌溉水资源生产要素时，两种作物所增加的产品价值相等。

为了降低用水成本，农户可以应用节水灌溉技术提高水资源利用效率，放松水资源硬性约束。在理性人假设条件下，农户对节水灌溉技术的应用存在两种情形：水资源密集型作物应用和两种作物均应用。水资源密集型作物由于灌溉用水量大，应用节水灌溉技术可以节省农业用水成本，所以农户更倾向对水资源密集型作物采用节水灌溉技术，这也符合在现实生产过程中观察到的普遍状况，如蔬菜水果等高耗水作物种植应用节水灌溉技术的概率更高。当水资源密集型作物应用节水灌溉技术提高灌溉用水效率到 E1 > E 时，农田灌溉用水量减少，水资源密集型作物灌溉成本相对下降，边际产品价值相对提高，即 VMP1′ > VMP2。为了获取更大的经济收益，农户会倾向于扩大水资源密集型作物 S1 的种植或灌溉规模，直至通过产品的供需调整重新回到均衡状态。若农户对两种作物同时应用了节水灌溉技术，灌溉水资源约束得到放松，由于两种作物的边际产品价值相等，农户在两种作物中可以随机分配这部分灌溉水资源，那么作物总的种植或灌溉规模会增加。

这两种情形均通过应用节水灌溉技术改变灌溉水资源利用效率，农户通过比较灌溉水资源边际产品价值进行种植或灌溉，进而对最终的农业灌溉用水总量产生影响。这两种情形具有相同的作用机理，但是第一种情形农户面临的情况相对复杂，农户需要在不同作物之间进行节水灌溉技术应用、种植规模和灌溉规模决策，第二种情形可以看作该情形的简化，这种情形的成立可以推断出第二类情况的理论情形成立。因此，本书简化了后续的实证分析过程，仅对第一种情形进行理论分析的实证检验，以此验证理论分析内容。

综合来看，农业水价通过促进节水灌溉技术应用会降低农田灌溉亩均用水量，但是由于农业水资源利用效率的提高，单位水资源会带来更高的边际产品价值，通过扩大有效灌溉规模或高耗水高收益作物的种植规模，使农业生产重新达到均衡状态，这种变化会使得农业灌溉用水量不会有显著下降。根据研究区域的农业生产特征，区域内高耗水高收益作物主要指经济作物。

由此，提出本书的假说3：农业水价提高会促进节水灌溉技术的应用，进而扩大高耗水高收益作物即经济作物的种植规模，减少低耗水低收益即粮食作物的种植规模，因此提高农业水价不会显著降低农户的农业灌溉用水总量。

3.2.3　农业水价与水权交易对灌溉用水的综合作用机制分析

水权交易是通过市场交易机制，将水资源的使用权在地区之间、流域之间、用水户之间和行业之间的交易流转行为。本书所分析讨论的水权交易主要指农户作为用水户将水权额度内剩余水权进行的流转交易。水权交易能够促进水资源配置效率的提高，缓解水权交易双方的灌溉水资源供求不平衡问题。那么水权交易对农业灌溉用水总量会产生怎样的影响？水权交易能否配合农业水价成为解决农业灌溉用水总量回弹问题的重要措施？本部分将从农户生产投入决策角度进行理论分析。

为了把握农户作为生产者在不同农业水权制度下的用水行为，采用数学模型加以分析。依旧假定农户追求生产利润最大化，其他生产要素不变，农业水资源是唯一的可变生产要素且只产出一种农作物。农作物的市场价格为 P，种植面积为 N，收益为 π；农作物生长过程实际需水量为 W，在现有的供水条件下供水损失量为 L，农户用于节水改造的投入为 I，节约水量为 g，那么农户的灌溉需水量为 $G = W + L - g$，且为正值。

节水投入和节水量之间关系为 $I = I(g)$，边际节水曲线记为 I'，节水量与节水投入呈边际节水费用递增的规律，是单调递增的上凹函数，即一、二阶导数均大于0；农作物的收益函数为 $\pi = \pi(N, W, P)$，其中 W 的投入与收益 π 之间的边际收益曲线记为 MP 且呈边际产出递减规律，即 $\partial \pi / \partial w < 0$。农户在不同的水权交易制度下具有不同的农业灌溉用水投入决策结果。

（1）无水权交易且按计量收费。

农户只要按每立方米 Pw 的价格交纳水费，就不限制其灌溉用水量，这种情况下农户不存在水权交易的情形，农户的利润函数形式为：

$$Y = \pi(N, W, P) - Pw \times (W + L - g) - I(g) \qquad (3-1)$$

利润最大化的一阶条件为：

$$Y'w = \pi'w - Pw = 0 \quad Y'g = Pw - I'g = 0$$

此时水资源利用的均衡条件为：$I'g = \pi'w = Pw$

式（3-1）的推导结果表明农业水资源只按使用量收费且水资源配置达到均衡时，农业水资源的边际收益和节水的边际成本均等于农业水资源价格。农户将按照每立方米 Pw 的价格来评价农业水资源价值，决定农业灌溉用水量。

（2）有水权交易且按计量收费。

假设通过水权确权给予用水农户特定的水权额度为 X，水费按照使用量征收，每立方米的水价为 Pw，灌溉用水使用量可以超过水权额度，但是在水权额度内剩余的水权可以自由交易，Pz 为水权的转让价格。当 $G \leqslant X$ 时，农户可转让的剩余水权额度则为 $Z = X - G = X - W - L + g$。这种情况下农户进行水权交易时的利润函数形式为：

$$Y = \pi(N, W, P) - Pw \times X - I(g) + Pz \times (W + L - g) \quad (3-2)$$

利润最大化的一阶条件为：

$$Y'w = \pi'w - Pz = 0 \quad Y'g = Pz - I'g = 0$$

此时水资源利用的均衡条件为：$I'g = \pi'w = Pz$

式（3-2）的推导结果表明农业水资源按照使用量收费，在农业水权额度内的剩余水权可以进行交易且在用水定额和水权交易的影响下，当农业水资源边际收益和节水边际成本达到水权转让价格时，农户的经营利润达到最大化，农户会按照水权转让价格 Pz 来评价农业水资源价值和决定农业灌溉用水量。

根据图 3-3，在按计量收费时，农业水资源利用的初始均衡点为 A，处于均衡时的农业水资源价格和节水量分别为 Pw 和 $W_2 - W_0$。农业水价提高时，农户将按照提高后的农业水价和均衡点决策农业灌溉用水。农业水价的提高促进了节水灌溉技术的应用，提高了水资源利用效率，农业水资源的边际收益增加，边际收益曲线上移后新的均衡点为 B，此时的价格和节水量分别为 P 和 $W_3 - W_0$。比较两种情况下的均衡点可知，农业水价提高后促进了农业节水，但是由于农业水资源的边际收益变化，农业灌溉用水量由 W_2 增加到 W_3，这部分节约的水资源被重新投入农业生产中。农业水资源利用效率得到提高但农业用水总量未有显著下降。

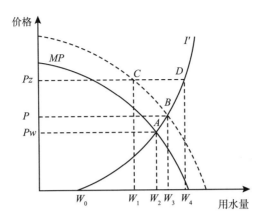

图 3 - 3　水权交易对农业灌溉用水的影响

在水权可交易且按计量收费时，农户将按照 Pz 的价格决策农业灌溉用水。根据农业水价提高后的均衡点 B 进行分析可知，在 0 到 W_1 用水段，由于水资源利用的边际收益高，农户不会进行水权转让；在 W_1 到 W_4 用水段，由于水资源利用的边际收益低，转让水权比灌溉用水能带来更高的收益，农户将不再用水生产而是选择转让水权。

可转让的水权额度来自两部分，一部分是与不可交易时的均衡点 B 相比较，农户用于农业生产投入的水量由 W_3 减至 W_1，减少的灌溉用水量被用于交易；另一部分是农户受到较高水权转让价格的刺激时节水力度加大，节水量由原来的 $W_3 - W_0$ 增至 $W_4 - W_0$，比原来增加 $W_4 - W_3$ 的节水量。实际中由于农业水资源价格通常低于工业用水价格和城市用水价格，在水资源紧缺的情况下，这部分农业用水通过水权交易市场可以被转移到工业等领域，能够为农户带来更大的经济效益，避免了节约的农业水资源被重新应用到农业生产中的状况，真正实现了灌溉节水。农业水价和水权交易相结合，在农业水资源利用效率得到提高的同时也减少了农业用水总量。

根据图示分析可知，保持农业水价不变而实施单一的水权交易能够获得更大的农业节水量，但是这会对农业生产的积极性和农业产出造成较大的负面冲击。农业水价通过促进节水灌溉技术的应用提高了农业水资源利用效率和农业水资源的边际收益，保持了农户对农业生产的积极性和农业产出的稳定，会在一定程度上削弱或抵消由于水权交易而减少的农业灌溉用水对农业生产带来的负面冲击，农业和非农部门都能实现经济效益的增加。此外，水权交易的价格刺激使农户由原来的被动节水转化为主动节水，水权交易形成了农户节水的内部驱动力,农业水价促进了农业水资源的高效利用,农业水价和水权交易的结合能够形成更加有效的农田灌溉节水激励措施。

由于水权交易市场在本书研究区域内的构建尚不完善,水权交易的相关数据尚不足以支撑应用计量经济模型进行实证检验,因此本部分不提出研究假说,而是选择农业水价和水权交易政策配套实施的代表性区域进行案例分析,表明两者相互结合对农业灌溉用水的最终影响效果。

3.2.4　农业灌溉节水对农业生产的作用机制分析

水资源是农业生产的基本投入要素。农业水价和水权交易相结合能够实现农业灌溉节水,农业灌溉用水量的下降会对农业生产造成影响。粮食生产安全是农业生产的主要任务,也是农业灌溉节水的前提。因此,本部分内容主要分析农业灌溉用水减少对农业生产在粮食亩均产量和粮食播种面积两方面的影响。

粮食亩均产量方面:根据常见的农业生产函数和厂商理论中的成本理论可知,随着水资源要素投入量的增加,作物产量先以递增的速度递增,然后以递减的速度递增。当超过特定投入量后,总产量以递增的速度递减,即在一定范围内,水资源要素与粮食产量呈二次曲线关系,很多灌溉试验资料也证实了这种关系的可靠性(牛坤玉等,2010;孙建光,2009)。

粮食播种面积方面:农业灌溉用水的变化意味着农业生产投入要素的变化,作物的种植规模会产生相应的调整。在其他条件基本不变的情况下,为减少农业灌溉用水量,农户会选择种植低耗水作物替代高耗水作物,以此控制总的农业灌溉用水量。根据本研究区域的农业生产状况和各省市的农业灌溉用水定额,粮食作物中小麦和玉米的耗水量较小,水稻和蔬菜水果等经济作物的耗水量较大,因此农业灌溉用水减少时,农户会扩大小麦和玉米的种植规模。由于研究区域内小麦和玉米总的种植规模占据了粮食作物总种植规模的大部分,因此可以理解为农业灌溉用水减少时,农户会扩大粮食作物的种植规模,而削减蔬菜水果等经济作物的种植规模。

由此,提出本书的假说4:农业灌溉用水量的减少不会显著降低粮食作物单位面积产量,但是会缩减经济作物的种植规模,扩大粮食作物的种植规模。

3.3　数　据　来　源

本书在提出理论分析框架和相应的研究假说后，将采用描述性分析和计量经济模型等方法对相关内容进行统计分析和实证检验。这涉及对相关微观数据和宏观数据的收集整理与应用。

3.3.1　微观数据来源与应用

本书在后续章节分析中所用到的微观数据主要来自对研究区域内农户的实地调研。本书依托国家自然科学基金项目的支持，选择黄淮海地区的河南、山东、河北、江苏、安徽、北京和天津下辖的地区作为调研区域，调研时间集中在 2020 年。调研点的选择遵循系统抽样和随机抽样原则。按照系统抽样方法在黄淮海地区 53 个市级行政区选择河南省郑州市、新乡市、濮阳市、许昌市和商丘市，山东省聊城市、临沂市、日照市、青岛市和滨州市，河北省保定市、石家庄市和沧州市，安徽省宿州市和蚌埠市，江苏省宿迁市，北京和天津共 18 个省（市）级行政区下辖的 115 个调研村庄，根据村庄的家庭数量确定随机概率抽样的样本数量，以此保证样本的代表性。调研的具体实施分为两个部分，一部分是由作者及课题组成员组成调研小组，在 2020 年下半年进行入户实地调研，另一部分是 2020 年寒假前在校内招募调研地区内的调研员，对调研员进行培训后进行调研。调研问卷主要来自调研小组的实地收集。

根据本书的研究内容设计的调研问卷主要包括三个部分：（1）样本农户家庭和受访者的基本特征；（2）样本农户农业水价和农业灌溉用水的基本状况；（3）样本农户节水灌溉技术应用、种植结构调整和灌溉用水强度变化的状况。调研重点获取样本农户的个人特征、家庭特征、农业生产投入产出等相关变量数据。在进行正式调研之前，先进行预调研，调整问卷中存在的问题。样本问卷发放数量为 1100 份，回收有效问卷 1011 份，问卷有效率 91.91%。样本农户的微观数据主要应用于农业水价对农田灌溉亩均用水量、农业灌溉用水总量以及农业灌溉节水对粮食生产影响研究内容的实证检验分析中。

3.3.2　宏观数据来源与应用

本书在后续章节分析中所用到的宏观数据主要为了阐明研究区域地区层面的农业水价、农业生产以及灌溉用水状况。农业灌溉用水管理和黄淮海地区农业水价变化这部分数据主要根据各地级市的相关数据整理计算得到，相关数据主要来源于黄淮海地区各省市统计年鉴中的县（市、区）概况、各省市农村统计年鉴、《中国县域统计年鉴》《中国水利年鉴》以及水资源公报和水利发展公报等相关政府部门公布的统计数据。农业水价对农业灌溉用水回弹影响的研究数据主要来自《中国水资源公报》《中国水利统计年鉴》《中国农村统计年鉴》和《中国统计年鉴》等公开统计年鉴。

3.4　本 章 小 结

本章阐明了本书的研究内容和章节之间的内在逻辑关系，分析了各章节所涉及研究内容的理论机制框架并提出了相应的研究假说，说明了本书后续实证分析的数据来源和具体应用。本书在理论上分析认为农业水价在农田单位层面带来了较好的节水效果，在农田地区或农户层面节水效果不明显，主要是因为农业水价提高后影响了农业的种植规模调整，导致出现农田单位层面和地区层面灌溉用水量变化不一致的现实状况。农业水价和水权交易的结合有助于激励用水户节水，实现两者在农业灌溉节水上保持一致。同时，粮食生产安全不会因农业灌溉用水的减少而产生显著的不利影响。

第4章 农业灌溉用水管理和农业水价变化研究

本章主要介绍了中国的农业灌溉管理变化历程、中国农业水价的改革历程与目标任务、黄淮海地区农业灌溉管理和农业水价演变以及黄淮海地区的农业灌溉用水等基本状况。主要通过介绍黄淮海地区的农业水价、农业灌溉用水和农业生产状况，阐明黄淮海地区农业水价提高的节水成效与农业灌溉用水回弹的现实状况。

4.1 中国农业灌溉用水管理制度变革历程

中国的水资源稀缺，时空分布不均，受季风的影响较大，60%～80%的年降水量集中在每年6～9月的汛期。中国的农业生产高度依赖灌溉，灌溉农田的单位面积产量是旱地的1～3倍，农业灌溉是保障中国粮食生产安全的关键因素（Li，2019）。因此，农业灌溉用水管理对保障中国粮食生产安全和农村社会经济发展具有重要意义。

1949年至今，中国农业灌溉管理事业大致可分为三个阶段：第一个阶段是1949～1979年的规模化工程建设期。根据国民经济和社会发展统计公报等资料可知，这段时间农业灌溉管理的直接结果是中国的灌溉农田面积从1949年的1590万公顷增加到1980年的4890万公顷；第二个阶段是1980～1990年农村土地管理和灌溉管理体制改革期，这一时期中国对农业灌溉水利基础设施的资金和劳动力投入减少，带来的直接影响是中国的灌溉农田面积从1980年的4890万公顷减少到1990年的4840万公顷。这是1949年以来首次出现农田灌溉面积的减少；第三个阶段是1991年至今，这一时期农业灌溉用水管理的重点任务是升级和完善现有的灌排系统。经过大力的节水灌溉技术研究推广和配套设施建设及大中型灌区节水改造，2019 年中国的农田灌溉面积增至 75.03 百万公顷（Wang et al.，2019）。

中国政府一直重点关注农业灌溉用水供应的稳定保障。新中国成立初期政府主要通过投资水库建设等水利基础设施项目来不断增加农业灌溉用水的供应量。1950～1978 年中国农村改革前，水利基础设施投资近 1000 亿元，占全国基础设施投资总额的 6.9%（Wang et al.，2019）。这些水利基础设施建设资金主要用于地表水资源的管理应用，保障了当时中国超过一半耕地面积的农业灌溉用水。

在 1978 年中国开始农村改革后，农业灌溉用水管理的重心发生重大转变。中国农村改革是对农村经营制度的变革，市场机制被引入农业生产管理中，农村经济、社会和文化等各方面都进行了改革。中国农村改革促使农村土地生产力得到释放，家庭联产承包责任制成为主要的农业生产方式（钱文荣等，2021；刘润秋，2020）。水利基础设施是土地生产管理的配套措施，由此中国农业灌溉用水管理也得到了重大转变。在中国农村改革初期的 10 年里，政府大幅度削减了水利基础设施的建设投资，灌溉投资经历了大幅下降。1988 年中国水利基础设施的建设资金仅占整个基础设施建设资金的 1.9%。中国水利基础建设资金投入的下降导致中国农田灌溉面积的增长速度放缓，甚至出现了下降的趋势（Ni et al.，2020；Wang et al.，2019）。

水利基础设施建设投资的减少导致很多地区灌溉水利设施运营功能恶化或失调。为了保障农业灌溉用水，中国北方地区灌溉用水来源由地表水逐渐转向地下水（Wang et al.，2016）。中国政府放宽了对个人投资农业灌溉管井的限制，农民承担了投资和管理农用管井的责任，个体农民开始钻探农业灌溉管井，农业灌溉管井的产权大幅从集体转向私有制。农业灌溉管井的数量在 1965～1980 年有了大幅度的增加。20 世纪 90 年代中期以后，私人所有制主导了农业灌溉管井的产权。

农业灌溉管井的私有产权带来地下水长期超采等问题，20 世纪 70 年代中国北方地区地下水位开始出现第一次下降（Wang et al.，2016）。为了解决农业灌溉用水管理出现的问题，1988 年中国政府颁布了第一部水法，之后开始逐渐增加对水利基础设施的投资。从 20 世纪 90 年代末开始，政府大规模启动了水利基础设施相关建设项目，主要包括升级、改造和投资大中型灌区的节水设施以及进行农业综合开发，目的是改善农业灌溉条件，提高农业用水效率（Ni et al.，2020；Wang et al.，2016）。2010 年以后大多数农业灌溉设施投资是由政府主导的，农业灌溉管井的集体所有权占比逐渐增加。

21 世纪以来，中国政府在农业灌溉用水管理方式上展开了各种探索。2014 年中国政府倡导农田灌溉管理职责从村集体向农民用水合作组织转变的多元化管理模式，发布了《关于鼓励和支持农民用水合作组织创新发展的指导意见》，意见的内容主要是鼓励多种形式的农民用水合作组织参与灌排设施的管理和建设。这些合作组织既可以是非营利性社区组织，也可以是商业性组织。2019 年底，全国已成立 8 万多个此类组织，所管理灌溉农田面积超过2500 万亩[①]（Ni et al.，2020）。这些农业灌溉用水管理工作的探索为中国的灌溉管理方式改进提供了经验。

4.2　中国农业水价的改革历程与目标任务

农业灌溉用水管理制度的变化通常伴随着农业水费管理制度的变化。农业水费是农田水利基础设施可持续运行发展的重要措施，也是促进农业节水的重要抓手。中国大多数农业灌溉工程都通过收取农业灌溉水费作为灌溉系统运行和维护的资金来源。根据水利部 2019 年的调查，大中型灌区中有 90% 的灌区将收取的农业灌溉水费作为运营、维护和管理资金的主要来源，其余 10% 灌溉系统的运行成本则主要由地方财政承担。农业水费管理的主要内容之一是对农业灌溉用水的定价。中国大型灌溉工程长期以来实行国家政策定价，但这一价格与灌溉系统的实际供水成本相差很大。根据调查发现，目前中国大多数灌区实际执行的水价仅相当于灌区供水成本的 34% ~60%（Ni et al.，2020）。

中国农业灌溉水价理论上由供水成本和水资源税费两部分组成。目前中国大部分农业灌溉用水价格根据灌区工程修建、运行和维护成本进行评估，分为干线供水价格和终端用户水价。干线供水价格通常指水源从干渠到支渠系统所发生的成本和费用计算得出的用水价格，由灌区的专业管理机构收取。终端用户水价指包含下层渠道所发生的必要管理费用计算得出的用水价格，通常由农民组织收取，以弥补其运营和维护成本。由于农户缺乏计量设施，长期以来一直实行"以总水量计价，但按单位面积计收水费"的收费模式，即干线供水价按总成本和总供水量计算，但终端用户水价按照区域内水费总额和覆盖的灌

---

① 1 亩 = 666.67 平方米，遵循农业中的使用惯例，保留以亩为单位的表述。

溉面积进行分摊，按面积收取水费。该模式不能有效反映灌溉水费与用水量的相关性，因此水费的实际收缴率很低（Wang et al.，2016）。

2005 年以来，中国全面推进灌溉用水的农业水价综合改革，大致分为试点阶段和整体推广阶段。

试点阶段（2005～2015 年）。2005 年中国国家发展和改革委员会（简称"发改委"）和水利部发布了《关于加强农业末级渠系水价管理的通知》，要求确定终端用水价格以补偿下游渠系的运行、维护和维修费用，为农业水价综合改革奠定了基础。2007 年，水利部选择 8 个省 14 个灌区作为首批终端用水价格综合改革试点地区。2013 年试点范围扩大到 27 个省的 150 多个县（Ni et al.，2020）。2014 年和 2015 年有更多的管理部门参与了试点方案，包括国家发改委和财政部等。各部门通过调价、财政奖补和配套等综合措施，完成了 27 个省试点县的综合改革试点任务。

整体推广阶段（2016 年至今）。2016 年中国国务院办公厅发布了《关于推进农业水价综合改革的意见》。农业水价综合改革在各地区逐渐成为一项重大工作来抓。农业水价综合改革的总体目标是在 10 年左右的时间内建立健全农业水价机制，确保农业水价总体上满足运行维护成本或全成本，确保用水总量实行定额控制和管理，精准节水补贴激励机制得到基本建立。农业水价综合改革的具体任务包括：（1）强化农业用水需求端管理，完善供水计量设施，提高供水效率和效益，建立农业水权制度，探索终端用水户用水管理的创新方式；（2）探索实行分类水价，逐步实行超额累进加价和阶梯水价，制定分层次的农业水价；（3）多渠道筹集资金，构建并完善用水户农业用水的精准补贴和节水奖励机制。

4.3　黄淮海地区的农业水价改革历程

4.3.1　黄淮海地区的农业水价变化过程

黄淮海地区是中国重要的粮食主产区和农业灌溉区，涉及 5 个省份和 2 个直辖市，包括山东全部地区、河北和河南大部分地区、安徽和江苏的部分地区、北京和天津全部地区。黄淮海地区水资源严重不足，提高农业水价是缓解区域内水资源短缺问题的重要措施。作为农业水价综合改革的重要试点区和推广区，黄淮海地区的农业水价变化与中国农业水价的变化历程基本相同。

第一阶段：1950～1964年，为农田灌溉无偿用水阶段。为促进农业发展，该阶段农业灌溉用水基本不收费（Wang et al.，2016）。黄淮海地区的农业水资源同样完全无偿使用。

第二阶段：1965～2000年，为农田灌溉低标准水价阶段。1965年国务院颁发水费征收政策文件，成为中国农业水费改革的起点。黄淮海地区的农业灌溉用水由无偿服务转为有偿服务。黄淮海地区的农业水价主要根据水利工程建设投资的固定成本来确定，收费方式主要是按亩收费。这一时期黄淮海地区的农业水价极低，折算后平均农业水价低于0.01元/立方米（Wang et al.，2016）。为了保证粮食生产安全，水资源费用的实际收缴率力度不足，实际收缴率极低。

第三阶段：2001～2015年，为农业水价政策改革实验期。黄淮海地区选择试点区域进行农业水价综合改革。提高农业水价成为农业水价综合改革的重要内容，强调农业水价至少要达到包含日常管理的人工和设备等管理费用的运行维护水平。农业水价的计费方式转变为计量水价。这一时期黄淮海农业水价政策改革地区的平均水价提高到了0.2～0.3元/立方米。

第四阶段：2016年至今，为农业水价政策改革推广期。2016年黄淮海地区的5个省份和2个直辖市出台了农业水价政策，内容主要包括农业水价的价格水平和计价方式两部分。计价方式由原来的按亩收费转变为按量收费。农业水价要求提高到运行维护成本水价或全成本水价。2020年江苏和北京等经济发展较好地区的农业水价达到运行维护成本或全成本水价。黄淮海地区的很多地方政府按照不同作物类型设置了不同的农业水价。2025年预期黄淮海地区的平均农业水价将达到改革前价格的2倍，区域内基本达到运行维护成本水价或全成本水价。

4.3.2　黄淮海地区农业水价的基本状况

黄淮海地区农业水价是伴随着中国农业水价综合改革的实施而变化的。根据全国水利发展统计公报数据，截至2019年底中国农业水价综合改革累计实施的耕地面积为2.9亿亩。2020年农业水价综合改革实施的耕地面积超过1亿亩。黄淮海地区是中国农业水价综合改革实施的重点地区。根据各地区的水利发展统计公报数据可知，截至2018年底，河北省全省农业水价综合改革的实施面积已经累计超过 1700 万亩，超过全省有效灌溉面积的 30%；山东省累计实施农业水价综合改革的耕地面积超过 1722 万亩，超过全省有效灌溉面积的 22.11%。2020 年全年又新增超过 1644 万亩；河南和安徽累计实施农业水价综合改革的耕地面积则低于 500 万亩，低于两省有效灌溉面积的 6%，但是 2020 年河南农业水价综合改革实施面积超过了 1000 万亩，大大增加了省内农业水价综合改革的实施面积。2020 年江苏和北京等经济基础较好的地区全部实现了农业水价综合改革任务。

根据对各地区的调研数据和公告整理可知，2019 年黄淮海地区粮食作物的农业水价水平达到 0.23~1.2 元/立方米，使得黄淮海很多地区的农业水价达到了运行维护成本水价或全成本水价。2018 年山东省试点区达到运行维护成本水价为 0.41 元/立方米，河南省试点区将粮食作物和经济作物进行分类定价，农业水价分别达到 0.23 元/立方米和 0.77 元/立方米，均达到了全成本水价。黄淮海地区的河北省是以井灌为主要灌溉方式的区域。2019 年河北省井灌区试点已经达到 1.2 元/立方米的全成本水价或 0.5 元/立方米的运行维护成本水价。河北省黑龙港地区达到 1.6 元/立方米的全成本水价或 0.7 元/立方米的运行维护成本水价。总的来说，黄淮海地区目前的农业水价已经有所提高，相当比重的地区农业水价已经达到农业水价综合改革的目标，达到了运行维护成本水价或全成本水价。

黄淮海地区农业水价提高带来的直接影响是农业灌溉用水成本的增加。根据黄淮海地区 2020 年的农户调研数据可知，2016 年黄淮海地区实施农业水价综合改革以来，改变了以往按灌溉面积固定收费的传统习惯，农业水价有了很大程度的提高。2020 年黄淮海地区小麦和玉米的农业用水成本每次每亩的灌溉费用已经达到 15~35 元，每茬作物的灌溉频次集中在 2~4 次。由此可知，黄淮海地区的农业灌溉用水成本尽管仍然低于化肥和农业机械等投入成本，但是已经在农业生产成本中占据了一定的比重。农业水价的进一步提高会对农户的生产决策产生影响。根据本书的调研数据，农业水价在 2020 年的水平上若继续上涨，超过三成的受访农户会选择调整种植结构，采用节水灌溉技术。农业水价的提高将对农业生产决策和灌溉水资源要素投入带来显著的影响。

4.4　农业灌溉用水的变化状况

黄淮海地区农业水价提高来自农业水价综合改革的推动。农业水价综合改革的目标之一是通过提高农业水价促进农业灌溉用水效率的提高，从而降低农业灌溉用水总量。黄淮海地区在农业水价提高的情况下，农田灌溉亩均用水量和农业灌溉用水量的变化很好地反映了农业水价价格杠杆作用的效果。因此，本部分主要分析在黄淮海地区农业水价提高期间，农田灌溉亩均用水量和农业灌溉用水总量的变化。海河区农业水价平均水平要高于黄河区和淮河区，黄河区和淮河区的平均水价基本类似。因此，在观察黄淮海地区的农田灌溉亩均用水量和农业灌溉用水量变化的同时，也将黄河区和淮河区作为一个整体，将海河区单独作为一个整体进行更细致的分析。根据研究内容的适用性和数据可得性，本部分调研数据的时间为 2012～2019 年。由于黄淮海地区的覆盖范围与中国水资源公报等统计数据中黄河流域、淮河流域和海河流域的覆盖范围不同，因此本部分的分析数据主要根据各地级市的相关数据整理计算得到，相关数据主要来自黄淮海地区各省市统计年鉴中的概况、各省市农村统计年鉴、《中国县域统计年鉴》《中国水利年鉴》以及水资源公报和水利发展公报等相关政府部门公布的统计数据。

4.4.1　农田灌溉亩均用水量的变化趋势

根据表 4－1 可知，黄淮海地区的农田灌溉亩均用水量在 2012～2019 年均呈下降趋势。农田灌溉亩均用水量由 2012 年的 231.61 立方米/亩下降为 2019 年的 198 立方米/亩，下降程度为 14.51%。

表 4－1　　　　　　　　　农田灌溉亩均用水量　　　　　　　　单位：立方米/亩

年份	黄淮海地区	黄淮区	海河区
2012	231.61	221.27	247.05
2013	214.03	214.62	218.16
2014	250.27	234.95	271.10
2015	210.21	208.40	216.64
2016	207.31	206.70	212.48
2017	203.60	210.20	201.49
2018	202.11	204.96	203.72
2019	198.00	199.12	201.25

资料来源：根据水利发展公报等资料整理得到。

黄淮区和海河区的农田灌溉亩均用水量在2012~2019年同样呈下降趋势。黄淮区的农田灌溉亩均用水量由2012年的221.27立方米/亩下降为2019年的199.12立方米/亩,下降程度为10.01%;海河区的农田灌溉亩均用水量由2012年的247.05立方米/亩下降为2019年的201.25立方米/亩,下降程度为18.54%。

4.4.2　农业灌溉用水量的变化趋势

根据水资源公报的数据整理得到表4-2,2012~2019年黄淮海地区农业灌溉用水量由541.12亿立方米变为505.49亿立方米,下降了6.58%。但是,这一时期黄淮海地区的农业灌溉用水量整体有所波动,并未出现显著的下降趋势。2014~2016年农业灌溉用水量甚至呈现出逐年增加的趋势。海河区农业灌溉用水量由228.77亿立方米持续下降到223.15亿立方米,下降程度为2.46%。黄淮区的农业灌溉用水量由312.36亿立方米变为282.35亿立方米,下降程度为9.61%。总体而言,农业节水增效政策实施期间,海河区农业灌溉用水量表现为大体上持续性下降,而黄淮区农业灌溉用水量表现为反复的增减波动,这表明黄淮海地区的农业灌溉节水尚未有显著成效。

表4-2	农业灌溉用水量		单位:亿立方米
年份	黄淮海地区	黄淮区	海河区
2012	541.12	312.36	228.77
2013	520.24	293.91	226.33
2014	499.35	275.47	223.89
2015	507.17	286.74	220.44
2016	525.97	306.31	219.66
2017	511.87	291.52	220.35
2018	523.14	241.66	228.48
2019	505.49	282.35	223.15

资料来源:根据水资源公报等资料整理所得。

综合黄淮海地区农田灌溉亩均用水量和农业灌溉用水总量的变化状况可知，在农业水价变化期间，黄淮海地区的农田灌溉亩均用水量出现了显著的持续下降趋势，但是农业灌溉用水总量并没有显著的下降，只是在不同年份有增减波动。据此可知，黄淮海地区的农业水价提高极有可能并未在区域层面为农业灌溉用水带来显著效果。

4.5   农业灌溉用水变化趋势的其他影响因素

农业灌溉用水量受很多因素影响。农业水价提高期间，黄淮海地区的农业灌溉用水量未有显著下降可能是其他因素造成的。因此，本部分综合已有文献，选择区域降雨量、农田有效灌溉面积、退耕趋势、种植结构调整和节水灌溉面积变化五个因素考察影响农业灌溉用水的其他因素。

4.5.1   区域降雨量变化的影响

降雨量会直接影响农作物的灌溉用水量。根据区域内的水资源公报数据和各地区的相关统计数据（见表4-3），2012~2019年黄淮海地区的年降水量呈现出波动上升的趋势，由3930.48亿立方米波动增加到4228.87亿立方米，增加程度为7.59%。黄淮区的年降水量呈现出同样的变化趋势，由2621.72亿立方米波动增加到2870.70亿立方米，增加程度为9.50%。海河区的年降水量则在不同年份呈现不断的波动。2015年的降雨量最小，为1040.06亿立方米，2013年和2017年的降水量均超过1500亿立方米。通常而言，年降水量越大，农业灌溉用水量越小。黄淮海地区年降水量的波动增加趋势从理论上会带来该区域农业灌溉用水量的下降，但是这与现实状况不符，表明降雨量变化不是黄淮海地区农业灌溉用水量未有显著下降的重要原因。

表4-3   区域降雨量   单位：亿立方米

年份	黄淮海地区	黄淮区	海河区
2012	3930.48	2621.72	1308.76
2013	3822.84	2255.51	1567.33

年份	黄淮海地区	黄淮区	海河区
2014	3548.27	2188.70	1359.57
2015	3602.59	2562.53	1040.06
2016	3983.36	2679.50	1303.86
2017	4461.02	2923.33	1537.69
2018	4014.78	2786.75	1228.03
2019	4228.87	2870.70	1358.17

资料来源：根据水资源公报等资料整理所得。

4.5.2 农田有效灌溉面积变化的影响

根据中国水利统计年鉴和各地区的统计数据整理计算可知，2012～2019年黄淮海地区的农田有效灌溉面积由 19558.12 千公顷持续增加至 20588.67 千公顷，增加幅度为 5.27%。其中，海河区的农田有效灌溉面积由 7056.01 千公顷变为 6968.09 千公顷，下降程度为 1.25%，整体保持下降趋势。但是在2014 年达到最低值后，2014～2017 年农田有效灌溉面积持续增加。黄淮区的农田有效灌溉面积由 12502.11 千公顷持续增加至 13620.58 千公顷，增加程度为 8.95%，整体保持连年增加趋势。由此可知，黄淮海地区的农田有效灌溉面积在整体上保持增加趋势。农田有效灌溉面积的增加势必会增加地区的农业灌溉用水量。因此，这在一定程度上表明农田有效灌溉面积的增加是黄淮海地区农业灌溉用水量未出现显著下降的重要原因之一。与此同时，农田灌溉有效面积也是农业灌溉用水应用状况的体现，反映了黄淮海地区农田灌溉亩均用水量下降节约的水资源又被投入农业生产过程中，扩大了农田有效灌溉面积。

4.5.3 退耕趋势变化的影响

退耕通常是农田由于经济发展因素转变为非农用途。退耕会带来耕地面积的直接减少，耕地面积的下降会造成农业灌溉用水量的显著减少。根据水利发展公报等相关数据可知，黄淮海地区的退耕状况年度间差异较大（见表 4-4）。2012～2019 年黄淮海整个地区的年均退耕速度为 8.60 千公顷/年，海河区

2012～2019 年年均退耕速度为 6.18 千公顷/年，而黄淮区年均退耕速度为
2.42 千公顷/年，海河区退耕的速度约为黄淮区的 3 倍，表明黄淮海地区整体
有明显的退耕状况。退耕尽管会造成农业灌溉用水量的减少，但是由于每年的
退耕面积占地区全部耕地面积的比重较小，因此退耕不是造成黄淮海地区农业
灌溉用水量未有显著下降的重要原因。

表 4 - 4　　　　　　　　　　不同地区的退耕面积　　　　　　　　　单位：千公顷

年份	黄淮海地区	黄淮区	海河区
2012	13.76	1.26	12.50
2013	7.50	3.29	4.21
2014	3.56	1.39	2.17
2015	9.69	3.00	6.69
2016	15.81	4.61	11.20
2017	8.36	2.71	5.65
2018	6.50	1.16	5.34
2019	3.62	1.92	1.70
年均退耕速度	8.60	2.42	6.18

资料来源：根据水利发展公报等资料整理所得。

4.5.4　种植结构调整变化的影响

在农作物播种面积等其他条件基本不变的情况下，低耗水作物的种植比例
增加会降低农业灌溉用水量。黄淮海地区是中国的粮食主产区，除北京和天
津，农作物总播种面积中粮食作物超过了 70%。玉米和小麦是该地区最为主
要的粮食作物。根据地区内各省市发布的农业用水定额可知，粮食作物的耗水
量低于蔬菜水果等经济作物的耗水量。结合黄淮海地区的种植结构，该区域内
的粮食作物可以看作低耗水作物，经济作物可以看作高耗水作物。

根据各省市统计年鉴整理可知，黄淮海地区的农作物播种面积基本稳定
（见表 4 - 5 和表 4 - 6）。河北省在黄淮海地区农业生产中占据了重要的位置，
而河北省农业生产数据的统计口径在 2017 年发生了变化，由抽样调研数据调
整为实际统计数据，因此本书将统计口径变化前后的数据结合分析。2017 年
之前黄淮海地区的粮食作物播种面积占农作物播种面积的比重略有下降，整体

基本保持稳定；2017 年之后则表现出相对显著的下降。黄淮区也表现出了同样的变化趋势。综合来看，黄淮海地区的农业生产种植结构有所调整，农作物播种面积有下降趋势，粮食作物的种植比重正在调减，黄淮海地区经济作物的种植规模在不断扩大。相对于粮食作物，经济作物被认为是高耗水作物。综合黄淮海地区农业灌溉用水量的现况可知，种植结构的变化也是地区内农业灌溉用水量未有显著下降的原因之一。

表 4 - 5　　　　　　　　　　黄淮海地区农作物播种面积

年份	黄淮海地区		
	粮食作物播种面积（千公顷）	农作物播种面积（千公顷）	占比（%）
2012	29051.51	41128.50	70.64
2013	28825.07	41107.30	70.12
2014	28970.40	41217.00	70.29
2015	29206.48	41313.00	70.70
2016	29077.13	41621.20	69.86
2017	33710.79	41736.40	80.77
2018	30982.59	41370.40	74.89
2019	30516.12	41228.60	74.02

资料来源：根据各省市统计年鉴等资料整理所得。

表 4 - 6　　　　　　　　　　不同地区农作物播种面积

年份	黄淮区			海河区		
	粮食作物播种面积（千公顷）	农作物播种面积（千公顷）	占比（%）	粮食作物播种面积（千公顷）	农作物播种面积（千公顷）	占比（%）
2012	21037.50	31608.90	66.56	8469.14	9519.60	88.97
2013	20912.30	31588.20	66.20	8357.44	9519.10	87.80
2014	21030.53	31783.20	66.17	8383.80	9433.80	88.87
2015	21229.08	31955.60	66.43	8409.87	9357.40	89.87
2016	21146.39	32269.70	65.53	8354.58	9351.50	89.34
2017	25038.70	32425.10	77.22	9123.61	9311.30	97.98

续表

年份	黄淮区			海河区		
	粮食作物播种面积（千公顷）	农作物播种面积（千公顷）	占比（%）	粮食作物播种面积（千公顷）	农作物播种面积（千公顷）	占比（%）
2018	22591.71	32423.20	69.68	8835.19	8947.20	98.75
2019	22394.53	32496.20	68.91	8600.90	8732.40	98.49

资料来源：根据各省市统计年鉴等资料整理所得。

4.5.5 节水灌溉面积变化的影响

节水灌溉技术的应用是实现农业节水目标的重要措施。节水灌溉技术的应用变化可以表征为节水灌溉面积的变化。根据表4-7和表4-8可知，2012~2019年黄淮海地区的节水灌溉面积由8631.71千公顷增长为11271.86千公顷，增长幅度为30.59%。海河区的节水灌溉面积由4094.42千公顷持续增加至5002.47千公顷，增加程度为22.18%，整体保持不断增加的趋势。黄淮区的节水灌溉面积由4537.29千公顷持续增加至6269.39千公顷，增加程度为38.17%，整体同样保持不断增加趋势。以上表明黄淮海地区的节水灌溉面积在不断增加。

表4-7   黄淮海地区节水灌溉面积情况

年份	黄淮海地区		
	节水灌溉面积（千公顷）	非节水灌溉面积（千公顷）	节水/非节水
2012	8631.71	12166.89	0.71
2013	9048.37	11899.50	0.76
2014	9644.13	11330.77	0.85
2015	10181.72	10863.79	0.94
2016	10719.29	10396.79	1.03
2017	10204.30	11253.50	0.91
2018	10699.86	11043.49	0.97
2019	11271.86	10673.75	1.06

资料来源：根据水利发展公报等数据整理所得。

表 4 - 8　　　　　　　　　　　不同地区节水灌溉面积情况

年份	海河区			黄淮区		
	节水灌溉面积（千公顷）	非节水灌溉面积（千公顷）	节水/非节水	节水灌溉面积（千公顷）	非节水灌溉面积（千公顷）	节水/非节水
2012	4094. 42	3696. 28	1. 11	4537. 29	8470. 61	0. 54
2013	4278. 40	3520. 15	1. 22	4769. 97	8379. 35	0. 57
2014	4491. 89	3091. 81	1. 45	5152. 24	8238. 96	0. 63
2015	4427. 51	3107. 35	1. 42	5754. 21	7756. 44	0. 74
2016	4363. 12	3122. 88	1. 40	6356. 17	7273. 91	0. 87
2017	4567. 19	2952. 41	1. 55	5637. 11	8301. 09	0. 68
2018	4835. 28	2689. 71	1. 80	5864. 58	8353. 78	0. 70
2019	5002. 47	2553. 50	1. 96	6269. 39	8120. 25	0. 77

资料来源：根据水利发展公报等数据整理所得。

　　通过分析不同地区节水灌溉面积与非节水灌溉面积的比值可知，黄淮海地区的节水灌溉技术应用水平在不断提高。黄淮区的节水灌溉面积增长虽然更快，而海河区节水灌溉技术的应用水平更高，节水灌溉面积接近非节水灌溉面积的 2 倍，节水灌溉技术更加普及。节水灌溉面积的增加代表节水灌溉技术应用的推广普及，这会提高农业灌溉用水利用效率，降低农业灌溉用水量。黄淮海地区农业灌溉用水量未有显著下降的原因主要是其他因素导致。

　　综合以上分析可知中国农业水价综合改革在不断推进，黄淮海地区作为农业水价综合改革的重要地区，农业水价在不断提高。黄淮海地区在农业水价提高的情况下，农田灌溉亩均用水量有显著的下降，但是地区层面的农业灌溉用水量未有显著的下降。农业水价在黄淮海地区的单位面积耕地层面发挥了节水效果，但是在地区层面表现出了回弹。农田有效灌溉面积增加和种植结构调整可能是这种现实状况产生的直接原因和现实反映。农田有效灌溉面积的增加和种植结构向高耗水作物的调整表明农田灌溉亩均用水量下降所节约的水资源被重新投入农业生产过程中。区域降水量、退耕趋势和节水灌溉面积变化都不会增加区域内的农业灌溉用水量。该数据统计分析结果与前章的农业水价提高会通过改变种植结构或灌溉规模来增加农业灌溉用水总量的研究结果基本一致。

4.6 本章小结

本章首先梳理了中国的农业灌溉管理变化的三个阶段以及农业水价的改革历程；其次阐述了黄淮海地区农业灌溉用水管理与农业水价的演变过程；再次分析了黄淮海地区农业灌溉用水基本状况；最后考察了区域降雨量、农田有效灌溉面积、退耕趋势、种植结构调整和节水灌溉面积变化对黄淮海地区农业灌溉用水量的影响。本章的分析表明黄淮海地区的农业灌溉用水量在农业水价提高时期并未有显著的下降，农田灌溉亩均用水量则有显著的下降。农田有效灌溉面积的增加和种植结构的调整表明农田灌溉亩均用水量下降所节约的这部分水资源再次被用于农业生产。黄淮海地区的农业水价提高既发挥了节水成效又反映出农业灌溉用水量回弹的现实状况。

第5章 农业水价对农田灌溉亩均
用水量的影响研究

本章的内容主要分为两部分：一部分是基于前述的理论分析框架，应用中介效应模型和黄淮海地区的农户调研数据进行农业水价与农田灌溉亩均用水量关系的实证检验；另一部分是应用多元线性回归模型实证检验土地经营规模对农业水价与农田灌溉亩均用水量关系的影响。

5.1 农业水价影响农田灌溉亩均用水量的实证分析

5.1.1 中介效应模型设定

中介效应模型最初被用于社会科学研究领域，用来分析自变量对因变量的作用机制。中介过程是根据自变量和因变量之间的中间变量构建的，需要至少三个变量：X、M 和 Y。其中，X 是自变量，Y 是因变量，M 是被认为将 X 的因果效应传递给 Y 的中介变量。X 对 Y 的效应称为总效应。总效应可以被分割为 X 对 Y 的直接效应以及通过 M 传递的 X 对 Y 的间接效应。近年来，中介效应模型在经济学领域的应用逐渐增多。

参考叶宝娟等（2013）和温忠麟（2014）等学者的研究，中介效应检验的基本思路为：（1）核心变量影响因变量；（2）核心变量影响中介变量；（3）控制中介变量后，核心变量对因变量的作用消失了（完全中介效应）或是明显变化了（部分中介效应），则证明存在中介作用。

为了检验本章研究内容的理论分析，通过构建中介效应模型，验证农业水价通过节水灌溉技术应用和灌溉用水强度路径对农田灌溉亩均用水量的影响。对于本章的研究内容而言，首先观察农业水价对因变量农田灌溉亩均用水量和中介变量节水灌溉技术应用的影响，然后在考虑节水灌溉技术应用的模型后，考察农业水价对因变量农田灌溉亩均用水量的影响是否发生明显变化。如发生了显著变化，则表明农业水价通过节水灌溉技术应用影响了农田灌溉亩均用水量。灌溉用水强度是农业水价对农田灌溉亩均用水量的直接影响，若考虑节水灌溉技术应用后的农业水价仍然对农田灌溉亩均用水量有显著的影响，则表明农业水价会通过影响灌溉用水强度来影响农田灌溉亩均用水量。

中介效应模型具体可构建为如下三步：

第一步：$Y = \alpha_R + \beta_R \times X + \delta_R \times C + \varepsilon$

第二步：$Z = \alpha_f + \beta_f \times X + \delta_f \times C + \upsilon$

第三步：$Y = \alpha_F + \beta_F \times X + \gamma_F \times Z + \delta_F \times C + \tau$

5.1.2 变量选取

参考以往文献选取的变量，本章所设定的中介效应模型中，X 为核心变量，即当前的农业水价；Z 为中介变量，即是否应用节水灌溉技术的二分类变量，X 可通过影响 Z 间接作用于因变量 Y，即农田灌溉亩均用水量；C 为控制变量，具体可分为农户个人特征、农户家庭特征、生产经营特征和地区环境特征。具体选取的变量见表 5-1。

表 5-1 模型选取变量

变量类型		变量名称	变量说明
核心变量		农业水价	单位：元/立方米
		农田灌溉亩均用水量	单位：立方米
中介变量		是否应用节水灌溉技术	否 = 0；是 = 1
其他变量	农户个人特征	性别	女 = 0；男 = 1
		年龄	单位：岁
		教育年限	单位：年
		政治面貌	群众 = 0；党员 = 1
		本村职务	普通村民 = 0；村干部 = 1

续表

变量类型		变量名称	变量说明
其他变量	农户家庭特征	人均年收入	单位：万元
		农业收入占比	20%（含）以下＝1；20%～50%（含）＝2；50%～80%（含）＝3；80%以上＝4
		农业劳动人数	单位：人
	生产经营特征	土地经营规模	单位：亩
		地块数	单位：块
		有效灌溉面积	单位：亩
		节水技术购置投入	单位：元
	地区环境特征	政府组织技术培训频率	几乎没有＝1；偶尔＝2；经常＝3
		是否了解节水技术政策	1＝不了解；2＝听说过；3＝了解
		水费收费方式	1＝按亩收费；2＝按用水量收费；3＝按用电量收费
		节水技术效果的满意度	不满意＝1；满意＝2；非常满意＝3
		粮食价格	单位：元/斤
		是否有用水协会	否＝0；是＝1

在用模型检验农业水价是否存在中介效应时的具体步骤为：

（1）做 Y 对 X 的回归，检验 X 的系数显著性；

（2）做 Z 对 X 的回归，检验 X 的系数显著性；

（3）做 Y 对 X 和 Z 的回归，检验 X 和 Z 的系数显著性。

系数检验完全符合中介效应的显著性检验时，表明农业水价与农田灌溉亩均用水量之间存在节水灌溉技术应用和灌溉用水强度路径的中介作用。

农业水价、是否应用节水灌溉技术和农田灌溉亩均用水量是本章重点关注的变量。在收集数据时，是否应用节水灌溉技术变量值可以通过对农户的问卷调研直接获得，农业水价和农田灌溉亩均用水量的变量值获取则相对复杂，这是因为在本研究区域中有较大范围的井灌区。在实践层面，目前很多井灌地区由于缺乏计量设施，无法对农田灌溉用水量进行直接的测量。为此，很多地区充分发挥智能电表在农村全覆盖的优势，采用了以电折水的方式，将按照用水量计算的农业灌溉用水成本转换成按照用电量计算，按照转换后得到的农业灌溉用水电价和用电量收取灌溉用水费用，这也导致很多农户并不清楚具体的农业水价和农田灌溉亩均用水量。

农业水价综合改革在本书研究期间获得了大力推进，各级地方政府通常都根据各地区的实际情况发布了农业水价综合改革的相关政策文件，县级政府的农业水价综合改革相关政策文件中通常包含了本地区农业水价的具体计算方式和最终农业水价，在此基础上各乡镇或村组织会根据自身的实际情况进行小幅度调整，导致农业水价在实践中获得的多是村级层面数据，相关信息主要由村级负责人或用水组织相关负责人掌握。因此，农业水价主要通过对村级组织成员的调研获取，然后补充至同村的农户样本数据中。对于个别村农业水价数据缺失的，由所属县级政府公布的农业水价政策文件中的农业水价替代。由于农户在使用特定用水量后，按照用水量方式和用电量方式所交纳的农业灌溉用水费用相同，农田灌溉亩均用水量可以通过农田亩均灌溉水费和农业水价的关系计算得到。

水费收取方式是多分类变量，为简化分析难度，在模型应用中将其转化为对应的哑变量。本书后续模型中，该变量均采用此处理方式。结合本书数据的特征，为了对模型估计结果的解释更加便利，本章并未对模型中所涉及的连续变量进行对数化处理。为了避免异常值的影响，对连续变量样本数据进行了双侧缩尾处理。

5.1.3　样本描述性统计

根据样本数据进行相关变量的描述性统计分析见表 5 - 2。样本数据中农户的年龄均值为 49.44，教育年限均值为 8.03，由此可知样本农户的年龄偏大且文化教育水平较低。大部分样本农户的农业收入占比在 50% 以下，表明样本农户大多数为兼业农户而且非农收入为样本农户的主要收入来源。样本农户的土地经营规模和有效灌溉面积将复种指数考虑在内，土地经营规模的均值为 19.99，有效灌溉面积的均值为 13.92，地块数的均值为 3.136，表明样本地区的灌溉率较高且土地呈细碎化分布。

表 5 - 2	描述性统计值				
变量名称	样本量	均值	标准差	最小值	最大值
性别	1011	0.740	0.439	0	1
年龄	1011	49.44	11.66	24	74

续表

变量名称	样本量	均值	标准差	最小值	最大值
教育年限	1011	8.030	2.902	0	15
本村职务	1011	0.083	0.276	0	1
农业劳动人数	1004	2.274	0.957	1	5
农业收入占比	1000	2.101	0.993	1	4
地块数	1011	3.136	1.782	1	9
有效灌溉面积	1011	13.92	30.63	0	200
是否应用节水灌溉技术	1011	0.670	0.471	0	1
水费收取方式	937	2.705	0.656	1	3
农业水价	1011	0.668	0.174	0.5	1.3
节水技术购置投入	1011	151.6	134.1	0	800
农田灌溉亩均用水量	1011	140.8	274.9	0	714
人均年收入	1011	0.984	1.142	0.05	7
节水技术效果的满意度	975	2.006	0.768	1	3
是否了解节水技术政策	913	1.711	0.743	1	3
政府组织技术培训频率	912	2.620	0.525	1	3
是否有用水协会	1011	1.569	0.495	1	2
土地经营规模	1011	19.99	40.65	0	254
粮食价格	998	0.919	0.065	0.75	1.2
政治面貌	1011	0.119	0.324	0	1

资料来源：根据调研数据整理所得。

样本农户的水费收取方式均值为 2.705，表明在调研样本农户中农业水价主要按照用电量收费。样本农户农业水价的均值为 0.668，标准差为 0.174，表明样本农户的农业水价差异较大，黄淮海地区农户的农业水价有一定的差异。样本农户的农田灌溉亩均用水量均值为 140.8，但是标准差为 274.9，表明样本农户对于农田灌溉用水的差异较大。样本农户是否应用节水灌溉技术的均值为 0.670，表明大部分样本农户采用了节水灌溉技术，节水灌溉技术在研究区域得到了一定程度的普及应用。通过分组统计分析，使用节水技术样本农户的农田灌溉亩均用水量均值为 97.95，未使用节水灌溉技术样本农户的农田灌溉亩均用水量均值为 227.53，初步表明节水灌溉技术的应用能够在一定程度上降低农田灌溉亩均用水量。

5.1.4　模型估计结果分析

根据本章设定的中介效应模型,中介变量为是否应用节水灌溉技术二分类变量,分类变量作为中介变量时,需要对不同步骤的模型估计系数进行等量尺化的转换才能比较数值大小。根据温忠麟(2014)等学者提出的中介效应检验程序,在只检验影响方向而不比较影响的数值大小时,仍然可以采用依次检验系数法进行中介效应的检验分析。一些学者认为该方法检验功效相对较低,这同样表示通过依次检验系数法得出的中介效应结论更为稳健。因此,本部分的模型估计结果采用依次检验系数法进行检验,用于分析变量之间影响的方向关系。

模型估计结果见表5-3。根据表5-3中模型1和模型3的估计结果可知,农业水价对农田灌溉亩均用水量均有显著的负向影响,这表示随着农业水价的提高,研究区域的农户会减少农业生产中的农田灌溉亩均用水量。模型2的估计结果表明农业水价对农业生产中的节水灌溉技术应用具有显著的正向影响,即农业水价的提高会促进农户应用节水灌溉技术。

模型3的模型回归估计结果表明,农户是否应用节水灌溉技术对农田灌溉亩均用水量有显著的负向影响,节水灌溉技术的应用能够促进农户在农田亩均灌溉用水量方面的减少。模型3中农业水价对农田灌溉亩均用水量的估计系数值代表着农业水价通过灌溉用水强度路径对农田灌溉亩均用水量的影响。由此可知,在影响方向上农业水价通过节水灌溉技术应用和灌溉用水强度路径对农田灌溉亩均用水量的影响符合预期。农业水价通过促进节水灌溉技术应用和降低灌溉用水强度减少了农田灌溉亩均用水量。

模型1和模型3的模型系数尺度相同,因变量农田灌溉亩均用水量和核心变量农业水价均为连续变量,因此可以比较两个模型核心变量的系数值。根据模型估计系数可知,农业水价的模型估计系数发生了显著变化,模型估计系数差值检验也表明两者有显著差异,这表明模型1中农业水价对农田灌溉亩均用水量减少的作用中有一部分是由农业水价对节水灌溉技术应用带来的。总的来说,通过节水灌溉技术应用和灌溉用水强度两条路径有效减少了农田灌溉亩均用水量,验证了本书的假说1。

表 5 - 3　　　　　　　　　　　　　　模型估计结果

变量名称	模型 1	模型 2	模型 3
	农田灌溉亩均用水量	是否应用节水灌溉技术	农田灌溉亩均用水量
农业水价	- 57. 96 * (33. 92)	0. 030 * (0. 016)	- 51. 63 * (33. 21)
是否应用节水灌溉技术	—	—	- 43. 14 ** (19. 67)
人均年收入	4. 736 (8. 108)	0. 041 ** (0. 019)	6. 111 (7. 911)
农业劳动人数	- 3. 737 (11. 02)	0. 005 (0. 016)	0. 790 (11. 12)
农业收入占比	32. 35 * (16. 21)	0. 005 (0. 017)	37. 84 ** (16. 15)
年龄	0. 965 (1. 240)	0. 0003 (0. 002)	0. 277 (1. 291)
性别	- 20. 87 (23. 78)	0. 105 *** (0. 037)	- 17. 07 (23. 19)
政府组织技术培训频率	- 39. 93 ** (13. 83)	- 0. 045 (0. 029)	- 56. 23 *** (17. 47)
政治面貌	- 35. 01 (37. 55)	0. 039 (0. 048)	- 15. 36 (38. 81)
教育年限	- 6. 341 *** (0. 924)	6. 132 ** (2. 772)	- 6. 271 *** (0. 940)
是否了解节水技术政策	2. 466 (14. 58)	0. 053 ** (0. 022)	3. 748 (14. 15)
有效灌溉面积	15. 49 (16. 75)	0. 007 (0. 019)	16. 29 (16. 24)
地块数	- 3. 110 (9. 110)	1. 741 (1. 921)	35. 95 *** (6. 02)

续表

变量名称	模型 1	模型 2	模型 3
	农田灌溉亩均用水量	是否应用节水灌溉技术	农田灌溉亩均用水量
本村职务	- 132. 5 ** (61. 34)	- 5. 807 (7. 179)	23. 03 (34. 95)
是否有用水协会	- 33. 51 * (17. 69)	28. 83 * (15. 55)	- 21. 99 ** (10. 60)
节水技术效果的满意度	- 13. 18 (28. 74)	8. 373 ** (4. 172)	- 38. 10 ** (14. 97)
是否按用水量收费	- 2. 420 ** (- 1. 191)	3. 900 *** (0. 058)	- 3. 700 *** (- 0. 056)
粮食价格	9. 619 *** (2. 072)	- 0. 046 ** (0. 016)	8. 413 *** (1. 843)
常数项	- 27. 39 (118. 8)	0. 333 ** (0. 141)	46. 24 (125. 7)
样本数	829	871	829

注: 括号内为标准误; * 、** 、*** 分别表示通过 10% 、5% 和 1% 显著性水平检验; 连续变量样本数据进行了双侧 1% 缩尾处理; 为了控制表格篇幅, 控制变量中的水费收取方式只提供了按用水量收费哑变量的值, 农业收入占比、政府组织技术培训频率、是否了解节水技术政策、节水技术效果的满意度变量仅提供了最高组别与基准组别的相对值。

模型中的教育年限、政府组织技术培训频率和节水技术效果的满意度等变量都显著降低了农田灌溉亩均用水量, 这表明随着农户的知识水平和技能水平的提高, 农田灌溉亩均用水量在下降。其中的原因一方面是随着农户知识水平的提高, 农户所应用的生产种植方法更加科学, 摒弃了传统生产中大水漫灌带来的过量灌溉问题; 另一方面是随着农户技能水平和对节水设施效果满意度的提高, 农户更愿意应用节水灌溉技术等节水设施提高农业灌溉用水的利用效率, 从而降低农田灌溉亩均用水量。

5.1.5　稳定性检验

为了保证本部分研究结论的稳定性, 本书采取替换变量的方式对模型的估计结果进行稳定性检验。具体做法是将模型 2 的因变量替换为节水技术购置投入。节水技术购置投入通常代表农户对节水灌溉技术的应用情况，节水技术购置投入越高，表明农户对节水灌溉技术的应用程度越高，对节水灌溉技术的经济效果越认可，反之则对节水灌溉技术的经济效果越不认可。用节水技术购置投入变量替换是否应用节水灌溉技术变量的另一个优势是节水技术购置投入变量为连续变量，采用中介效应模型的依次检验法能够更加准确地观察变量之间的影响关系。模型稳定性检验的具体估计结果见表 5 - 4。

表 5 - 4　　　　　　　　　　模型稳定性检验结果

变量名称	模型 1	模型 2	模型 3
	农田灌溉亩均用水量	节水技术购置投入	农田灌溉亩均用水量
农业水价	- 57.96 * (33.92)	109.7 *** (20.94)	- 50.40 * (29.56)
节水技术购置投入	—	—	- 38.39 ** (17.51)
是否了解节水技术政策	2.466 (14.58)	- 1.128 (6.637)	3.336 (12.59)
是否有用水协会	- 33.51 * (17.69)	24.72 *** (8.223)	- 19.57 ** (9.434)
节水技术效果的满意度	- 13.18 (28.74)	18.36 * (10.27)	- 33.91 ** (13.32)
是否按用水量收费	- 1.811 *** (- 0.290)	- 0.088 *** (- 2.720)	- 0.089 *** (- 2.610)
常数项	- 27.39 (118.8)	4.218 (43.18)	41.16 (111.9)
样本量	829	871	829

注：括号内为标准误；＊、＊＊、＊＊＊分别表示通过10%、5%和1%显著性水平检验；连续变量样本数据进行了双侧1%缩尾处理；为了控制表格篇幅，控制变量中的水费收取方式只提供了按用水量收费哑变量的值，是否了解节水技术政策和节水技术效果的满意度变量仅提供了最高组别与基准组别的相对值；性别等变量省略。

5.2　规模异质性对农业水价与农田灌溉亩均用水量关系影响的实证分析

5.2.1　模型设定与变量选取

根据理论分析框架的研究可知，农户土地经营规模对农业水价与农田灌溉亩均用水量的关系具有调节作用。通过对已有研究文献的梳理，目前有两类常用的计量经济模型可以进行此类分析。

第一类计量经济模型是利用前述的中介效应模型，加入土地经营规模调节变量，构建有调节的中介效应模型，计量模型如下所示：

第一步：$Y = \alpha_R + \beta_R \times X + \phi_R \times U + \delta_R \times C + \varepsilon$

第二步：$Z = \alpha_f + \beta_f \times X + \phi_f \times U + \delta_f \times C + \upsilon$

第三步：$Y = \alpha_F + \beta_F \times X + \gamma_F \times Z + \phi_F \times U + \delta_F \times C + \tau$

第四步：$Y = \alpha_m + \beta_m \times X + \gamma_m \times Z + \phi_m \times U + \eta_m \times U \times Z + \zeta_m U \times X + \delta_m \times C + \mu$

有调节的中介效应模型与前述研究内容中构建的中介效应模型基本一致。其中，X 为核心变量，即当前农业水价；Z 为中介变量，即是否应用节水灌溉技术的二分类变量，X 可通过影响 Z 间接作用于因变量 Y，即农田灌溉亩均用水量；C 为控制变量，具体可分为农户个人特征、农户家庭特征、生产经营特征和地区环境特征。与前述构建的中介效应模型不同的是，有调节的中介效应模型纳入了调节变量。本模型中 U 为调节变量，即农户土地经营规模的二分类变量，土地经营规模较大的调节变量值取 1，土地经营规模较小的调节变量值取 0。$U \times Z$ 是中介变量与调节变量的交互项，$U \times X$ 是核心变量与调节变量的交互项。

在检验有调节的中介效应模型时，具体步骤为：

（1）做 Y 对 X 和 U 的回归，检验 X 的系数显著性；

（2）做 Z 对 X 和 U 的回归，检验 X 的系数显著性；

（3）做 Y 对 X、U 和 Z 的回归，检验 Z 的系数显著性（至此说明 Z 的中介效应显著性）；

（4）做 Y 对 X、U、Z、$U \times X$ 和 $U \times Z$ 的回归，检验 $U \times X$ 和 $U \times Z$ 系数

的显著性。

有调节的中介效应模型的优势在于能够考察土地经营规模如何通过影响农业水价与节水灌溉技术应用的关系路径从而间接对农田灌溉亩均用水量发挥调节作用。

第二类计量经济模型是直接在传统的计量经济模型中纳入土地经营规模的虚拟变量以及土地经营规模虚拟变量与农业水价的交互项，通过考察交互项的系数来检验农业水价与农田灌溉亩均灌溉用水量关系如何受到土地经营规模的影响。这类计量经济模型在目前的研究文献中应用广泛，同有调节的中介效应模型本质上相同，都是通过考察交互项系数的显著性来检验调节变量的作用。

本书认为土地经营规模可以通过改变节水灌溉技术应用状况和资源集约的高效利用等途径影响农户灌溉用水的价格需求弹性。根据本部分研究内容，直接采用土地经营规模虚拟变量与农业水价的交互项，就可以得出土地经营规模对农业水价与农田灌溉亩均用水量的综合影响关系，这简化了计量模型的计算和检验过程，保证了分析的稳定性。因此，本部分构建的具体模型为：

$$Y = \alpha_m + \beta_m \times X + \gamma_m \times Z + \phi_m \times U + \zeta_m U \times X + \delta_m \times C + \mu$$

模型中符号代表的变量与前述模型中变量的含义一致。X 为核心变量，即当前农业水价，Z 为是否应用节水灌溉技术的二分类变量，Y 为农田灌溉亩均用水量，U 为调节变量，即农户土地经营规模的二分类变量，$U \times X$ 是核心变量与调节变量的交互项，C 为控制变量，具体可分为农户个人特征、农户家庭特征、生产经营特征和地区环境特征。通过观察交互项的系数显著性，检验土地经营规模对农业水价与农田灌溉亩均用水量之间关系的影响。

模型中如何合理地对农户土地经营规模进行分组是本部分研究的重点和难点。借鉴徐志刚（2018）等学者的研究方法，将耕地经营面积在当地户均耕地经营面积数倍以上且与其他农户在种植规模和农业技术装备等各方面有显著差异的农户视为大规模经营农户。结合本书的实地调研数据，将耕地经营面积为当地户均耕地面积1.5倍及以上的农户作为大规模经营农户，这部分样本农户数量约占总样本数量的30%，其他农户视为小规模经营农户。

本部分的研究数据仍然采用国家自然科学基金项目的调研数据，数据调查程序和问卷结构与前文相同，在此不再赘述。样本基本数据的描述性统计分析也与前述内容相同。在全部样本中有 324 个样本农户被归类为土地经营规模较大农户组，505 个样本农户被归类为土地经营规模较小农户组，其余样本因关键变量缺失等原因做剔除处理。

根据表5-5可知,土地经营规模较大农户组的土地经营面积均值为33.89,而土地经营规模较小农户组的土地经营面积均值为4.80。在土地经营规模较大农户组中,农业水价的均值为0.63,略低于土地规模经营较小农户组。但是土地经营规模较大农户组的农田灌溉亩均用水量均值为76.50,明显低于土地经营规模较小农户组。以上在一定程度上表明不同的土地经营规模在农田灌溉亩均用水量的投入上有显著不同,土地经营规模较大的农户在农业水价提高时对农田灌溉亩均用水量能发挥更好的节水作用。

表5-5 规模经营分组统计

组别	变量名称	样本量	均值	标准差	最小值	最大值
土地经营规模较大农户组	土地经营面积	324	33.89	5.29	22.97	254.00
	农业水价	324	0.63	0.14	0.50	1.30
	农田亩均灌溉用水量	324	76.50	46.99	24.00	120.00
土地经营规模较小农户组	土地经营面积	505	4.80	3.06	1.50	22.97
	农业水价	505	0.71	0.19	0.50	1.30
	农田亩均灌溉用水量	505	132.94	64.71	0.00	200.00

5.2.2 模型估计结果分析

模型估计结果见表5-6。3个模型中,农业水价对农田灌溉亩均用水量的模型估计系数均显著为负,表明农业水价对农田灌溉亩均用水量有显著的负向影响。随着农业水价的提高,农户的农田灌溉亩均用水量将会有所减少。

表5-6 模型估计结果

变量名称	模型1	模型2	模型3
农业水价	-50.40 * (29.56)	-40.56 * (23.78)	-42.90 * (25.80)
土地经营规模虚拟变量	—	-8.998 * (4.880)	-37.49 ** (14.60)

续表

变量名称	模型 1	模型 2	模型 3
土地经营规模虚拟变量×农业水价	—	—	− 20.21 ** (9.500)
政府组织技术培训频率	− 50.04 *** (15.55)	− 6.017 (3.770)	− 7.916 * (4.170)
是否了解节水技术政策	3.336 (12.59)	9.204 (13.07)	8.033 (13.44)
有效灌溉面积	14.49 (14.45)	36.60 * (18.78)	47.07 * (25.15)
地块数	31.99 *** (5.358)	2.010 (1.327)	3.315 * (1.796)
是否有用水协会	− 19.57 ** (9.434)	1.525 (19.52)	− 1.812 (20.56)
节水技术效果的满意度	− 33.91 ** (13.32)	− 39.30 ** (19.18)	− 43.69 ** (20.51)
是否按用水量收费	− 0.089 *** (− 2.610)	− 3.123 * (1.630)	− 3.130 * (1.710)
粮食价格	8.990 *** (1.890)	8.343 *** (1.118)	− 7.522 (10.44)
常数项	41.16 (111.9)	− 195.2 (137.7)	− 175.6 (143.6)
样本量	829	829	829

注：括号内为标准误；＊、＊＊、＊＊＊分别表示通过10%、5%和1%显著性水平检验；连续变量样本数据进行了双侧1%缩尾处理；为了缩短表格篇幅，控制变量中的水费收取方式只提供了按用水量收费哑变量的值，政府组织技术培训频率、是否了解节水技术政策和节水技术效果的满意度仅提供了最高组别与基准组别的相对值；农业收入占比等变量省略。

　　模型2和模型3纳入了土地经营规模虚拟变量，根据模型回归估计系数可知，土地经营规模虚拟变量的系数显著为负，表明相对于土地经营规模较小的农户组，土地经营规模较大农户组的农田灌溉亩均用水量相对更小，符合以往学者的研究结论和本书的理论预期。

模型 3 纳入了土地经营规模虚拟变量以及土地经营规模虚拟变量和农业水价的交互项。通过观察交互项的系数可知，土地经营规模虚拟变量和农业水价交互项的系数显著为负。模型 1 和模型 3 中农业水价对农田灌溉亩均用水量均为显著的负向影响，表明土地经营规模较大时，能够显著增强农业水价提高时对农田灌溉亩均用水量的节水作用，验证了本书的假说 2。

5.2.3　稳定性检验

为了验证土地规模经营对农业水价与农田灌溉亩均用水量关系的稳定性，本部分借鉴以往文献中常用的检验方法，将土地经营规模较大组和土地经营规模较小组进行分组回归，然后比较模型中农业水价变量的系数值是否有显著差异。模型分组回归估计结果见表 5 – 7。

表 5 – 7　　　　　　　　　　模型稳定性检验估计结果

变量名称	模型 1	模型 2	模型 3
	经营规模较大样本组	经营规模较小样本组	全样本组
农业水价	– 66.70 *** (17.70)	– 46.50 * (24.37)	– 50.40 * (29.56)
节水技术购置投入	– 0.364 (0.579)	0.531 (0.309)	– 38.39 ** (17.51)
农业收入占比	8.221 (30.31)	67.56 *** (13.28)	33.68 ** (14.37)
政府组织技术培训频率	– 18.72 (14.06)	– 31.04 ** (12.39)	– 50.04 *** (15.55)
是否了解节水技术政策	– 23.39 (16.43)	14.03 (9.584)	3.336 (12.59)
是否有用水协会	0.519 (11.19)	– 6.405 (14.75)	– 19.57 ** (9.434)
节水技术效果的满意度	58.83 (37.55)	15.23 (21.20)	– 33.91 ** (13.32)

续表

变量名称	模型 1	模型 2	模型 3
	经营规模较大样本组	经营规模较小样本组	全样本组
是否按用水量收费	0.245 (0.209)	0.172 (0.243)	-0.089 *** (-2.610)
粮食价格	11.43 *** (2.272)	9.776 *** (2.236)	8.990 *** (1.890)
常数项	313.8 (193.7)	-184.2 (117.5)	41.15 (111.9)
样本量	324	505	829

注：括号内为标准误；*、**、*** 分别表示通过 10%、5% 和 1% 显著性水平检验；连续变量样本数据进行了双侧 1% 缩尾处理；为了缩短表格篇幅，控制变量中的水费收取方式只提供了按用水量收费哑变量的值，农业收入占比、政府组织技术培训频率、是否了解节水技术政策和节水技术效果的满意度仅提供了最高组与基准组的相对值；年龄等变量省略。

据表可知，全样本组、土地经营规模较大样本组和土地经营规模较小样本组中农业水价对农田灌溉亩均用水量均有显著的负向影响，这验证了农业水价提高对农田灌溉亩均用水量有节水作用的理论分析。土地经营规模较大样本组和土地经营规模较小样本组的农业水价模型估计系数差值检验卡方值为32.46，P 值为 0，表明两个样本组的农业水价变量系数有显著的差异。土地经营规模较大样本组的农业水价变量模型估计系数绝对值为 66.7，显著大于土地经营规模较小样本组的绝对值 46.5，验证了本书的假说 2，即土地经营规模越大，农业水价对农田灌溉亩均用水量的节水作用就越强，表明研究结论的稳定性。

5.3　本章小结

本章主要采用了中介效应模型和黄淮海地区农户调研数据实证检验了农业水价对农田灌溉亩均用水量的影响。研究结果表明，农业水价对农田灌溉亩均用水量有显著的负向影响。随着农业水价的提高，农田灌溉亩均用水量将会有显著的下降。农业水价对农田灌溉亩均用水量影响的作用路径有两条，即节水灌溉技术应用和灌溉用水强度。节水灌溉技术应用路径是农业水价对农田灌溉亩均用水量的间接路径，灌溉用水强度是农业水价对农田灌溉亩均用水量影响的直接路径。土地经营规模会对农业水价与农田灌溉亩均用水量之间的关系产生影响。具体来说，土地经营规模越大，农业水价对农田灌溉亩均用水量的负向影响作用就越强。加强土地规模化经营，能够节约农田灌溉亩均用水量。

第6章 农业水价对农业灌溉用水
回弹的影响研究

本章主要分析农业水价对农业灌溉用水总量的影响，重点检验农业水价将农田灌溉亩均用水量节约的水资源重新投入农业生产的作用机制。本章主要包括两部分：（1）地区层面农业灌溉用水总量的回弹状况分析；（2）农户层面农业水价提高对农业灌溉用水总量影响机制的实证检验。在地区层面，本章应用黄淮海地区各省（市）级行政区划的面板数据进行农业灌溉用水总量回弹状况的分析；在农户层面，本章应用多重中介效应模型和农户调研数据进行实证检验，阐明农业水价提高如何通过影响节水灌溉技术应用使节约的水资源被重新用于农业生产之中。

6.1 黄淮海地区农业灌溉用水回弹的测算

6.1.1 农业灌溉用水回弹的内涵

黄淮海地区农田灌溉亩均用水量下降，而农业灌溉用水总量并未随之下降的状况被称为农业灌溉用水的回弹效应。回弹效应的概念最初起源于能源研究。一些学者在能源研究中发现，能源技术在提高能源利用率的同时，也会促进相关生产规模的扩大，最终会在不同程度上抵消由技术效率提高所节约的能源（Jevons，1866）。这种状况被称为回弹效应或杰文斯悖论（Freire-González，2019；Freire-González，2010）。回弹效应自提出以来被广泛接受且不断应用到其他行业，例如煤炭、电力、纺织等（Paul et al.，2019；Li et al.，2018；Gonzáles et al.，2017；李强等，2014）。很多学者将回弹效应划分为全经济范围的回弹效应、间接回弹效应和直接回弹效应三类（Lin et al.，2013）。直接回弹效应是对某具体行业部门的测算，本部分就是对农业部门直接回弹效应的研究。

6.1.2　农业灌溉用水回弹效应的测算方法

农业灌溉用水回弹效应值的测算是判定研究区域出现农业灌溉用水回弹效应与否以及回弹程度的依据。价格弹性、效率弹性和计量经济模型都可以用于回弹效应的测算（何培培等，2020；国涓等，2010；Lin et al.，2010）。结合回弹效应的含义和本部分的研究内容，借鉴 Yang（2017）等学者的方法，本书采用农业用水回弹量 W_0 和预期节水量 W_1 之比作为农业灌溉用水回弹效应的值 R。借鉴 Lin（2020）等学者的分析，相邻时期农业灌溉用水量的变化 ΔW 可以分解为农业用水强度变化带来的预期节水量和农业增长带来的农业用水增加量。

$$\Delta W_{t+1} = W_{t+1} - W_t = Y_{t+1} \times WI_{t+1} - Y_t \times WI_t = Y_t \times \Delta WI_{t+1} + \Delta Y_{t+1} \times WI_{t+1}$$

$$(6-1)$$

WI 在式（6-1）中表示农业灌溉用水强度，是农业产出量与灌溉用水量之比，Y 在式中表示农业产出量。ΔWI 和 ΔY 在式中各自表示相邻时期农业灌溉用水强度和农业产出量的变化量。W_1 和 W_0 即是上式分解出的两部分的值。

根据数据的可得性，本书收集整理了 2000～2018 年研究区域内各地级（直辖）市的面板数据用于相关测算。研究区域共有 53 个地级（直辖）市，由于统计口径不同，淮安市相关数据缺少较为严重，因此剔除该样本，研究数据覆盖 52 个地级（直辖）市。

本部分的数据主要来自《中国水资源公报》《中国水利统计年鉴数据》《中国农村统计年鉴》和《中国统计年鉴》等公开统计年鉴。黄淮海地区的主要农作物是玉米和小麦。研究期间这两种粮食作物的播种面积总和超过该地区农作物播种总面积的 80%，因此选取这两种作物进行相关测算。少数样本在部分年限数据缺失，因此应用样本自身最近三年的均值进行填充。具体而言，参考 Lin（2013）等以往研究文献，选取并汇总这两种粮食作物的灌溉用水量和作物产量进行研究区域农业灌溉用水量变化的测算。

6.1.3　黄淮海地区农业灌溉用水回弹状况分析

参照前述的计算方法与过程，汇总研究区域内相关数据，将区域整体作为计算单元，测算出计算单元不同研究时期的回弹效应值后进行平均，从而测算出研究区域在研究期内的农业灌溉用水回弹效应均值。根据测算的农业灌溉用水回弹效应均值可知，整个研究区域在研究期间的农业灌溉用水回弹效应均值为 65.02%，这与林（Lin，2020）等一些学者的测算值相似，表明农业灌溉节水有很大程度的回弹，农业灌溉的预期节水目标并没有完全实现。根据表 6-1 可知，部分地区的农业灌溉用水回弹效应值为负，表明这些地区的实际节水量超过了预期，农业灌溉用水量有大幅下降。但是，部分地区的农业灌溉回弹效应值超过 1，表明在这些地区由于回弹效应，农业灌溉用水不降反升，出现一定程度的增加。部分地区的回弹效应值为正但低于 1，表明这些地区的农业灌溉用水有一定程度的回弹，但仍然保持着节水趋势。

根据表 6-1 和表 6-2 中农业灌溉用水回弹效应均值的分组统计可知中临沂、濮阳和阜阳等农业灌溉用水回弹效应均值为负的样本个数有 21 个，占总样本数量的 40.38%。淮北农业灌溉用水回弹效应均值最小，为 -4.0746。样本中农业灌溉用水回弹效应均值为正的样本个数有 26 个，占总样本数量的 50%。济南农业灌溉用水回弹效应均值最大，为 4.6136，表明在研究区域内约一半地区的农业灌溉用水存在回弹状况。其中，郑州、焦作、周口和新乡等 14 个地级市的农业灌溉用水回弹效应均值大于 1，占总样本数量的 26.92%，占存在回弹效应状况样本总量的 53.85%；蚌埠、德州和许昌等样本农业灌溉用水回弹效应值为正且小于 1，回弹效应均值为 51.44%，表明出现部分回弹效应的样本地区的农业灌溉节水未达到预期节水的一半。综合来看，黄淮海地区尤其是已出现回弹效应的区域，农业灌溉用水的回弹状况严重。

表6-1　　　　　　　　分地区的灌溉预期节水与用水回弹均值

序号	城市	R	W_0（亿/立方米）	W_1（亿/立方米）	序号	城市	R	W_0（亿/立方米）	W_1（亿/立方米）
1	安阳	-1.1660	-0.2789	0.2392	27	洛阳	-0.5307	-0.2731	0.5146
2	保定	-0.2836	-0.0138	0.0485	28	平顶山	0.3822	-2.6291	-6.8788
3	北京	0.0000	0.0000	0.1124	29	濮阳	-0.1143	-0.0095	0.0827
4	蚌埠	0.9026	-0.445	-0.493	30	青岛	0.0000	0.0000	0.1599
5	滨州	-1.8796	-0.2326	0.1238	31	秦皇岛	2.6726	-0.0096	-0.0036
6	沧州	-0.6039	0.3012	-0.4988	32	日照	-0.4165	-0.2934	0.7045
7	滁州	-1.8834	-0.643	0.3414	33	商丘	2.4977	8.8035	3.5247
8	德州	0.7218	5.1635	7.1537	34	石家庄	2.0159	-2.7346	-1.3565
9	东营	-0.2582	-0.8707	3.3722	35	宿州	-0.4176	-0.0671	0.1606
10	阜阳	-1.0641	-5.2212	4.9067	36	泰安	0.4476	0.6219	1.3895
11	邯郸	-0.3267	-0.0755	0.2313	37	唐山	-0.5407	3.3946	-6.2781
12	鹤壁	-0.4811	0.0412	-0.0857	38	天津	-0.3306	0.2679	-0.8104
13	衡水	-0.9576	0.3464	-0.3617	39	潍坊	2.8055	0.5659	0.2017
14	菏泽	0.5711	-2.7031	-4.7332	40	威海	0.0000	0.0000	-0.0248
15	淮北	-4.0746	-0.0467	0.0115	41	邢台	0.6596	8.6116	13.0557
16	淮南	0.9124	1.1443	1.2542	42	新乡	3.4059	-0.0821	-0.0241
17	焦作	3.5632	-0.0759	-0.0213	43	信阳	0.5399	1.0964	2.0307
18	济南	4.6136	1.1702	0.2536	44	许昌	0.7949	3.2465	4.0841
19	济宁	0.8276	2.9871	3.6094	45	徐州	0.4356	1.3355	3.0659
20	开封	2.7256	-1.0229	-0.3753	46	盐城	0.0000	0.0000	-0.1322
21	莱芜	0.0000	0.0000	0.0122	47	烟台	0.0835	-0.0269	-0.3223
22	廊坊	3.5152	-0.0076	-0.0022	48	枣庄	-0.2352	0.8172	-3.4745
23	连云港	-0.4033	0.6131	-1.5201	49	郑州	3.7579	3.5738	0.9510
24	聊城	3.6566	-1.7296	-0.4730	50	周口	3.6147	-3.7246	-1.0304
25	临沂	-1.2585	-0.0584	0.0464	51	驻马店	2.3196	5.2659	2.2702
26	漯河	-0.5737	0.8423	-1.4682	52	淄博	3.1689	0.9253	0.2920

表 6 – 2　　　　　　　　　回弹效应均值的分组统计

回弹效应均值	地区数量（个）	均值	方差	最小值	最大值
R≤0	26	− 0.6846	0.8702	− 4.0746	0.0000
0＜R＜1	12	0.6066	0.2460	0.0835	0.9124
R≥1	14	3.1667	0.6949	2.0159	4.6136

注：其中 R＜0 的为 21 个，R＝0 的为 5 个。

　　从行政区域的角度分析可知，农业灌溉用水的回弹效应主要出现在山东、河南和河北三个省份。参照不同区域在研究期间整体农业灌溉用水回弹效应值的测算方法，将整个省级行政区作为计算单元，相关数据由所属市级数据汇总得到（见表 6 – 3）。经测算得知，河南省农业灌溉用水回弹效应的整体均值为 138.24%，山东省农业灌溉用水回弹效应的整体均值为 75.58%，河北省农业灌溉用水回弹效应的整体均值为 68.34%。结合表中省级行政区内样本城市的回弹效应分布表可知，河南省是农业灌溉用水回弹增加的主要省份，在 14 个出现农业灌溉用水回弹增加的样本城市中有 7 个隶属河南省；山东省是农业灌溉用水出现部分回弹效应的主要省份，在 12 个出现农业灌溉用水部分回弹的样本城市中有 5 个隶属山东省。

表 6 – 3　　　　　　　省级行政区内样本城市的回弹效应分布

省级行政区划	R≤0		R≥1		0＜R＜1		R
	样本城市数量（个）	占本回弹组样本城市比重（%）	样本城市数量（个）	占本回弹组样本城市比重（%）	样本城市数量（个）	占本回弹组样本城市比重（%）	%
北京	1	3.85	—	—	—	—	0
天津	1	3.85	—	—	—	—	− 33.06
安徽	4	15.38	—	—	2	16.67	− 93.75
山东	8	30.77	4	28.57	5	41.67	75.58
江苏	2	7.69	—	—	1	8.33	1.08
河北	5	19.23	3	21.43	1	8.33	68.34
河南	5	19.23	7	50.00	3	25.00	138.24
合计	26	100.00	14	100.00	12	100.00	—

综合前述分析可知，黄淮海地区由于灌溉用水强度下降所节约的农业水资源有很大一部分被重新投入农业灌溉之中。黄淮海地区整体表现出了农业灌溉用水的回弹效应。其中，河南和山东的农业灌溉用水回弹效应在研究区域内相对严重。根据本部分的测算结果可知，黄淮海地区仍然能在农业灌溉用水总量上保持一定程度的节约，但是黄淮海地区的农业灌溉用水总量与农田灌溉亩均用水量下降幅度的相差较大，在很大程度上证明了之前对黄淮海地区存在农业灌溉用水回弹问题的分析。

6.2 农业水价影响农业灌溉用水总量的实证分析

在宏观层面分析了黄淮海地区农业灌溉用水回弹情况之后，需要根据理论分析框架进行农业水价对农业灌溉用水总量作用机制的实证检验。农业灌溉用水主要是在农户层面发生，因此本部分的实证检验在农户层面进行，应用农户调研数据和多重中介效应模型进行实证分析。

6.2.1 多重中介效应模型与变量选取

中介效应模型中的中介变量可能存在多个。多个中介变量在自变量和因变量之间发挥中介作用的情况被称为多重中介效应模型。多个中介变量在发挥作用时，既可能是同时性的，也可能是顺序性的，还有可能是两者的复合。同时性起到中介作用时通常被称为并行多重中介效应模型，顺序性起到中介作用时通常被称为链式多重中介效应模型（柳士顺等，2009）。为了检验本章相对应的研究假说，本书分析农业水价对农业灌溉用水总量的综合影响时采用了多重中介效应检验法。参照方杰（2014）和朱瑜（2014）等学者的研究，在中介效应模型中同时纳入农业水价影响农业灌溉用水的多条路径，模型具体构建为：

第一步：$Y = \alpha_R + \beta_R \times X + \delta_R \times C + \varepsilon$

第二步：$Z_1 = \alpha_{1f} + \beta_{1f} \times X + \delta_{1f} \times C + \upsilon_1$

$\qquad\quad Z_2 = \alpha_{2f} + \beta_{2f} \times X + \delta_{2f} \times C + \upsilon_2$

第三步：$Z_2 = \alpha_n + \beta_n \times X + \gamma_n \times Z_1 + \delta_n \times C + \omega$

第四步：$Y = \alpha_F + \beta_F \times X + \gamma_{1F} \times Z_1 + \gamma_{2F} \times Z_2 + \delta_F \times C + \tau$

　　模型中，Y 是因变量，表示样本农户的农业灌溉用水总量，是农作物灌溉用水量之和；X 为核心变量，表示农业水价；Z 是中介变量，Z_1 和 Z_2 分别表示是否应用节水灌溉技术和粮食种植面积占比。根据不同地区的农业灌溉定额可知，粮食作物的平均灌溉用水低于经济作物，经济作物的单位价值通常高于粮食作物，因此经济作物可以看作高收益高耗水作物，用该比值反映农业种植结构中高收益高耗水作物的变化趋势。其余变量含义与前章内容构建的中介效应模型相同。由于需要量化农业水价对农业灌溉用水总量的综合影响，因此本章需要对模型回归系数值进行比较和分析。模型选取的相关变量见表 6 - 4。

表 6 - 4　　　　　　　　　　　　　模型变量选取

变量类型		变量名称	变量说明
核心变量		农业水价	单位：元／立方米
		农业灌溉用水总量	单位：立方米
中介变量		是否应用节水灌溉技术	否 = 0；是 = 1
		粮食种植面积	单位：亩
		粮食种植面积占比	单位：%
控制变量	农户个人特征	性别	女 = 0；男 = 1
		年龄	单位：岁
		教育年限	单位：年
		政治面貌	群众 = 0；党员 = 1
		本村职务	普通村民 = 0；村干部 = 1
	农户家庭特征	农业劳动人数	单位：人
		人均年收入	单位：万元
		农业收入占比	20% （含）以下 = 1；20% ~ 50% （含） = 2；50% ~ 80% （含） = 3；80% 以上 = 4
	生产经营特征	地块数	单位：块
		节水技术购置投入	单位：元
		土地经营规模	单位：亩

变量类型		变量名称	变量说明
控制 变量	地区环 境特征	政府组织技术培训频率	几乎没有 = 1；偶尔 = 2；经常 = 3
		是否有用水协会	无 = 0；有 = 1
		是否了解节水技术政策	1 = 不了解；2 = 听说过；3 = 了解
		节水技术效果的满意度	不满意 = 1；满意 = 2；非常满意 = 3
		粮食价格	单位：元/斤
		水费收费方式	1 = 按亩收费；2 = 按用水量收费；3 = 按用电量收费

需要说明的是，本章的研究内容需要对多重中介效应模型的系数估计值大小进行比较。对于中介变量 M 是分类或者等级变量、因变量 Y 和自变量 X 是连续变量的中介效应模型，M 对 X 的回归系数（Logit 或 Probit 量尺）与 Y 对 M 的回归系数（连续变量的量尺）和 Y 对 X 的回归系数（连续变量的量尺）均不在相同的尺度上，因此不能直接采用分析连续变量中介效应的方式，需要通过标准化转换实现模型回归系数的等量尺化（方杰等，2017；Iacobucci，2012；Fairchild et al.，2009；Mackinnon et al.，2007）。

因此，假设在上述模型中变量 X 通过不可观测潜变量 Z^* 对 Y 产生影响。

$$Z^* = \alpha_f + \beta_f \times X + \phi_f \times U + \delta_f \times C + \upsilon$$

Z 为可观测的二分类变量，$\begin{cases} Z=1 & Z^* \geq \theta \\ Z=0 & Z^* < \theta \end{cases}$，其中 θ 为门槛值。

$\dfrac{\beta_f}{\sigma_f}$ 为模型第二步的标准化系数，以此保证三个步骤中的相同尺度，同时可以采用自助法对中介效应进行显著性检验。为了保持模型回归系数的等量尺化，进行估计时相关变量要做中心化处理。

由于本部分重点分析农业灌溉节水被重新用于农业生产的作用机制，因此在多重中介效应模型构建中剔除了农户土地经营规模的分类变量，重新纳入了土地经营规模的连续变量作为控制变量，并利用全样本数据进行农业水价对农业灌溉用水总量影响的实证分析。

6.2.2　模型估计结果分析

根据设定的多重中介效应模型进行模型估计。传统中介效应模型估计系数的比较分析要求自变量、中介变量和因变量都是连续变量，在中介变量是分类变量或等级变量时，不同步骤模型的回归系数在不同的尺度上，因此在进行模型估计系数分析时，需要通过标准化转换实现系数的等量尺化（方杰等，2017；Mackinnon et al.，2008）。为了实现模型估计系数的等量尺化，部分变量进行模型回归时进行了标准化处理。

1. 中介效应的显著性检验分析

中介效应的检验主要有依次检验系数法和系数乘积检验的 Sobel 法、自助法和贝叶斯法（温忠麟等，2014；刘红云等，2013）。由于模型 2 的因变量为二分类变量，因此模型 2 采用了 Probit 模型进行回归，这使得模型 2 的度量尺度与其他模型不同，系数乘积法可以更好地接近真实值，且检验显著性的功效更高。尽管依次检验系数法第一类错误率很小，中介效应较弱时检验功效较低，但这同时表示依次检验系数法得出的中介效应结论最为稳健。本部分借鉴温忠麟（2004）提出的中介效应检验程序，采用依次检验系数法从显著性和影响方向两个角度进行中介效应的检验分析。

模型估计结果见表 6－5。由表中的模型估计结果可知，农业水价对农业灌溉用水总量均有显著的负向影响。农业水价的提高会减少农业生产中的灌溉用水总量。模型 2 的估计结果表明农业水价对农业生产中的节水灌溉技术应用具有显著的正向影响，农业水价的提高会促进农户应用节水灌溉技术。模型 3 和模型 4 的估计结果表明农业水价对粮食种植面积占比有显著的负向影响，随着农业水价的提高，粮食作物播种面积在总播种面积中的比例会降低，农户在生产决策中会扩大经济作物的种植比例。节水灌溉技术应用对于粮食种植面积占比有显著的负向影响，表明相对于不使用节水灌溉技术的农户而言，使用节水灌溉技术的农户更倾向于降低农业生产中粮食作物的种植比重。模型 5 的估计结果表明，农业水价对农业灌溉用水总量有显著的负向影响，节水灌溉技术应用和粮食种植面积占比对农业灌溉用水总量也有显著的负向影响。

表 6－5　　　　　　　　　　模型中介效应回归估计值

变量名称	模型 1	模型 2	模型 3	模型 4	模型 5
	农业灌溉用水总量	是否应用节水灌溉技术	粮食种植面积占比	粮食种植面积占比	农业灌溉用水总量
农业水价	－0.261 *** （－7.12）	0.095 * （1.75）	－0.014 ** （－2.23）	－0.016 ** （－2.45）	－0.229 *** （－6.99）

续表

变量名称	模型1 农业灌溉用水总量	模型2 是否应用节水灌溉技术	模型3 粮食种植面积占比	模型4 粮食种植面积占比	模型5 农业灌溉用水总量
是否应用节水灌溉技术	—	—	—	−0.080** (−2.36)	−0.605*** (−7.95)
粮食种植面积占比	—	—	—	—	−0.879*** (−3.02)
人均年收入	−0.011 (−0.21)	0.549*** (3.99)	−0.012 (−1.53)	−0.010 (−1.28)	0.016 (0.32)
农业劳动人数	−0.056* (−1.78)	0.039 (0.68)	−0.001 (−0.20)	−0.001 (−0.20)	−0.044 (−1.49)
年龄	−0.017 (−0.50)	−0.104 (−1.58)	−0.027*** (−3.50)	−0.026*** (−3.33)	−0.058* (−1.74)
性别	−0.026 (−0.40)	0.315** (2.43)	0.017 (1.20)	0.017 (1.20)	0.052 (0.80)
教育年限	−0.056* (−1.74)	0.152** (2.34)	−0.002 (−0.28)	−0.001 (−0.17)	−0.010 (−0.33)
地块数	0.234*** (5.87)	−0.155** (−2.43)	−0.015** (−2.23)	−0.014** (−2.13)	0.200*** (5.81)
本村职务	0.065 (0.51)	−0.042 (−0.22)	0.024 (1.18)	0.021 (1.04)	0.041 (0.36)
是否按用水量收费	−1.409 (1.014)	0.184* (1.808)	−0.107* (1.755)	−0.085 (0.053)	−2.415*** (2.889)
是否有用水协会	−0.413*** (−6.54)	0.785*** (6.93)	−0.004 (−0.33)	−0.004 (−0.34)	−0.264*** (−4.98)
粮食价格	0.444*** (4.53)	0.033 (0.81)	0.204*** (2.93)	0.179*** (2.79)	0.418*** (4.06)
常数项	0.118 (0.23)	2.265*** (3.69)	1.099*** (33.81)	1.166*** (26.87)	1.569*** (3.98)
样本量	789	788	588	588	789

注：括号内为 t 值；*、**、*** 分别表示通过 10%、5% 和 1% 显著性水平检验；连续变量样本数据进行了双侧 1% 缩尾处理；为了缩短表格篇幅，控制变量中的水费收取方式只提供了按用水量收费哑变量的值，农业收入占比等变量省略。

　　根据依次检验系数法分析可知，农业水价在模型 1 和模型 3 中对因变量有显著的负向影响，而模型 5 中农业水价和粮食种植面积占比对农业灌溉用水总量有显著的负向影响，表明粮食种植面积占比在农业水价对农业灌溉用水总量的影响中发挥了部分中介效应。农业水价提高促进了高经济价值和高耗水经济作物的种植，一定程度上增加了农业灌溉用水总量，验证了本书的假说 3。农户传统的农业种植习惯未阻碍农业水价提高带来的节水效应，支持了农业水价提高会减少农业灌溉用水强度这一研究结论。

　　农业水价在模型 2 中对因变量有显著的正向影响，而模型 5 中节水灌溉技术应用对农业灌溉用水总量有显著的负向影响，表明节水灌溉技术应用在农业水价对农业灌溉用水总量的影响中也发挥了部分中介效应。农业水价的提高促进了节水灌溉技术的应用，在其他条件不变时减少了农业灌溉用水总量。

　　节水灌溉技术应用在模型 4 和模型 5 中对因变量都有显著的负向影响，表明农业水价通过节水灌溉技术应用和粮食种植面积占比对农业灌溉用水总量发挥了链式中介效应。农业水价的提高促进了节水灌溉技术在农业生产中的应用，而节水灌溉技术应用促进了农户生产决策中经济作物的种植比重，从而增加了农业灌溉用水总量。农业水价的链式中介效应抑制了农业水价对农业灌溉用水总量的负向影响，验证了本书的假说 3。

　　2. 中介效应值的比较分析

　　通过中介效应值的对比能够使农业水价对农业灌溉用水总量的影响分析更加量化。按照李（Li，2007）和温忠麟（2016）等学者的建议，将模型 2 的估计系数标准化转化后对农业水价的不同影响路径进行等量尺度的对比分析。模型估计系数进行标准化转化后，农业水价通过粮食种植面积占比影响农业灌溉用水总量的中介效应为 0.0143，农业水价通过节水灌溉技术应用影响农业灌溉用水总量的中介效应为 −0.0150，农业水价通过节水灌溉技术应用和粮食种植面积占比的链式中介效应为 0.2117，总的中介效应为 0.2110。农业水价对农业灌溉用水总量的直接效应为 −0.2287，总效应为 −0.0177。由于模型逐步回归估计结果通过了依次检验，因此中介效应和直接效应都有显著的影响，表明农业水价会通过节水灌溉技术应用和粮食种植面积占比路径对农业灌溉用水总量产生中介效应。农业水价通过节水灌溉技术应用等中介路径增加了农户的农业灌溉用水总量，增加的农业灌溉用水总量与农业水价对农业灌溉用水总量的直接节水作用相互抵消，最终导致农户农业灌溉用水总量未有显著的经济学意义上的下降，这与本章地区层面农业灌溉用水回弹的测算结果一致。

6.2.3　稳定性检验

　　为了检验研究结论的稳定性，将粮食种植面积占比和农业灌溉用水量分别用粮食种植面积和农业灌溉总费用进行替代。粮食种植面积从绝对量角度检验了相关分析。农业灌溉用水作为农业生产中的必需品，灌溉费用与灌溉用水量有密切的正相关关系，农业水价对灌溉费用的影响能够进一步检验对灌溉用水量的影响。模型稳定性检验估计结果见表6－6。

　　农业水价在模型1至模型5中均对因变量有显著的影响，表明农业水价对农业灌溉用水总量和粮食种植面积有显著的负向影响，对节水灌溉技术应用有显著的正向影响。模型4在控制了节水灌溉技术应用变量后，农业水价对粮食种植面积仍然有显著的负向影响，这与在不考虑节水灌溉技术应用影响下的理论分析结果有所不同，表明农户在其他条件不变而农业水价提高的情况下，会倾向于种植高收益的作物而不是直接增加低耗水作物的种植规模。粮食种植面积在模型5中对农业灌溉用水总量有显著的负向影响。节水灌溉技术应用在模型5中对农业灌溉用水总量有显著的负向影响，但在模型4中对粮食种植面积未有显著影响。按照依次检验系数法，认为农业水价通过节水灌溉技术应用中介路径对农业灌溉用水总量有显著的负向影响，通过粮食种植面积中介路径对农业灌溉用水总量有显著正向影响。但是，农业水价通过节水灌溉技术应用和粮食种植面积的链式路径，给农业灌溉用水带来的影响尚无法确定。

表6－6　　　　　　　　　　　　　　稳定性检验估计值

变量名称	模型1 农业灌溉 总费用	模型2 是否应用节 水灌溉技术	模型3 粮食种植 面积	模型4 粮食种植 面积	模型5 农业灌溉 总费用
农业水价	− 0.151 *** （− 4.45）	0.095 * （1.75）	− 0.030 *** （− 3.87）	− 0.031 *** （− 3.80）	− 0.136 *** （− 4.20）
是否应用节水灌溉技术	—	—	—	− 0.022 （− 0.34）	− 0.550 *** （− 7.52）
粮食种植面积	—	—	—	—	− 0.206 * （− 1.79）

续表

变量名称	模型 1 农业灌溉 总费用	模型 2 是否应用节 水灌溉技术	模型 3 粮食种植 面积	模型 4 粮食种植 面积	模型 5 农业灌溉 总费用
常数项	−0.093 (0.24)	2.265 *** (3.69)	0.102 (1.35)	0.120 (1.41)	0.346 (1.45)
样本量	789	788	588	588	789

注：括号内为 t 值；*、**、*** 分别表示通过 10%、5% 和 1% 显著性水平检验；连续变量样本数据进行了双侧 1% 缩尾处理；为了缩短表格篇幅，仅提供核心自变量的模型估计结果，其他变量省略。

由于依次检验系数法对中介效应的检验功效较低，为了确定农业水价链式中介效应的显著性，本书采用检验功效更好的自助法进行中介效应显著性检验（Hayes，2015）。

模型检验结果见表 6-7 和表 6-8。在标准自助法检验下，所有中介效应、链式中介效应和直接效应都通过了显著性检验，但是在非参数百分位自助法检验下，农业水价的链式中介效应和总中介效应未通过显著性检验。由于非参数百分位自助法检验以数据的实际分布为检验前提，因此本书主要依据非参数百分位自助法检验结果和稳定性估计结果进行分析。

检验结果表明，农业水价会通过节水灌溉技术应用和粮食种植面积产生显著的中介效应影响，对农业灌溉用水总量的直接效应和总效应均有显著的负向影响。农业水价的链式中介以及总的中介效应未通过 10% 的显著性水平检验，但是在标准百分位自助法检验中通过了 5% 显著性的检验，且两者仍然为正向影响，因此农业水价仍然在一定程度上验证了相关研究假说。稳定性检验结果与实证分析结论整体保持一致。

表 6-7　　　　　　　　　非参数百分位自助法检验

中介路径	系数乘积值	90% 置信区间		是否显著
		LLCI	ULCI	
是否应用节水灌溉技术	−0.0022	−0.0048	−0.0002	显著
种植结构	0.0066	0.0007	0.0144	显著
是否应用节水灌溉技术 + 种植结构	0.1001	−0.0006	0.0010	不显著

续表

中介路径	系数乘积值	90% 置信区间		是否显著
		LLCI	ULCI	
总中介效应	0.1045	− 0.0019	0.0129	不显著
直接效应	− 0.1385	− 0.1912	− 0.0861	显著
总效应	− 0.0340	− 0.1886	− 0.0826	显著

表 6 – 8   **标准自助法检验**

中介路径	系数乘积值	自助法 Std. Dev	t 值	P 值	95% 置信区间	
是否应用节水灌溉技术	− 0.0022	0.0014	− 37.403	0	− 0.0023	− 0.0020
种植结构	0.0066	0.0041	37.708	0	0.0030	0.0069
是否应用节水灌溉技术 + 种植结构	0.1001	0.0006	5.658	0	0.0001	0.0002
总中介效应	0.1045	0.0045	23.998	0	0.0042	0.0050
直接效应	− 0.1385	0.0327	− 99.872	0	− 0.1413	− 0.1358
总效应	− 0.0340	0.0320	− 98.672	0	− 0.1366	− 0.1313

6.2.4 内生性问题的讨论

内生性问题能够破坏模型回归估计系数的一致性。农业生产中的要素价格和要素投入量通常具有因果关系，要素价格的提高能够降低要素投入的需求量，而对要素需求量的提高反过来能够促进要素价格的提高，这会带来要素价格与要素投入量之间双向因果的内生性。但是，农业水价和农业灌溉用水量之间不存在双向因果关系。世界上农业用水的定价方法有边际成本法、平均成本法和计划定价法等，中国农业用水的定价取决于水利工程的建设投资和运行维护成本，骨干水利工程由政府定价或协商定价。目前农业水价要求逐步达到"运行维护成本水价"或"全成本水价"，农业水价与农业灌溉用水量不存在必然联系。换言之，农业灌溉用水量并不会对农业水价产生显著的影响，因此农业水价和农业灌溉用水量之间不存在内生性问题，保证了研究结论的稳定性。

6.3 本章小结

农业水价的提高是实现农业节水增效的重要措施。通过运用黄淮海地区的省（市）级行政区面板数据，测算了黄淮海地区的农业灌溉用水回弹值。同时应用黄淮海地区实地调研的农户数据和多重中介效应模型，在农户层面分析了农业水价对农业灌溉用水总量的影响及作用机制。研究结果表明黄淮海地区出现了较为严重的农业灌溉用水回弹状况。农业水价的提高并未带来农户层面农业灌溉用水总量的大幅下降。农业水价会通过节水灌溉技术应用的中介效应显著降低农业灌溉用水总量；农业水价会通过调整种植结构的中介路径显著增加农业灌溉用水总量；农业水价会通过节水灌溉技术应用和粮食种植面积的链式中介显著增加农业灌溉用水总量；农业水价对农业灌溉用水总量的增加很大程度上抵消了农业水价对农业灌溉用水的节水作用。农业生产中需要更加高效的灌溉用水管理制度。为了保证作物生产过程中有充足的水分，需要提高灌溉用水的利用效率，探究更加科学有效的灌溉节水激励机制对于实现农业灌溉节水和保障粮食生产安全具有重要意义。

第 7 章　农业水价与水权交易对灌溉用水的综合影响研究

本章主要讨论在农业水价提高的情况下，农业水价和水权交易如何配套实施形成更加有效的灌溉节水激励机制。由于计量收费逐渐成为农业水费征收方式的主流，因此本章的内容是针对计量收费而言的。首先介绍了水权交易的内涵和中国水权交易的基本状况，其次基于理论分析框架，选取具有代表性的典型地区作为案例进行剖析，考察农业水价和水权交易在农业节水实践中发挥的共同作用，最后探讨农业水价如何结合水权交易形成水资源高效利用和农业灌溉节水的激励机制。

7.1　水权交易的内涵

水权的学术概念目前仍有争议。争议的焦点主要在于两点：水资源所有权是否属于水权以及除了所有权之外水资源是否只含有使用权。根据目前中国有关水资源管理和水权转让的相关政策规定，中国的水资源所有权归属于国家，国家是水资源所有权的唯一行使主体。在水资源国家所有权的基础上，农村集体、农民用水合作组织或个人用水户拥有水资源的使用权利，农村集体拥有相应的农业用水管理权。除了使用权外，个体农户还享有农业水资源使用后的收益权。总的来看，水权是包含所有权、使用权、管理权和收益权等一系列权利的综合。

水权交易是通过市场交易机制，将水资源的使用权在地区之间、流域之间、用水户之间和行业之间的交易流转行为。建立水权交易市场的目的在于促进水资源的优化配置，促进水资源向更加高效的地区或行业流通，从而提高水资源的有效利用效率，解决中国水资源时空分布不均的问题。21 世纪以来，中国政府一直试图建立水权交易制度。中国水利部在 2005 年出台了《关于水权转让的若干意见》和《水权制度建设框架》两部重要法规。2014 年，中国政府选取了河南等 7 个省份正式启动水权交易的试点工作，目的是鼓励行业之间、个人用水户之间和区域之间的水权交易。中共中央国务院在 2015 年又印发了《生态文明体制改革总体方案》，明确要求各地区要合理界定和分配水权，积极建设水权交易平台，探索行业之间、个人用水户之间和区域之间的水权交易方式。2018 年《水利部、国家发展改革委、财政部关于水资源有偿使用制度改革的意见》提出要开展水权的确权工作。这为水权交易市场的建立奠定了良好的基础。水权确权要求取用水户层面明确水资源的用途，采用科学方法准确核定取水额度并发放取水许可证明确取水权；在灌区内农业用水户层面，要求各地方政府根据当地灌溉用水定额和用水总量控制指标，因地制宜地将水权明确到最基层的农民用水合作组织或农户，并发放水权凭证。

建立水权交易市场也是农业水价综合改革的重要内容。水利部等部门 2016 年联合发布的《国务院办公厅关于推进农业水价综合改革的意见》中，明确要求各地区建立农业水权制度。农业水权主要以县级行政区域的灌溉用水定额和用水总量控制指标为基础，把指标逐步细化分解到农民用水合作组织和个体农户等用水主体。水权确权要在实行总量控制的基础上明确水权额度。同时，鼓励用水户将水权额度内的结余水权进行转让，专业管理机构可以对水权额度内的结余予以回购，推动农业用水的节约和跨行业转移应用。

7.2　中国农业水权交易的基本状况

2016 年中国水权交易所正式成立。中国水权交易所规定的交易方式为公开交易或协议转让，交易种类包括灌溉用水户水权交易、区域水权交易和取水权交易，标志着中国水权交易市场建设正在加速推进。设立中国水权交易所的目的在于充分发挥市场交易机制，引导用水户开展水权交易，促进水资源的合理高效配置，提高水资源的利用效率。中国水权交易市场目前主要由国家级平台——中国水权交易所和各省级行政区地方政府的水权交易平台构成。内蒙古 2013 年便成立了自治区水权收储转让中心，主要负责在内蒙古实施盟市间的水权收储转让，具体包括新开发水源（包括再生水）的收储转让、企业节余水权和节水改造的节余水权收储转让、水权收储转让项目咨询评估和建设等工作；河南省 2017 年成立了水权收储转让中心平台，主要担负河南省内取用水户、行业和各行政区域的水权收储和水权转让等工作。部分地方政府则给出了明确的水权交易办法，例如《河北省农业水权交易办法》规定水权交易可采取县级农村产权流转交易中心平台交易、农业取用水户间自主交易、委托农民用水合作组织交易和政府回购四种形式。

2020 年中国水权交易市场的建立取得了非常大的进展。在中央政府层面，中国水利学会发布了《水权交易可行性报告编制导则》，要求对水权交易的必要性、合理性与可行性及效益分析等情况基于生态、经济、社会等各方面价值进行全面且规范的评估。中国水权交易所对《中国水权交易所水权交易规则》《中国水权交易所信息公告管理办法》及《中国水权交易所交易资金结算管理办法》部分条款进行修改，以便更契合当前水权交易市场需要。中国水利部发布了《关于黄河流域水资源超载地区暂停新增取水许可的通知》，指导黄河流域加快水权交易市场建设。在地方政府层面，2020 年全国各地稳步推进水权交易市场建设进程，湖北、安徽、江苏、浙江、贵州、宁夏、甘肃、江西和山东在省级或市级层面推动水权交易建设。多个省着手进行水权的确权登记工作或制度创新，例如江西省将区域水权有偿配置纳入水权交易范畴，对部分水权进行行政区域内的有偿分配，进一步提高水资源价值；浙江省进一步提出探索水价综合改革，拓展节水融资模式和水权价值实现范畴；宿迁市出台水权改革方案，对地下水取水权交易进行明确规定。

在这些水权交易市场的构建中，中国水权交易中心是重要的构成部分。中国水权交易所将水权交易分为三类：灌溉用水户水权交易、区域水权交易和取水权交易。取水权交易是获得取水权的单位机构或者个人通过生产工艺改革、产品生产流程调整、产业结构调整等措施节约用水，将取水额内剩余的取水权向符合取水条件的单位机构或者个人进行有偿转让的水权交易行为。取水权受让人可以是农业、工业或服务业的取水权人。区域水权交易是指县级以上的地方政府或其授权单位或部门之间进行的水权交易。交易对象必须是在地区用水总量控制和江河水量分配指标范围内的结余水量。区域水权交易的双方可以位于同一流域，也可以位于不同流域但应具备调水条件。灌溉用水户水权交易是在灌溉用水户或农民用水合作组织之间的水权交易。本书重点关注农业灌溉用水的水权交易，因此只对中国水权交易中心灌溉用水户水权交易情况进行分析。

根据中国水权交易中心数据可知，2017～2021 年中国水权交易中心灌溉

用水户水权交易共 605 单，其中 2017 年 10 单，2018 年 4 单，2019 年和 2020
年灌溉用水户水权交易单数有了大幅度提高，分别为 225 单和 226 单。截至
2021 年 8 月底，灌溉用水户水权交易单数为 140 单，表明中国水权交易中心建
立之后，灌溉用水户水权交易数量在快速发展。每年的交易量则变化较大，在
145.02 ~ 730.61 万立方米波动。交易平均价格则相对较为稳定，处于 0.1 ~
0.2 元/立方米。这个交易平均价格比在黄淮海地区实地调研获得的平均农业
水价要低，主要原因是在中国水权交易中心交易的灌溉用水户主要是甘肃和内
蒙古地区的灌溉用水户，受限于当地的农业和经济发展。灌溉用水户水权交
易的方式基本以协议转让为主，占全部水权交易量的 87% 以上，表明灌溉
用水户的水权交易是以当地附近农户或用水组织间的转让使用为主。综合来
看，中国的灌溉用水户水权交易在快速的发展中，农业灌溉用水的交易双方
都有交易需求，这种交易需求通过水权交易平台的建设在逐渐被释放出来
（见表 7 - 1）。

表 7 - 1　　　　　　　　　　　灌溉用水户水权交易状况

年份	交易单数	交易量（万立方米）	交易平均价格（元/立方米）
2017	10	511.42	0.210
2018	4	145.02	0.198
2019	225	730.61	0.138
2020	226	541.84	0.125
2021	140	155.31	0.076

资料来源：根据中国水权交易所数据整理所得。

　　根据理论分析框架，农业水价和水权交易相结合能够形成有效的灌溉节水
激励机制，发挥良好的节水效果，实现农业的灌溉节水。黄淮海地区的水权交
易市场由于仍处于起步阶段，尚未搭建完善，灌溉用水户参与水权交易的数据
有限，因此本部分选取河北省石家庄市元氏县和安徽省六安市进行剖析，研究
农业水价和水权交易相结合对农业灌溉用水的影响。两个典型案例的相关资料
主要通过与当地水行政主管部门的座谈得到，河北省石家庄市元氏县和安徽省
六安市的座谈时间分别为 2020 年和 2019 年，座谈内容主要围绕农业水价和水
权交易相关问题展开。

7.3　农业水价与水权交易作用的案例分析——河北省石家庄市元氏县

7.3.1　基本情况

河北省石家庄市元氏县位于河北省中南部，下辖 15 个乡镇和 208 个行政村。元氏县全域约 675.3 平方公里，地形地貌齐全，平原、丘陵和山区各占全域面积的 1/3。元氏县共有 43.67 万亩耕地，属资源型缺水地区，仅 2015 年地下水超采量就达到 4650 万立方米。2016 年元氏县被河北省纳入地下水超采综合治理试点区后，元氏县积极推进国家节水行动，探索农业水价综合改革之路。2017 年元氏县又被河北省水利厅选为河北省农业水价综合改革整体推进试点县。根据元氏县水利局统计数据，近年来，元氏县先后投资实施了节水型社会建设、小农水重点县、农业开发节水改造、地下水超采综合治理等重点节水项目，建设节水工程 4630 余处，高效节水灌溉面积达 17.76 万亩。

为解决工程产权和管护主体不明、农业水价形成机制不健全、农业用水户水权市场意识淡薄、群众节水意识不强和农业用水管理相对滞后等问题，元氏县按照"建组织、明水权、抓试点、稳推进"的总体思路，以建立基层用水合作组织为基础，以构建用水管水机制、实现农业节水和农民增收为目标，综合运用价格调整、管理创新、工程配套和财政奖补等措施为元氏县农业水价综合改革的全面推进探索了一条可借鉴推广的道路。

7.3.2　农业水价与水权交易实施的具体措施

（1）制定良好的政策支持体系。元氏县结合当地实际情况，出台了农业水价和水权交易相关的众多政策文件，如《元氏县"十四五"时期推进农业水价综合改革实施方案》《元氏县水资源使用权分配方案》等，从政策上对农业水价综合改革工作作出科学指导。同时，当地政府将农业水价综合改革列为乡（镇）深化农业农村体制改革的一项重要内容，开展重点督查。

县农工委利用文明村建设项目，在纸屯村建立了农业水价综合改革服务中心。农业水价综合改革服务中心以宣传农业水价综合改革、水权交易和回购服务以及节水工程维护技术服务为主要职责，为元氏县在全县推广农业水价综合改革起到了示范作用。

（2）推行精细化水权管理模式，严格水权过程性管控。一是明晰水权到户。制定出台了《元氏县水资源使用权分配方案》，确定了县域可分配水总量。在满足居民生活用水、工业生产用水和生态补偿用水后，经计算核定，元氏县全县每年农业可分配水量为 7354 万立方米，亩均耕地可分配水量为 172立方米。2017 年底完成全部水权分配工作并发放水权证书 8.66 万本。农业用水实行"水权管理、超用加价"等水价改革模式，按地定水、水随地走，确权登记，实行水权证管理。水权证包含水权相关信息，例如水权用水户姓名、水权额度以及水权所属用水户的土地经营面积等。在水权额度内，用水户结余的水权可以按照相关规定进行交易或结转使用。

为了鼓励农户节水，元氏县规定水权额度内的结余水权在用水户之间可以自由转让交易。水行政主管部门等专业管理机构也可以对用水户的结余水权进行回购。2019 年 8 月，在全省率先建立水权交易系统平台（互通手机 App），实现了县域内灌溉用水户水权实时交易，可实时查看交易行情、发布买卖意向、即时在线结算。

二是建立用水台账。按照先确权、再计划，先申请、再分配，先刷卡、再配水的程序，分轮次控制农业灌溉用水。建立轮次供水台账，详细记载作物轮次供水量和灌溉面积。在水权使用过程中，水管单位和乡镇基层政府需要组织人员力量，按照本地实际作物种植情况编制用水计划。用水户协会提交轮次用水申请，由农民用水合作组织或水管站逐次审批、轮次控制、台账登记、刷卡取水。用水户台账的建立有效减少了以往乱用水权和超用水权现象的发生。

三是培育水权交易市场。元氏县在出台了水权管理政策之后，建立了区域内的水权交易中心，同时在各乡镇基层政府设立水权交易分中心，搭建起元氏县水权交易市场体系。为了优化区域内水资源的配置，做好水资源的补充调剂，方便用水户的水权交易，还在农民用水合作组织协会设立了水权交易点，创造了用水户水权交易的便利条件。

四是建立部门联动机制。元氏县政府将水资源管理指标纳入各乡镇和政府相关部门的绩效考核中。各乡镇成立水资源管理办公室，对本地水权进行监督管理。水资源专业管理单位做好对用水户的水权确权以及水权证的发放工作。水资源管理部门联合公安和村民基层组织联合打击违规取水行为，形成对水资源多头并进齐抓共管的管理局面。

五是组建农民用水户协会。根据水利部等部门印发的《关于鼓励和支持农民用水合作组织创新发展的指导意见》，加快组建农民用水户协会。农民用水合作组织机构的人员和设备要配备齐全，制定好合作组织内部的各项规章制度。借助农民用水合作组织的能动性，在合作组织内做好水权证发放管理等工作。同时，要发挥农民用水合作协会的引导职能，实行超额加价的农业水价改革措施，初步形成水价与水权互补的交易机制，成立 1 个县级、10 个乡级、155 个村级农民用水户协会，建立起一支近 800 人的基层管水队伍，努力实现国家或集体投资的水利工程和农业水价综合改革有人管、有钱管、专业化。

（3）实行自动控制、远程监管的智能化用水计量措施。一是完善计量设施。对河水灌区干渠、支渠量水堰进行全面更新改造，在斗、农渠道上配套量水堰和标准量水断面，实现斗口准确计量。对机电井安装智能化计量设施，按照每 10 眼井配备 1 套移动式水表的标准，通过测定水电折合系数，以电表计量折算水量。共为各级协会配备了 460 套移动式计量设备，通过水表、智能控水控制器、IC 卡缴费终端、中间管理机及配套软件的安装达到自动控制用水的目的。

二是严格用水计量管理。成立计量设施专门管理机构，建立维修服务站，保证设施故障 2 小时内处理，管理人员 24 小时在岗。推行水表读数、刷卡水量、台账数据“三对口”和水管单位、乡镇、水务局“三检查”等制度，做到配水、计量、收费“三到户”。

三是研发应用水资源信息化管理系统。在河水灌区渠首、干支渠上安装流量监测设施和视频监控系统，实时掌握供水信息。井水灌区依托机电井智能化计量设施，应用信息化管理软件系统，将信息数据实时传送至控制中心，管理人员能够随时掌握机井运行情况，若出现水权超用等违规取水行为可远程关闭机井，有效实现对水资源的监管。

（4）实行分级水价政策，激励节约用水。农业水价按照水利工程级别和管理权限进行分级管理。元氏县内的八一灌区属于灌区骨干工程，按照相关规定实行政府定价，农业水价由县级价格主管部门与相关部门机构协商确定。区域内末级渠系的农业用水定价则以政府指导价为主，由各基层组织以满足本区域内管水组织的正常运行为前提，制定能够弥补运行维护成本的农业水价。在有社会资本参与建设和管护的农田水利工程，农业水价的制定则由供需双方通过协商确定。各级农民用水户协会负责准确统计水量和水费情况，并实时上传至信息平台。同时，结合生产实际，对农业用水实行"水权管理、超用加价"的水价改革模式，对水权额度内用水按正常标准收取水费，超额度用水加价 20%（0.1 元/立方米）收取加价水费。

7.3.3　取得的成效

元氏县农业水价和水权交易制度相结合，实现了农业的节水增效。完善农业用水定额，明确项目区农业用水量上限，实施农业用水总量控制、水权确权到户、超用加价、节水奖励后，元氏县的用水户节水意识明显增强，农业水价的价格杠杆开始发挥作用。区域内的农业灌溉条件也得到了显著的改善，提高了农业灌溉用水的保障率，实现了"四省一增"（省水、省时、省工、省钱，增加农民收入）。农业水价和水权交易相结合的节水激励措施有效缓解了元氏县地下水超采的问题。据河北省的监测结果来看，通过农业水价和水权交易相结合的方式治理地下水超采以来，截至 2020 年底元氏县已累计完成地下水压采 3700 万立方米；2016～2018 年，元氏县地下水位回升年均达到 2.7 米，浅层地下水位较 2016 年 1 月回升 10 余米。农业灌溉用水效率得到了显著提高，节约用水的治理目标得到了实现。

此外还调动了农民用水管水积极性。通过组建农民用水户协会，让农民担任农业用水管理、农业水价定价和小型农田水利工程管护等各项用水管理的责任主体，从而促进用水户的自主管理。纸屯村农民用水户协会被评为"全国农民用水合作示范组织"。2020 年 9 月，在中国水权交易所的指导下，再次交易 30 单，增加了农民用水管理收入。

7.4　农业水价与水权交易作用的案例分析——安徽省六安市

7.4.1　基本情况

安徽省六安市位于安徽省西部。六安市是大别山区域中心城市、国家级陆路交通枢纽城市、长三角产业转移辐射城市和省会合肥经济圈副中心城市。六安市总面积 15451.2 平方公里，市辖 3 个区和 4 个县，1 个开发区和 1 个示范区。具体分别是裕安区、金安区和叶集区，舒城县、金寨县、霍邱县和霍山县，国家级六安经济技术开发区和六安市承接产业转移集中示范区。全市有144 个城市社区和 1811 个行政村，所属 130 个乡镇和 10 个街道管辖。截至2020 年末，全市常住人口 439.4 万人。2020 年共实现生产总值 1669.5 亿元，同比增长 4.1%。2020 年六安市第一产业增加值 238.7 亿元，第二产业增加值606.6 亿元，第三产业增加值 824.2 亿元。

六安市从 1958 年起历时 14 年兴建了举世闻名的淠史杭灌区水利工程。区域内建成了数量众多的大中小型水库，灌溉面积 1000 多万亩。根据淠史杭灌区管理委员会统计数据，淠史杭工程自 1972 年建成运行以来，截至 2019 年末，累计灌溉农田 4.56 亿亩，累计灌溉引水 1625 亿立方米，增产粮食 583.8亿公斤，抗旱减灾效益 1400 多亿元，在灌溉、防洪、发电和水产养殖等方面发挥了巨大作用。

2014 年安徽省六安市金安区开始开展农业水价综合改革试点任务。经相关部门研究，选择了水源保证率高、渠系较完善、田间工程配套程度低、用水矛盾突出、灌溉管理落后的瓦西干渠翁墩片区作为金安区 2014 年农业水价综合改革试点项目区。项目区涉及 6 个行政村和 2.69 万亩耕地。翁墩乡的翁墩、杨公、四清桥、郑楼村、孔树和花莲寺是项目区内的行政村。2018 年正式实施水权政策，规定了农业灌溉用水的水权交易规则。2019 年为推动建立水权制度，明确水权归属，培育水权交易市场，六安市金安区在安徽省开展水权确权登记试点工作。在完成全区水权确权与登记发证后，2020 年 12 月金安区在中国水权交易所达成首单水权交易。

7.4.2　农业水价与水权交易实施的具体措施

为切实抓好农业水价综合改革试点工作，安徽省六安市成立了"金安区农业水价综合改革领导小组"。金安区农业水价综合改革领导小组由区长任组长，分管区长任常务副组长，区水利局、农村工作委员会、物价局、政府办公室、民政局、财政局和市场管理局负责人均为领导小组成员。领导小组下设办公室，负责项目的具体推进工作，落实试点工作各项任务，并制定具体工作计划。

（1）农业水权分配确权。根据金安区人民政府《关于实行最严格水资源管理制度的实施意见》精神和农业水价综合改革试点项目总体要求，结合安徽省质量技术监督局、安徽省水利厅 2007 年 1 月颁布实施的《安徽省行业用水定额》、安徽省水利水电勘测设计院、安徽省淠史杭灌区管理总局编制的《安徽省淠史杭灌区续建配套与节水改造规划报告》以及安徽省淠史杭灌区管理总局瓦西干渠金安区段近 5 年农业灌溉实际亩均用水量（761 立方米/亩），比较分析上述三种结果，综合考虑全区农业生产发展需求、节水技术应用、土地利用、水源和灌溉条件等因素，确定了金安区 2014 年农业水价综合改革试点项目区农业灌溉用水定额为：正常年份（含轻度干旱、中度干旱年份）为 370 立方米/亩；干旱年份（含严重干旱、特大干旱年份）为 457 立方米/亩。明确了项目区 2015 年农业用水总量为 969.95 万立方米，并以文件形式将试点区 561 户 2015 年农业水权下发至用水户、用水合作组织和管理单位。

（2）组建农民用水合作组织。根据农业水价综合改革试点要求，组建成立了六安市金安区明泉用水户专业合作社等农民用水合作组织，并制定了农民用水合作组织《章程》《灌溉管理制度》《工程管理制度》等制度。要求农民用水合作组织积极参与水价方案制定，合作社按要求组织种粮大户、用水农户等在合作社进行座谈，让用水户充分了解水价成本测算过程、精准补贴机制、节水奖励机制及超定额累进加价制度等。灌溉开始后，试点区内主要渠道的放水由农民用水合作组织统一调配。对于少数用水户不遵守调度要求的，农民用水合作组织加强沟通、劝说、制止，改变串田漫灌、只放不关的用水陋习。

（3）健全水价形成机制。协调区物价局至试点区收集水价成本测算基础数据，完成试点区农业水价成本测算工作。具体测算结果为：完全成本时终端水价为 0.075 元/立方米（国有水利工程供水价格 0.059 元/立方米 + 末级渠系水价 0.016 元/立方米）、基本运行维护成本时终端水价为 0.031 元/立方米（国有水利工程供水价格 0.022 元/立方米 + 末级渠系水价 0.009 元/立方米）。根据测算结果，金安区物价局、水利局组织召开由试点区乡镇、村、农户、种粮大户和户代表等相关人员参加的座谈会，对农业水价的形成、分类水价和超定额累进加价制度的制定等方面做了详细的解读。统一粮食作物用水价格拟执行完全成本 0.075 元/立方米，经济作物及水产养殖用水价格达到稍有盈利水平以及超定额累进加价制度，具体如下：定额内用水执行物价部门批准的水价；超过定额 20%（含）的，超过部分按批准水价的 130% 计收水费；超过定额 20% 以上不足 50%（含）的，超过部分按批准水价的 150% 计收水费；超过定额 50% 以上的，超过部分按批准水价的 200% 计收水费。

（4）构建精准补贴和节水奖励机制。根据农业水价综合改革试点工作的要求，在保障水利工程正常运行的基础上，充分调动项目区群众种粮和用水改革的积极性，达到科学用水、节约用水、促进生产发展之目的。综合考虑雨水和干旱天气的影响，金安区水利局制定了试点区精准补贴机制和节水奖励机制。

精准补贴机制：标准为严重干旱（含）以上年份（根据水利部 2009 年实施的《旱情等级标准》），全额补贴试点区实缴水费（水价为批复的试点执行水价）超过试点前水费差额；严重干旱（不含）以下年份，补贴试点区实缴水费（水价为批复的试点执行水价）超过试点前水费差额的 50%；补贴资金主要是区财政安排的小型水利工程维护资金；补贴方式采用直补用水户。

节水奖励机制：资金来源：区财政安排的小型水利工程维护资金、超定额累进加价收入等资金；奖励对象：积极响应产业结构调整、利用先进节水技术节水的农民用水合作组织或用水户；灌溉定额：严重干旱（含）以上年份灌溉定额为 457 立方米/亩，严重干旱（不含）以下年份灌溉定额为 370 立方米/亩；奖励标准：以灌溉定额为基准，试点区执行水价和节水量为基数，按 50% 计算奖励金额。

7.4.3　取得的成效

截至 2020 年底，安徽省六安市金安区完善了农业用水定额管理，明确项目区农业用水总量上限，实施"总量控制、定额管理"。经初步估算，农业水价综合改革和水权交易试点实施后，全区每亩可节约用水 105 立方米，节水率达到 22%，实现了提高农业用水效率、节约用水的目标。粮食作物用水价格（0.075 元/立方米）较以前执行水价（0.056 元/立方米）涨幅较大，农业水价的提升并未增加用水户负担。按正常年份单位面积水稻田为计算单元推算，改革前安徽省执行水价为 28 元/亩（统计亩），换算为标准亩为 17.5 元/亩；改革后按照正常年份亩均用水量 270 立方米，需缴水费为 16.5 元/亩。结合精准补贴机制，农业水价提升并没有增加用水户负担，达到促进节水和提高水资源利用效率的目的。

建立了合理的农业水价形成机制和水利工程可持续运行良性机制，支持了基层用水合作组织建设，确保了农民的用水权益。保证农民基本用水需求的同时，建立多用水多花钱，少用水少花钱的机制，总体上不增加农民负担，让农民在农业水价综合改革中受益。完善了淠史杭灌区末级渠系的支斗农毛渠功能，解决小型农田水利基础设施最薄弱的环节，切实加强小型水利设施的管理。同时，与建立水权交易平台等相关涉农改革措施结合起来，全面推进农业水价综合改革工作。

7.5　农业水价与水权交易相结合的节水激励措施

河北省石家庄市元氏县和安徽省六安市金安区的农业水价与水权交易制度经过多年的探索与实践，证明了要维持水资源可持续发展、和谐用水，必须将农业水价与农业水权等节水激励措施相结合，激发农户节水的内在动力，保证农业节水前提下农业经济收益不下滑。针对本书的研究内容，通过农业水价和水权交易的结合来激励节水，需要做到以下几点。

（1）做好农业水价综合改革的配套计量措施。农业水价发挥价格杠杆作用的主要方式是通过提高价格来降低农业灌溉用水量。计量设施配套是重要的工作环节。地方各级水行政主管部门要建立严格的数据质量责任制，落实取水计量监督管理职责，明确计量设施安装与维护、检定与校准、数据采集与传输等方面的要求，对取水计量设施使用情况和计量数据质量进行抽查检查，督促指导专人负责数据质量管理，创新管理和技术手段。

（2）明确农户水权。农业水权交易的前提是农户的水权确权。农业水权要逐级明晰到户，以农民用水户协会或个体农户等用水主体为基层单位，按照各地区的水资源禀赋，因地制宜地将区域可用水总量分配下去。同时，获得农业水权的组织或个人也要依法接受水行政主管部门和流域管理机构的监督管理。

（3）引导政府开展回购灌溉用水户剩余水权工作。农业水价和农业水权交易相结合的关键点是对灌溉用水户剩余水权的回购。目前各地政府对于农户用水定额内剩余的农业水权尚未有完善的回购系统，很多地区缺少水权交易平台，灌溉用水户没有水权回购或转让意识。地方政府要通过引入市场机制，充分发挥水权交易的市场作用，提升地区、灌区、农户等水权持有者主动节约用水的获得感和经济收益，促使各地区、各灌区做好水资源节约工作，利用农业节约的水资源为当地提供新增用水战略储备，支撑地方经济社会发展和现代灌区建设管理。

7.6　本章小结

本章主要讨论农业水价提高的背景下，如何同水权交易共同构建农业灌溉节水的长效激励机制。中国水权交易市场目前已经完成了初步的构建，中央以及各级地方政府都在加快农业水权交易平台的搭建。在此情况下，农业水价的提高能够促进农户在农业水权额度内尽可能节水，节约的农业水资源可以通过水权交易转移到其他用水组织、个体农户或工业等领域。此举一方面能够减少农业灌溉用水总量，另一方面节约的农业灌溉用水转化成经济收入，激发了农户进行农业灌溉节水的内在动力，同时也改变了农户为了追求高收入而将节约的农业灌溉用水重新投入扩大农业再生产之中，避免了在农田灌溉亩均用水层面用水量下降而在区域层面农业灌溉用水总量未有显著下降的问题。

第8章　农业灌溉节水对农业
生产的影响研究

本章主要分析在实现农业灌溉节水情况下农业生产受到的影响。基于理论分析框架，应用似不相关回归模型和农户调研数据，实证检验农业灌溉用水减少对粮食亩均产量和种植面积的影响。应用实证数学规划模型分析农业灌溉用水减少和剩余水权可交易的同时，思考农户农业纯收入受到的影响。

8.1　农业灌溉节水对粮食生产影响的实证分析

8.1.1　似不相关回归模型设定

根据本章的研究内容，将应用农户调研数据和似不相关回归模型分析农业灌溉用水对粮食亩均产量和粮食播种面积的影响。在多方程系统中，尽管各方程的变量之间没有直接的内在联系，但是各方程的扰动项之间存在相关性，这时采取联合估计的方式能够提高估计效率。由于农业灌溉用水变化时农业生产主体对农业生产的决策通常同时做出，因此粮食亩均产量和粮食播种面积的种植决策会受到诸多相同因素的影响，所构建方程的随机扰动项有相关性。通过构建似不相关回归模型，考察农业灌溉用水变化的同时可以考察对粮食单位面积产量和粮食种植规模的影响，避免了决策同步性造成的模型估计结果偏误。因此，本章的模型设定为似不相关回归模型。

具体而言，结合农业灌溉用水量与粮食生产的关系，构建粮食亩均产量（Yield）和粮食种植面积（Yarea）的似不相关回归模型如下。

$$
\begin{cases}
Yield = \alpha_0 + \alpha_1 \times W + \alpha_2 \times X_1 + \alpha_3 \times X_2 + \alpha_4 \times X_3 + \alpha_5 \times X_4 + \varepsilon_0 \\
Yarea = \beta_0 + \beta_1 \times W + \beta_2 \times X_1 + \beta_3 \times X_2 + \beta_4 \times X_3 + \beta_5 \times X_4 + \varepsilon_1
\end{cases}
$$

很多已有研究以及本书的理论分析虽然认为农业灌溉用水量和粮食产出量之间存在二次曲线关系，但是为了更加直观地分析农业灌溉节水对粮食生产的影响，本章设定的模型中并未纳入农业灌溉用水量的二次项。

8.1.2　变量选取

模型中 W 为农业灌溉用水总量；X_1 为农户个人特征；X_2 为农户家庭特征；X_3 为生产经营特征；X_4 为地区环境特征；ε_0、ε_1 为随机扰动项，均服从独立正态分布。农业水价是农业灌溉水资源要素的价格，会影响水资源要素的投入量，而农业生产直接受到农业水资源要素投入量的影响，因此本书在将农业灌溉用水总量作为核心自变量时，并未将农业水价放入模型控制变量中。模型中变量的具体选取见表 8 - 1。

表 8 - 1　　　　　　　　　　　　　模型选取变量

变量类型		变量名称	变量说明
因变量		粮食亩均产量	单位：斤/亩
		粮食种植面积	单位：亩
自变量		农业灌溉用水总量	单位：立方米
控制变量	农户个人特征	性别	女 = 0；男 = 1
		年龄	单位：岁
		教育年限	单位：年
		政治面貌	群众 = 0；党员 = 1
		本村职务	普通村民 = 0；村干部 = 1
	农户家庭特征	农业劳动人数	单位：人
		人均年收入	单位：万元
		农业收入占比	20%（含）以下 = 1；20% ~ 50%（含）= 2；50% ~ 80%（含）= 3；80% 以上 = 4

变量类型		变量名称	变量说明
控制变量	生产经营特征	有效灌溉面积	单位：亩
		地块数	单位：块
		粮食生产成本投入	单位：元/亩
		土地经营规模	单位：亩
		节水技术购置成本	单位：元
	地区环境特征	政府组织技术培训频率	几乎没有 = 1；偶尔 = 2；经常 = 3
		是否有用水协会	无 = 0；有 = 1
		水费收费方式	1 = 按亩收费；2 = 按用水量收费；3 = 按用电量收费
		粮食价格	单位：元/斤

由于本书的农户粮食生产调研数据主要来自黄淮海地区的小麦和玉米生产数据，因此粮食亩均产量、粮食价格和粮食生产成本投入等变量值是样本小麦和玉米生产数据的均值。粮食生产成本投入是种子投入、化肥及农药投入、农药机械成本投入和农业劳动力雇佣成本投入之和。农业灌溉用水总量相对其他变量较大，为了避免异方差问题，模型回归时对农业灌溉用水总量取对数处理。

本部分研究的相关数据主要依托国家自然科学基金项目支持的农户调研微观数据。由于相关数据在前述内容分析时已经涉及，因此本章对大部分相关数据的描述性统计结果不做重复分析，只做概括性描述。根据表 8 - 2 的描述性统计结果可知，在农业生产方面，黄淮海地区的粮食亩均产量均值为 1036.44，粮食价格均值为 0.919，粮食生产成本投入均值为 659.37。样本农户的土地灌溉率较高，粮食产量在很大程度上依赖灌溉。粮食种植面积的均值为 18.43，与土地经营规模相比可知，样本农户大部分土地被用来进行粮食作物的种植。样本农户的农业灌溉用水总量差异较大，节水灌溉技术在研究区域的应用十分普及。

表 8 - 2　　　　　　　　　　**描述性统计值**

变量名称	样本量	均值	标准差	最小值	最大值
性别	1011	0.740	0.439	0	1.00
年龄	1011	49.44	11.66	24.00	74.00

续表

变量名称	样本量	均值	标准差	最小值	最大值
教育年限	1011	8.030	2.902	0	15.00
政治面貌	1011	0.119	0.324	0	1.00
本村职务	1011	0.083	0.276	0	1.00
粮食亩均产量	970	1036.44	165.62	100.00	1550.00
粮食价格	998	0.919	0.065	0.75	1.20
粮食种植面积	1001	18.43	42.78	0	330.00
农业劳动人数	1004	2.274	0.957	1.00	5.00
农业收入占比	1000	2.101	0.993	1.00	4.00
地块数	1011	3.136	1.782	1.00	9.00
有效灌溉面积	1011	13.92	30.63	0	200.00
节水技术购置投入	1011	151.6	134.10	0	800.00
水费收取方式	937	2.705	0.656	1.00	3.00
粮食生产成本投入	937	659.37	140.81	344.00	1226.00
农业灌溉用水总量	995	2100.00	215.13	0	18000.00
人均年收入	1011	0.984	1.142	0.05	7.00
政府组织技术培训频率	912	2.620	0.525	1.00	3.00
是否有用水协会	1011	1.569	0.495	1.00	2.00
土地经营规模	1011	19.99	40.65	0	254.00

注：根据调研数据整理所得。

8.1.3　模型估计结果分析

　　根据模型的设定和农户调研数据，模型回归估计结果见表8-3。根据模型1估计结果可知，农业灌溉用水量对粮食亩均产量未有显著的负向影响，表明在当前的农业灌溉用水量下，适当减少农业灌溉用水量既可以节约农业灌溉用水，又可以不影响土地单位面积的粮食产出。因此，农业灌溉用水量的适当下降不会对粮食亩均产量造成不利影响。节约的这部分农业灌溉水资源如果被用于增加新的农田灌溉面积，农户会得到更多的粮食产出和农业收入。当节约的农业灌溉水资源不能通过水权交易等途径获取更高的收益时，农户会选择通过调整种植结构等措施将其重新投入农业生产之中。这也验证了本书对于农业灌溉用水管理回弹的分析。

　　模型 2 中农业灌溉用水量对粮食种植面积有显著的负向影响，表明在其他条件不变的情况下，增加农业灌溉用水量会减少粮食种植面积，这是因为随着农业灌溉用水量的增加，农户可以转型种植耗水量较高但收益更高的经济作物，从而获得更多的农业收入，因此粮食作物的种植面积下降；反之，随着农业灌溉用水量的减少，粮食种植面积会扩大。以上验证了农业灌溉节水会促进粮食种植面积增加的研究假说。综合可知，随着农业灌溉节水的实现，黄淮海地区的粮食生产安全并不会受到不利影响。

表 8 - 3　　　　　　　　　　　　　模型回归估计结果

变量名称	模型 1	模型 2
	粮食亩均产量	粮食种植面积
农业灌溉用水总量	31.43 (28.55)	- 0.143 *** (0.013)
粮食种植面积	12.81 *** (3.811)	—
有效灌溉面积	26.51 ** (10.50)	14.30 (10.39)
农业劳动人数	- 6.974 (10.01)	0.252 * (0.150)
人均年收入	57.57 ** (22.91)	0.187 (0.344)
粮食价格	63.34 *** (13.54)	0.696 *** (0.199)
年龄	- 0.295 (11.98)	- 0.049 (0.180)
性别	9.968 (25.42)	- 0.199 (0.382)
节水技术购置投入	0.135 ** (0.065)	- 0.0005 (0.0009)
教育年限	11.84 (12.51)	- 0.593 *** (0.185)

续表

变量名称	模型 1	模型 2
	粮食亩均产量	粮食种植面积
地块数	11. 22 (11. 34)	0. 877 *** (0. 163)
本村职务	60. 86 * (36. 01)	2. 146 *** (0. 527)
是否按用水量收费	89. 35 (56. 14)	− 3. 295 *** (1. 164)
是否按用电量收费	114. 5 (78. 51)	− 1. 839 ** (0. 837)
是否有用水协会	45. 37 * (23. 55)	− 0. 490 * (0. 253)
常数项	963. 4 *** (197. 5)	14. 53 *** (2. 848)
样本量	805	805

注：括号内为标准误；*、**、*** 分别表示通过 10%、5% 和 1% 显著性水平检验；连续变量样本数据进行了双侧 1% 缩尾处理；为了缩短表格篇幅，农业收入占比等控制变量省略。

与此同时，根据表中模型估计结果可知，粮食价格对粮食产量和种植面积有非常显著的影响。随着粮食价格的上涨，农户种植粮食作物的积极性提高，粮食作物的生产投入增加，粮食产量和粮食种植面积均会有一定程度的增加。是否有用水协会对粮食生产的产量和种植面积有不同的影响，相对于无用水协会组，有用水协会组的粮食亩均产量会更高，但是粮食种植面积会有一定程度的减少，这是因为有用水协会的情况下，作物可以得到及时的灌溉，作物的产出会更高。用水协会对灌溉用水进行保障的同时也增加了农户种植高耗水经济作物的能动性，粮食种植面积从而减少。

8.1.4　稳定性检验

上述模型估计结果验证了本书的假说 4，农业灌溉节水并不会对粮食产出带来不利影响，反而会由于水资源的可获得性倒逼农户选择耗水量较低的粮食作物来种植。为了保证研究结论的稳定性，本部分将因变量粮食种植作物面积替换为粮食作物种植面积在总种植面积中的占比。模型的回归估计结果见表 8 - 4。

表 8 - 4　　　　　　　　　　模型稳定性检验估计结果

变量名称	模型 1	模型 2
	粮食亩均产量	粮食种植面积占比
农业灌溉用水总量	22. 93 (19. 03)	- 0. 262 *** (0. 039)
粮食种植面积占比	33. 98 * (18. 32)	—
有效灌溉面积	- 14. 78 (26. 02)	- 0. 035 (0. 120)
粮食价格	64. 25 *** (13. 13)	0. 031 *** (0. 0107)
年龄	- 6. 118 (12. 04)	- 0. 175 *** (0. 055)
性别	15. 02 (25. 18)	0. 132 (0. 116)
节水技术购置投入	0. 137 ** (0. 065)	0. 0003 (0. 002)
是否按用水量收费	100. 1 (65. 94)	- 0. 588 * (0. 354)
是否按用电量收费	92. 72 (76. 97)	- 0. 793 *** (0. 255)
是否有用水协会	51. 07 ** (23. 35)	- 0. 208 * (0. 107)
常数项	978. 7 *** (188. 5)	1. 649 * (0. 867)
样本量	805	805

　　注：括号内为标准误；＊、＊＊、＊＊＊分别表示通过 10%、5% 和 1% 显著性水平检验；连续变量样本数据进行了双侧 1% 缩尾处理；为了缩短表格篇幅，控制变量省略。

模型 1 中农业灌溉用水量对粮食亩均产量的影响仍然不显著，表明农业灌溉用水量的变化不会对粮食亩均产量产生显著影响。模型 2 中农业灌溉用水量对粮食作物种植面积占比有显著的负向影响，即农业灌溉用水量增加会降低粮食作物在全部农作物播种面积中的占比，农户会转向种植更多的经济作物。反之，农业灌溉用水量减少时，粮食种植面积占比会增加，粮食作物的种植规模扩大，表明模型稳定性检验结果与前述研究结论相一致。

8.2 农业灌溉节水对农业纯收入的影响分析

根据本章的分析，在当前的农业灌溉用水标准下，适当的农业灌溉节水对粮食作物的亩均产出无不利影响，反而能够扩大粮食作物的种植面积，增加粮食总产量，不会对粮食生产安全带来不利影响，但是农户收入可能会受到不利影响。根据农业灌溉节水对粮食种植面积影响的理论分析，农业灌溉节水时粮食种植面积的扩大来自经济作物面积的缩减。经济作物种植面积减少而粮食种植作物面积扩大会带来农户整体农业收入的下降。农业水价提高的目的是在不对农业产出和农业收入造成负面影响的前提下实现农业节水的目标。农业灌溉节水是否会对农户的农业收入带来不利影响的关键因素在于农业灌溉节约的水资源能否弥补农业生产变化带来的农业收入下降。根据上一章的内容，在存在水权交易市场的情况下，农业灌溉节约的水资源能够通过市场交易为农户带来额外收益，弥补由于农业灌溉节水带来的农业收入损失。为了考察在农业灌溉节水和水权可交易情况下农户农业收入的变化，本书借鉴了吴连翠等（2011）和肖海峰（2018）等学者用到的实证数学规划模型。

实证数学规划模型（PMP）是豪伊特（Howitt）于 1995 年提出的非线性优化模型，通常被用于对农业政策的定量研究。与线性规划模型相比，其优点在于对农作物生产变化的模拟与现实情况更为接近，而且无须在模型中强加过多的限定因素。与计量经济模型相比，其优点在于对样本数量的要求较低，适用于没有足够的时间序列数据的情况。模型的构建通常分为 3 步，首先，运用农户基期的农业生产数据，在线性规划模型的基础上加入校正约束得出校正参数，预测资源和约束的对偶值；其次，运用校正参数构建新的非线性目标函数，使用这些对偶值来计算表示凸成本函数的边际成本系数的校准参数，并将其并入具有线性约束的最大化程序中的利润函数的非线性项中；最后，运用非线性目标函数模拟各种因素变化对农业生产的影响。通过校正得出的非线性目标函数可以在没有额外约束的条件下重现基期农业生产情景，使得模拟结果更加合理有效。

本书的应用思路为：首先，构建传统农业生产函数下的农业收入目标函数，农业灌溉用水量的减少代表农业灌溉节水目标的实现状况，观察此类情况下农户农业纯收入的变化；其次，在原有农业收入目标函数的基础上，纳入水权交易为农户带来的额外收益，仍然通过农业灌溉用水量的减少代表农业灌溉节水目标的实现状况，观察此类情况下农户农业纯收入的变化；最后，对比分析农户在两种农业收入目标函数的农业纯收入变化状况。

不包括农业灌溉节水交易收入时的目标函数构建为：

$$\max \prod = \sum_i \left(P_i Y_i - 0.5 \gamma_i X_i \right) \times X_i$$
$$s.t. \quad Y_i = a_i \times W_i + b_i \times W_i^2 + e_i \tag{8-1}$$
$$\sum_i W_i \leqslant K$$

包括农业灌溉节水交易收入时的目标函数构建为：

$$\max \prod = \sum_i \left(P_i Y_i - 0.5 \gamma_i X_i + P_z W_z \right) \times X_i$$
$$s.t. \quad Y_i = a_i \times W_i + b_i \times W_i^2 + e_i \tag{8-2}$$
$$\sum_i W_i + W_z \leqslant K$$

其中，$\prod$ 为农业纯收入；下标 i 表示不同的作物品种；P_i 为作物 i 的单位农产品价格；Y_i 为作物 i 的单位面积产量；X_i 为作物 i 的种植面积；W_i 为作物 i 的单位种植面积灌溉用水量；P_z 为农业灌溉节约的水资源的交易价格；W_z 为单位种植面积农业灌溉节约的水资源的交易量；γ 为线形规划模型中标定约束条件的对偶值；a、b、e 为作物 i 灌溉用水量与产量之间关系的经验系数。在实际应用过程中，为了简化计算过程，借鉴吴连翠（2011）和田聪颖（2018）等学者的做法，将样本农户的农业生产情况合成为典型农户进行分析，典型农户的各项指标是样本农户的均值。

本部分研究的相关数据仍然来源于国家自然科学基金项目支持的研究区域内的农户实地调研。由于调研地区样本农户进行的水权交易较少，而中国水权交易中心灌溉用水户水权交易的对象主要是甘肃和内蒙古等省份，由于地区资源禀赋差异等原因，这部分数据不具有代表性，因此本书采用本地区的农业水价均值作为水权交易价格。水权额度根据每个地区的资源禀赋和生产状况进行划分，河北省作为黄淮海地区农业水价和水权交易发展较快的地区，参考河北省的用水定额和在中国水权交易中心水权额度交易公告，将河北省农业灌溉的水权额度作为黄淮海地区的农业灌溉水权额度。利用农户调研数据回归得到农业生产函数相关参数值。相关参数根据测算后得到的值为：$a = 23.72$，$b = -0.027$，$e = -4101.01$，$P = 1.083$ 元/立方米，$Pz = 0.668$ 元/立方米，$K = 298.8$ 立方米/亩·年，$\gamma = 1.214$。农业生产函数参数值与刘莹（2015）等学者的测算结果类似。

在这种目标函数和约束条件下，单位种植面积灌溉用水量和农业灌溉用水总量有相同的变化趋势，农田灌溉亩均用水量变化情景与农业灌溉用水总量变化情景相同。因此在基期情景上，本书设置了三个情景：情景一是在基期情景的基础上农田灌溉亩均用水量下降10%；情景二是在基期情景的基础上农田灌溉亩均用水量下降20%；情景三是在基期情景的基础上农田灌溉亩均用水量下降30%。农业纯收入（不含）是在不包含农业灌溉节水交易收入时农户的农业纯收入情况，农业纯收入（含）是在包含农业灌溉节水交易收入时农户的农业纯收入情况，具体模拟结果见表8-5。

表8-5　　　　　　　　　　农业纯收入变动情况

作物	农田灌溉亩均用水量（立方米）	农业纯收入（元，不含）	农业纯收入（元，含）
基期情景	132.59	6208.21	6208.21
情景一	119.33	5965.27	6324.21
情景二	106.07	5712.06	6097.51
情景三	92.81	5448.59	5860.53

根据农业纯收入变动情况表可知，与基期情景相比，在农业灌溉用水下降10%的情况下，若不考虑农业灌溉节水的交易收入，农业纯收入会下降242.94元；若考虑农业灌溉节水的交易收入，农业纯收入会增加116元。由此可知，农业灌溉节水和农户农业纯收入增加的目标可以同时实现。但是在农业灌溉用水下降20%的情况下，即使考虑了农业灌溉节水的交易收入，农业纯收入相比基期时仍然会下降110.7元，表明农业灌溉节水的下降幅度有一定的界限，当农业灌溉节水幅度超过一定限度时，农业产出减少带来的收入损失会超过农业灌溉节水交易带来的额外收益，这时农业灌溉节水会同时对农业产

出和农户的农业纯收入带来不利影响。这个界限值会根据各地的水资源禀赋和农业生产状况不同而产生差异。

综合以上内容，在农田灌溉亩均用水量和农业灌溉用水总量都实现节水的情况下，粮食生产并不会受到显著的负面影响。由于粮食作物相对经济作物的耗水量较低，粮食作物的种植面积反而会有所增加，从而增加总的粮食产出。农业灌溉节水对农户农业纯收入的影响则有不确定性。在农户不进行农业灌溉节水交易时，农业纯收入会因农业总产值下降而受到损失，在农户将农业灌溉节水进行水权交易获得额外收益时，适当幅度的农业灌溉节水不会损害农户的农业纯收入，反而可以增加农户的农业纯收入。这个研究结论与理论分析框架相一致。

8.3　本 章 小 结

本章主要分析了实现农业灌溉节水情况下粮食生产和农户农业纯收入受到的影响。应用黄淮海地区的农户调研数据和似不相关回归模型，实证检验了农业灌溉节水对粮食亩均产量和粮食种植面积的影响。研究结果表明，农业灌溉节水并不会对粮食亩均产量产生显著的负向影响，而且会显著增加粮食种植面积。通过应用实证数学规划模型，分析农业灌溉用水量下降和进行水权交易时农户的农业纯收入，结果表明农业灌溉用水在一定幅度内的下降不会导致农户农业纯收入的下降，这部分损失会被农业灌溉节约的水资源的水权交易收入所弥补。

第9章 农业水价的节水空间研究

——以聊城市位山灌区为例

基于农业灌溉水价对亩均灌溉用水量影响效应的分析，本章利用中介效应模型进一步探究农业灌溉水价对小麦生产的影响。通过探究农业灌溉用水价格与亩均小麦产量和小麦种植面积的关系，在验证亩均农业灌溉用水量在农业水价与小麦生产中介作用的基础上，基于小麦正常生长的灌溉需水量测算调研地区当前农业灌溉用水价格调整空间。

9.1 理论分析与研究假说

已有研究表明，农业水价的变化对粮食生产会产生影响，以农业灌溉为主要水源的农作物播种面积呈大幅减少趋势（易福金等，2019），田间灌溉水成本对小麦和玉米的单产具有显著的影响（廖永松，2009）。水资源是保障粮食安全的重要支撑（杨静等，2013），粮食产量和种植面积显著受到灌溉用水量影响，因此农业水价对粮食生产的影响主要体现在粮食播种面积和粮食单产两个方面。基于上述农业水价对灌溉用水量影响机制的分析，本书在研究农业水价的进一步提升会带来单位面积灌溉用水量减少的前提下，考虑单位面积灌溉用水量的减少对小麦单产和小麦种植面积的负向影响效应。

由此，提出本书的假说5：亩均灌溉水量在农业灌溉水价对小麦生产的影响中具有中介作用，农业水价的提高将通过减少亩均灌溉用水量对单位面积小麦产量与小麦种植面积产生负向影响。

基于假说5，考虑到农业灌溉水价提升所产生的节水效应可能对粮食生产产生消极影响，因此本书提出以粮食作物正常生长最低需水量为界，将农业水价变化产生的总节水效应划分为真实节水效应与节水损失效应（见图9-1）。

同时，将节水损失效应定义为：农业水价综合改革带来的总节水效应中，由于减少的灌溉用水量不满足作物正常生长需水量而产生的节水效应。相应地，在作物正常需水量界限内的灌溉用水量减少为水价改革产生的真实节水效应。通过实地调研和深入访谈，了解到调研区域小麦生产情况稳定。根据调研地区小麦产量情况，单位面积小麦平均产量为 466.87 千克/亩，根据《2020 年山东省统计年鉴》数据，2020 年聊城市单位面积小麦平均产量为 453.80 千克/亩。从小麦种植面积上看，调研地区土地流转情况与种植结构调整情况发生较少，表明调研地区小麦种植面积可能维持在较为稳定的水平，尚不会发生明显变化。综上所述，当前小麦生产尚未受到水价上涨的负面影响，农业水价尚未产生节水损失效应。

由此，提出本书的假说 6：当前农业灌溉水价尚未产生节水损失效应，调研地区小麦生产农业灌溉水价仍具有一定的上涨空间。

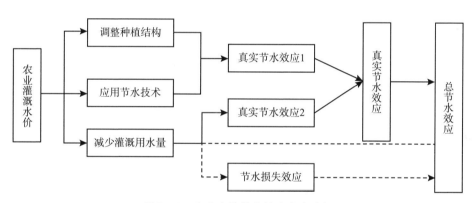

图 9 - 1　农业水价节水效应产生路径

9.2　农业水价对小麦生产影响机制研究

9.2.1　模型构建

根据本书研究的主要粮食作物，首先探究农业水价对亩均小麦产量的影响，借鉴廖永松（2009）和陆秋臻等（2019）的研究方法，设定柯布 - 道格拉斯生产函数模型描述小麦的亩均产量，具体的中介效应检验模型设定如下：

$$\ln Y = \alpha_F + \beta_F \times \ln X + \delta_F \times C + \tau \qquad (9-1)$$

$$\ln M = \alpha_T + \beta_T \times \ln X + \delta_T \times C + \tau \qquad (9-2)$$

$$\ln Y = \alpha_H + \beta_H \times \ln X + \theta_H \times \ln M + \delta_H \times C + \tau \qquad (9-3)$$

其次，构建农业水价、亩均灌溉用水量与小麦播种面积中介效应检验模型，具体模型设定如下：

$$Y_N = \alpha_R + \beta_R \times X + \delta_R \times C + \varphi \qquad (9-4)$$

$$M = \alpha_K + \beta_K \times X + \delta_K \times C + \tau \qquad (9-5)$$

$$Y_N = \alpha_Z + \beta_Z \times X + \beta_Z \times M + \delta_Z \times C + \varphi \qquad (9-6)$$

其中，Y 表示单位面积粮食产量，$\ln Y$ 表示单位面积粮食产量的对数值；X 为农业水价，$\ln X$ 为农业水价对数值；M 为亩均灌溉用水量，$\ln M$ 为亩均灌溉用水量对数值；Y_N 表示小麦播种面积；C 为控制变量，包括农户个人特征、农户家庭特征、农户生产情况和水价改革实施情况四个方面；α，β，θ，δ，γ，η 为估计系数，ε，v，τ，φ 均为随机误差。

9.2.2　变量设置与描述性统计

根据本章研究内容，选取农业灌溉水价、小麦生产亩均灌溉用水量、亩均小麦产量、小麦播种面积为关键变量。其中，亩均小麦产量为单位面积小麦产量，单位为千克/亩；小麦播种面积为调研农户小麦种植实际播种面积，单位为亩。其余变量在前述研究中均有涉及，故不再赘述。相关变量的描述性统计结果见表 9-1。

表 9-1　　　　　　　　　　变量描述性统计

变量名称	样本量	均值	标准差	最小值	最大值
亩均小麦产量	503	466.87	175.65	500	1393
小麦播种面积	503	5.88	5.49	1	36
亩均灌溉用水量	503	191.33	123.9	6.15	714.29
农业灌溉水价	503	0.68	0.19	0.50	1.10
农户年龄	503	55.15	9.74	24	77
政治面貌	503	0.09	0.29	0	1

续表

变量名称	样本量	均值	标准差	最小值	最大值
教育年限	503	7.34	3.52	0	16
本村职务	503	0.11	0.39	0	1
家庭劳动力人数	503	4.77	1.41	1	10
地块数	503	3.10	2.09	1	11
机电井深	503	43.68	9.12	30	80
农业生产成本	503	438.23	118.07	217	720
节水灌溉技术应用成本	503	104.74	19.31	50	193.5
农业水价改革了解程度	503	3.71	0.88	1	5
供水服务满意度	503	2.6	0.62	1	4
是否有用水户协会	503	0.19	0.39	0	1

资料来源：根据调研数据整理所得。

　　根据相关变量描述性统计结果，小麦是位山灌区主要的粮食作物，调研地区平均每亩小麦产量为 466.87 千克，平均小麦播种面积为 5.88 亩，小麦作为调研地区农户主要种植的农作物，开展农业水价对小麦生产情况影响效应研究，对指导当地农户进行农业生产、保障农民收益具有积极意义。同时，小麦亩均灌溉用水量达到 191.33 立方米/亩，与调研地区另一主要粮食作物玉米相比，小麦属于高耗水农作物。当农业水价发生变动时，小麦种植户的农业生产行为尤其是灌溉用水行为改变更加明显，因此本书选取小麦作为主要粮食作物开展农业水价节水效应及粮食生产研究。

9.2.3　模型估计结果分析

　　农业水价对亩均小麦产量的影响见表 9-2。根据模型 1 的估计结果，农业灌溉水价对亩均小麦产量具有显著的负向影响，农业水价的上涨会带来单位面积粮食产量的显著下降。模型 2 的结果表明，农业水价对亩均灌溉用水量具有显著正向影响，农业水价的提高可以促进农业灌溉用水量的减少，该结果也与第 4 章农业水价节水效应研究结论保持一致。模型 3 的估计结果表明，在控制亩均灌溉用水量的前提下，农业水价与亩均小麦产量仍存在显著的负相关关系，但估计系数的绝对值小于模型 1 中农业水价对亩均小麦产量的估计系数，因此亩均灌溉用水量在农业水价对亩均小麦产量的影响中起到了部分中介作用。至此，假说 5 得到部分验证。同时，亩均灌溉用水量与亩均小麦产量在 1% 的显著性水平上呈正相关，说明水资源作为农业生产的重要投入要素，与粮食生产情况关系密切。此外，政治面貌、地块数和农业生产成本对亩均小麦产量呈现不同水平的负向影响，农户的政治面貌在一定程度上受工作性质的影响，因此该部分农户生产重心可能并非在农业生产方面；地块零散和农业生产成本提升都会增加农业生产实施的困难，降低从事农业生产的收入，导致农户进行农业生产的积极性降低，带来亩均小麦产量的下降。机电井深对亩均小麦产量具有显著的正向影响，通过与农户的访谈得知调研区域土地盐碱化较为严重，浅层地下水水质较差，机电井的深度增加意味着可以获取质量更高的水资源，从而获得亩均小麦产量的提升。

　　农业水价与小麦播种面积的影响效应检验结果见表 9-2。根据模型 4 的估计结果，农业水价对小麦播种面积在 1% 的显著性水平上具有负向影响，小麦作为高耗水灌溉作物，农业水价的提升会带来小麦播种面积的下降，该研究结论与易福金等（2019）、廖永松（2009）等相关研究保持一致。模型 5 的估计结果同样表明农业水价对亩均灌溉用水量具有显著负向影响，与模型 2 的估计结果一致。模型 6 的估计结果表明在控制了亩均灌溉用水量后，农业水价对小麦播种面积仍保持负向影响，但显著性水平和估计系数有所下降，说明亩均灌溉用水量在农业水价对小麦种植面积的影响中具有部分中介效应，但中介效应显著性水平较低。通过对受访农户是否进行种植结构调整的调查可知，其主要原因可能与调研地区种植结构调整行为与土地流转行为发生较少有关，进行种植结构调整的农户仅占农户样本总数的 32.41%，进行土地流转的农户仅占调研农户样本总数的 12.10%，因此调研地区小麦种植面积尚未发生明显变化。同时，根据农业水价节水效应研究结论，农业水价通过种植结构调整行为所产生的节水效应显著低于通过节水灌溉技术采纳行为产生的节水效应，同样说明了调研地区种植结构调整行为的发生尚不明显。综上所述，假说 5 的内容得到全部验证，农业水价对亩均小麦产量及小麦播种面积均具有负向影响，农业水价的进一步提升可能会对小麦生产产生消极影响，当水价上涨超过一定幅度时，粮食安全可能会受到威胁。

表 9 - 2　　　　　　　　　　　模型估计结果

变量名称	亩均小麦产量			小麦种植面积		
	模型 1	模型 2	模型 3	模型 4	模型 5	模型 6
农业灌溉水价	- 0. 4010 *** (0. 0459)	- 1. 2750 *** (0. 0768)	- 0. 2740 *** (0. 0570)	- 5. 5180 *** (2. 079)	- 1. 9280 *** (0. 1370)	- 4. 2820 * (2. 4630)
亩均灌溉用水量	—	—	0. 0977 *** (0. 0269)	—	—	0. 6410 (0. 6850)
农户年龄	- 0. 0015 (0. 0092)	- 0. 0091 (0. 0154)	- 0. 0006 (0. 0091)	0. 3240 (0. 3200)	- 0. 0057 (0. 0212)	0. 3270 (0. 3210)
政治面貌	- 0. 0168 ** (0. 0071)	- 0. 0008 (0. 0119)	- 0. 0170 ** (0. 0070)	- 0. 2130 (0. 2440)	- 0. 0185 (0. 0161)	- 0. 2010 (0. 2450)
教育年限	0. 0017 (0. 0030)	- 0. 0027 (0. 0050)	0. 0020 (0. 0030)	- 0. 0067 (0. 1040)	- 0. 0005 (0. 0068)	- 0. 0064 (0. 1040)
本村职务	0. 0041 (0. 0195)	- 0. 0230 (0. 0325)	0. 0063 (0. 0193)	- 0. 2410 (0. 6760)	- 0. 0115 (0. 0446)	- 0. 2330 (0. 6760)
家庭劳动力人数	0. 0042 (0. 0065)	- 0. 0041 (0. 0108)	0. 0047 (0. 0064)	0. 0356 (0. 2240)	- 0. 0015 (0. 0148)	0. 0366 (0. 2240)
地块数	- 0. 0085 * (0. 0049)	0. 0192 ** (0. 0081)	- 0. 0102 ** (0. 0048)	- 0. 2370 (0. 1680)	0. 0201 * (0. 0111)	- 0. 2500 (0. 1690)
机电井深	0. 0018 * (0. 0010)	0. 0176 *** (0. 0016)	0. 0003 (0. 0011)	0. 1030 *** (0. 0340)	0. 0227 *** (0. 0023)	0. 0882 ** (0. 0374)
农业生产成本	- 0. 0163 ** (0. 0081)	- 0. 1070 *** (0. 0135)	- 0. 0055 (0. 0085)	0. 1800 (0. 2810)	- 0. 1490 *** (0. 0186)	0. 2760 (0. 2990)
节水灌溉技术 应用成本	- 0. 0401 ** (0. 0195)	- 0. 1020 *** (0. 0325)	- 0. 0303 (0. 0195)	- 1. 0370 (0. 6780)	- 0. 1450 *** (0. 0447)	- 0. 9430 (0. 6850)
农业水价改革 了解程度	0. 0046 (0. 0097)	0. 0354 ** (0. 0161)	0. 0013 (0. 0096)	0. 3310 (0. 3360)	0. 0293 (0. 0222)	0. 3130 (0. 3360)
供水服务 满意程度	- 0. 0081 (0. 0122)	- 0. 0247 (0. 0205)	- 0. 0066 (0. 0122)	1. 1100 *** (0. 4230)	- 0. 0477 * (0. 0279)	1. 1400 *** (0. 4240)
是否有用水户协会	- 0. 0130 (0. 0164)	- 0. 0520 * (0. 0274)	- 0. 0083 (0. 0163)	- 0. 523 (0. 571)	- 0. 0952 ** (0. 0377)	- 0. 4620 (0. 5750)

注：***、**、* 分别表示在 1%、5%、10% 的水平上显著。

9.2.4　稳健性检验

根据表 9 - 3 模型稳健性检验结果可知，亩均灌溉用水量直接效应 Bootstrap95％置信区间的上下限均不包含 0，说明亩均灌溉用水量在农业水价对亩均灌溉用水量影响的中介作用显著，中介效应占总效应的比重为 31.22％，亩均灌溉用水量在农业水价对亩均小麦产量的影响中发挥部分中介作用，该检验结果与逐步回归法检验结果一致，验证了农业水价提升使亩均灌溉用水量减少进而对亩均小麦产量产生负向影响的假说。然而，亩均灌溉用水量在农业水价对小麦种植面积影响的中介作用尚未通过 Bootstrap 检验，其直接效应 Bootstrap95％置信区间包含 0，说明亩均灌溉用水量在农业水价对小麦种植面积的影响效应中尚未发挥显著的中介作用。根据表 9 - 2 模型 4 的估计结果，农业水价对小麦种植面积具有显著的负向影响，但亩均灌溉用水量在该负向影响中尚不具有中介作用，换言之，农业水价对亩均灌溉用水量的影响尚未对小麦种植面积产生消极影响。该结论虽与逐步回归法的研究结论相反，但符合调研地区土地流转水平低与种植结构调整行为少的现实情况，国家对种粮农户耕地红线的保障也是调研地区农户小麦种植面积维持稳定的原因之一。

表 9 - 3　　　　　　　　　　　模型稳健性检验结果

因变量	中介变量	路径	系数	标准差	95％ 的置信区间	
					Boot CI 下限	Boot CI 上限
亩均小麦产量	亩均灌溉用水量	直接效应	- 0.2745	0.0605	- 0.4002	- 0.1554
		间接效应	- 0.1246	0.0344	- 0.1879	- 0.0555
小麦种植面积	亩均灌溉用水量	直接效应	- 4.2821	2.5009	- 9.1449	0.6621
		间接效应	- 1.2362	1.8159	- 4.8666	2.1840

注：Boot 标准误、Boot CI 下限和 Boot CI 上限分别是采用偏差校正的非参数百分位 Bootstrap 法所估计的标准误差、95％置信区间的下限与上限，重复次数为 5000 次。

9.3　农业水价节水损失效应分析

9.3.1　彭曼公式

基于农业水价对小麦生产影响效应的研究，农业水价对亩均小麦产量与小麦种植面积均具有负向影响，但当前农业灌溉用水价格水平下亩均灌溉用水量仅在农业水价对亩均小麦产量的负向影响中具有中介作用。水资源是农业生产的基础性资源，也是重要的投入要素之一。为了进一步探究当前农业灌溉用水价格水平下农业灌溉用水量是否对小麦生长产生了消极影响，造成亩均小麦产量下降，本书采用联合国粮农组织（FAO）推荐的标准彭曼公式计算小麦正常生长最低需水量，并以此为标准判断当前农业水价是否对小麦生产产生节水损失效应。

采用联合国粮农组织（FAO）推荐的标准彭曼公式计算小麦正常生长单位面积需水量（CWU）。

$$ET_0 = \frac{0.408\Delta(R_n - G) + \gamma \dfrac{900}{T+273}U_2(e_s - e_a)}{\Delta + \gamma(1 + 0.34U_2)} \tag{9-7}$$

式（9-7）中，ET_0 为参考作物蒸散发量，单位为 mm/d；R_n 为作物表面的净辐射量，单位为 MJ/（m^2·d）；G 为土壤热通量，单位为 MJ/（m^2·d）；U_2 为 2m 高的风速，单位为 m/s；T 为平均气温，单位为℃；e_s 为饱和水气压，单位为 kPa；e_a 为实际水气压，单位为 kPa；γ 为温度计常数，单位为 kPa/℃；Δ 为温度-饱和水气压曲线的斜率，单位为 kPa/℃。

$$ET_c = K_c \times ET_0 \tag{9-8}$$

式（9-8）中，作物系数 K_c 反映了作物的生物特性（如叶面积、蜡质层、产量水平、土壤、栽培条件）对需水量的影响。

那么，小麦正常生长单位面积需水量为：

$$CWU = 10 \times \sum_{d=1}^{lgp} ET_c \tag{9-9}$$

式（9-9）中，d 为作物生育期天数；$\sum_{d=1}^{lgp} ET_c$ 为作物全生育期的需水量，单位为毫米；CWU 为作物单位面积需水量，单位为立方米/公顷；lgp（length of growing period）为一定地区作物生长期长度。

9.3.2　变量说明

通过中国气象数据网站，对位山灌区范围内各站点 2021 年气象信息进行收集，主要包括年均降雨量（毫米）、平均相对湿度（%）、月均最低气温（℃）、月均最高气温（℃）、平均风速（米/秒）、日照时数（h）。位山灌区内各站点气象数据见表 9 - 4。

表 9 - 4　　　　　　　　　调研地区各气象站点相关气象数据

地区	年均降雨量（毫米）	平均相对湿度（%）	最低气温（℃）	最高气温（℃）	平均风速（米/秒）	日照时数（小时）
聊城市区	515.20	59	8.60	19.30	2.00	5.20
阳谷县	352.40	59	8.70	19.30	2.00	6.20
临清县	399.60	56	8.70	19.30	2.00	5.80
莘县	581.70	60	8.50	19.40	3.00	6.20
茌平区	504.40	58	8.70	19.30	2.00	5.90
东阿县	468.00	56	9.40	19.40	2.00	6.40
平均值	470.22	58	8.77	19.33	2.17	5.95

根据表 9 - 4，位山灌区范围内年均降雨量为 470.22 毫米，根据《2020 年山东省水资源公报》，2020 年山东省平均年降水量为 838.1 毫米，多年平均降水量为 673.0 毫米，位山灌区年均降雨量与山东省平均值相比处于较低水平，同时位山灌区平均相对湿度也略低于山东省内大部分地区，气候条件也是造成位山灌区水资源稀缺的原因之一。位山灌区所处地区四季分明，气温随季节变化明显，月均最低气温与最高气温间的温差较为稳定，全年内各月温差稳定在 10.5℃左右；各月平均风速为 2.17 米/秒，月均日照时数为 5.95 小时/日，与 2020 年山东省平均气象水平基本保持一致。基于对位山灌区小麦生长相关气象条件分析，年均降雨量与平均相对湿度水平可能是影响位山灌区小麦生长的重要因素，再次表明针对位山灌区小麦生长所需农业灌溉水资源的研究具有重要意义。

9.3.3　位山灌区小麦生长需水量测算

利用位山灌区范围内各站点最低气温、最高气温、平均相对湿度、平均风速、日照时数的月值数据，通过 Cropwat8.0 软件测算出位山灌区小麦正常生长需水量。根据测算结果可知，小麦正常生长需水量在位山灌区各地区间存在微小差异，其主要原因是各地区所处地理位置、土壤类型、气候条件等自然资源禀赋不同，使得作物生长环境产生差异进而影响小麦正常生长所需的灌溉用水量（许朗等，2021）。调研地区小麦生长灌溉需水量见表 9 - 5，聊城市区单位面积小麦灌溉需水量最少，为 163.80 立方米/亩，东阿县单位面积小麦灌溉需水量最大，为 172.40 立方米/亩；从水资源禀赋角度来看，聊城市区较位山灌区内其他地区情况良好，因此小麦生长所需灌溉用水量相对较少。通过与调研地区小麦生产单位面积平均灌溉用水量比较，当前单位面积平均农业灌溉用水量略高于小麦生长需水量，在满足小麦正常生长需水量的前提下，当前灌溉用水量平均单位面积节水空间为 23.05 立方米/亩，最大节水空间为 27.53 立方米/亩，最小为 18.93 立方米/亩，表明在目前农业灌溉用水价格下单位面积小麦灌溉用水量尚未产生节水损失效应，单位面积灌溉用水量仍具有一定的潜力，但节水空间有限。该研究结论与刘维哲等（2019）、胡继连等（2018）相关研究所得结论基本保持一致，同时也验证了假说 6 的正确性。

表 9 - 5　　　　　　　　　调研地区小麦种植单位面积灌溉需水量

类别	聊城市区	阳谷县	临清县	莘县	茌平区	东阿县	平均值
单位面积灌溉需水量（立方米/亩）	163.80	170.50	167.40	169.70	165.90	172.40	168.28
与调研地区单位面积平均灌溉用水量差值（立方米/亩）	27.53	20.83	23.93	21.63	25.43	18.93	23.05

9.4 农业水价节水空间分析

9.4.1 剩余经济价值法

参考刘维哲等（2019）的研究方法，本书采用剩余经济价值法测算针对小麦生产的农业灌溉用水定价。通过对相关文献的梳理，发现生产函数法、选择实验法和剩余经济价值法是当前进行农业灌溉用水经济价值定量研究的主要方法。剩余经济价值法能够避免生产函数设定偏误问题，并且能够弥补由于农户主观认知差异导致的偏差。同时，利用剩余经济价值法对农业灌溉用水经济价值进行测算，符合水资源是农业生产经营活动中关键投入要素的特征，因此广泛应用于农业生产相关领域（Berbel，2011）。

剩余经济价值法是指在生产者符合理性经济人假定的前提下，农业生产经营活动中除水以外的所有投入要素在完全竞争的市场中获得与其机会成本相适应的价格，农业总产值剔除非水价值的剩余部分可以看作农业灌溉用水价值。农业生产投入函数的一般表达式如下：

$$Y = f(M_z, M_h, M_n, M_j, M_l, M_t, M_w) \qquad (9-10)$$

式（9-10）中，Y 为调研地区单位面积小麦产量（千克/亩）；M_z 为单位面积种子投入量（千克/亩）；M_h 为单位面积化肥投入量（千克/亩）；M_n 为单位面积农药投入量（升/亩）；M_j 为单位面积机械投入量（小时/亩）；M_l 为单位面积劳动力投入量（日/亩）；M_t 为小麦种植土地投入量（标准化为 1 亩）；M_w 为单位面积灌溉用水投入量（立方米/亩）。

当假定技术要素不变时，小麦生产的总产值为：

$$P_y \times Y = \sum_i P_i M_i + RV_w M_w \qquad (9-11)$$

式（9-11）中，P_y 为调研地区小麦价格，$P_y \times Y$ 为调研地区单位面积小麦产值；i 代表小麦生产非水投入要素，包括种子、化肥、农药、机械、劳动力、土地投入；RV_w 表示小麦生产农业灌溉用水剩余经济价值。

综上所述，调研地区小麦生产农业灌溉用水剩余经济价值计算公式为：

$$RV_w = \frac{P_y \times Y - \sum_i P_i M_i}{M_w} \qquad (9-12)$$

9.4.2　变量说明

生产投入要素的完整性和要素市场价格的准确性是确保剩余经济价值法稳定性的关键要素。在实地调研过程中，通过直接询问农户和进行相关投入要素市场调查获得单位面积小麦产值、单位面积种子等投入要素成本以及单位面积农业灌溉用水量的数值。由于主要研究作物特点和农业生产习惯，调研地区农户在小麦生产过程中尚未发生雇工行为，因此以家庭用工折价作为小麦生产的劳动力投入成本，计入总要素投入成本。根据《全国农产品成本收益资料汇编2020》，山东省的小麦生产单位面积平均家庭用工折价为361.63元/亩，土地投入成本为169.90元/亩。小麦生产不同投入要素单位面积成本均值见表9-6。

表9-6　　　　　　　　　　小麦生产各要素投入均值统计　　　　　　　单位：元/亩

总产出	种子	化肥	农药	机械	劳动力	土地	灌溉水经济价值
1176.51	64.02	198.82	80.77	94.62	361.63	169.90	206.75

通过对调研地区小麦生产各投入要素均值进行统计可知，农业灌溉用水剩余经济价值在小麦生产各投入要素中所占比重较大，仅次于劳动力要素投入，占单位面积小麦总产出的17.57%。该结论在一定程度上说明农业灌溉用水价格的提高对提升农民水资源稀缺意识和水资源商品属性具有促进作用，改善了以往农业生产中水资源浪费的现象，同时也进一步肯定了农业灌溉用水价格研究对农业水资源节约的重要意义。

9.4.3　农业水价节水空间测算

基于上述研究结论，农业灌溉水价的进一步上涨会导致单位面积灌溉用水量减少，从而对小麦生产造成不利影响；但通过测算位山灌区小麦正常生长灌溉需水量发现，调研地区当前农业灌溉用水价格水平下的单位面积灌溉用水量能够满足小麦正常生长的需水量，因此尚未对小麦生产造成负面影响。根据前述研究所得结果，单位面积小麦生产灌溉需水量平均值为168.28立方米/亩，农业灌溉用水剩余价值为206.75元/亩，根据式（9-5）计算得到调研地区农业灌溉用水剩余经济价值为1.229元/立方米，与调研地区当前农业灌溉用水平均价格相比具有 0.549 元/立方米的价格上涨空间。在实地调研过程中，通过设置农业灌溉用水价格上涨幅度情景模拟，对农户采取的节水行为和农业生产行为的调查表明，当农业灌溉用水价格上涨为当前水价的一倍时，农户仍以减少灌溉用水量、采用节水灌溉技术和调整种植结构为主要节水行为，尚不会产生抛荒等其他减少粮食播种面积和粮食产量的适应性行为，说明本研究所得农业灌溉用水价格上涨空间能够在一定程度上保障农民收益和粮食安全，对调研地区小麦生产农业灌溉用水价格的制定具有一定的参考价值。

9.5　本章小结

本章主要对粮食安全视域下，保障小麦正常生长的农业灌溉用水价格节水空间进行了研究。首先，利用中介效应模型对亩均灌溉用水量在农业水价和小麦生产的中间作用进行了分析。研究结论表明，亩均灌溉用水量在农业水价与亩均小麦产量间具有部分中介作用，说明农业水价的进一步上涨会通过减少灌溉用水量影响亩均小麦产量，但亩均灌溉用水量在农业水价与小麦种植面积关系间的中介作用尚不显著。整体而言，农业水价的持续上涨会对小麦生产造成负向影响。

其次，基于标准彭曼公式对当前农业灌溉用水价格水平下节水损失效应的产生与否进行判定。利用 Cropwat8.0 软件对位山灌区小麦生长需水量进行测算，调研地区小麦生产单位面积灌溉用水量仍高于小麦正常生长需水量，当前农业水价尚未发生节水损失效应，农业灌溉用水仍具有一定的节水潜力。

最后，针对调研地区小麦生产，利用剩余经济价值法对目前农业灌溉用水价格变化空间进行测算。研究结果表明，调研地区农业灌溉用水价格可逐步上调至 1.229 元/立方米，与当前农业水价相比具有 0.549 元/立方米的上涨空间。

第10章 结论与建议

农业水价综合改革是一项重要的改革措施,其主要内容之一是通过农业水价的提高促进农户建立节水意识,提高农业水资源利用效率,发挥价格机制,从而有效节约农业水资源,减少农业用水量,促进农业水资源的跨行业转移应用。农业水价提高对农业灌溉用水产生的作用一直受到很多学者的关注。从目前中国耕地灌溉亩均用水量和农业灌溉用水总量变化的现实状况来看,在农业水价提高的这段时期,中国和很多地区的农业灌溉用水总量并没有与耕地灌溉亩均用水量保持相同程度的下降。基于此问题,本书在对国内外相关文献进行了归纳梳理后,结合中国农业用水管理状况,对农业水价是否正常发挥了预期的节水作用以及其对农业灌溉用水回弹效应的影响进行了深入的分析。

本书主要是基于供求理论、生产理论、厂商理论和资源替代理论构建理论分析框架,利用中介效应模型和多重中介效应模型,重点在农户层面分析了农业水价提高对农田灌溉亩均用水量和农业灌溉用水总量的影响,探究了农业水价对农业灌溉用水回弹的作用机制。同时,探究了农业水价提高和农业水权交易相结合对农户农业灌溉用水总量的节水激励机制,并利用实证数学规划模型分析了农业灌溉节水情境下粮食生产和农户农业纯收入受到的影响,这为中国尤其是黄淮海地区的农业水价相关政策的优化完善提供了支撑。

本书通过农业水价对农业灌溉用水和粮食生产的研究得到以下结论。

(1)农业水价提高对农田灌溉亩均用水量下降有显著的促进作用。根据宏观数据的分析,农业水价提高对农田灌溉亩均用水量有较好的节水效果。通过中介效应模型和黄淮海地区的农户调研数据,发现农业水价对农田灌溉亩均用水量有显著的负向影响,即随着农业水价的提高农户会减少农业生产中的农田灌溉亩均用水量。这主要通过两条路径来实现,即农业水价的提高会促进农户应用节水灌溉技术,提高农业水资源利用效率,从而促进农业灌溉亩均用水量的减少；农业水价的提高还会根据需求定理，减少农田的灌溉用水强度，直接减少农田灌溉亩均用水量。

（2）土地经营规模对农业水价与农田灌溉亩均用水量的关系有显著影响。土地经营规模越大，农业水价对农田灌溉亩均用水量的节水作用就越强。

不同土地经营规模农户对于农业水价的提高有不同的应对反应。在计量经济模型中纳入土地经营规模虚拟变量以及土地经营规模虚拟变量和农业水价的交互项，根据模型回归估计结果分析可知，土地经营规模虚拟变量的系数显著为负，表明相对于土地经营规模较小的农户组，土地经营规模较大农户组的农田灌溉亩均用水量相对更小。交互项系数显著为负，同时农业水价对农田灌溉亩均用水量有显著的负向影响，表明土地经营规模较大时，能够显著增强农业水价提高时对农田灌溉亩均用水量的节水作用。

（3）农业水价的提高并未显著减少农户的农业灌溉用水总量。农业水价提高虽然显著减少了农田灌溉亩均用水量，但是对农业灌溉用水总量有怎样的影响值得深入探究。同样采用黄淮海地区的农户调研数据，利用多重中介效应模型研究发现农业水价的提高并未带来农户层面农业灌溉用水总量的大幅下降。农业水价会通过节水灌溉技术应用的中介效应显著降低农业灌溉用水总量；农业水价会通过调整种植结构的中介路径显著增加农业灌溉用水总量；农业水价会通过节水灌溉技术应用和粮食种植面积的链式中介显著增加农业灌溉用水总量；农业水价对农业灌溉用水量的增加很大程度上抵消了农业水价对农业灌溉用水的节水作用。农业水价是造成黄淮海地区出现较为严重的农业灌溉用水回弹状况的原因之一。

（4）在农业水价提高的情况下，农业水价和水权交易配套实施能够更有效地促进灌溉节水。农业水价的提高能够提高农业水资源利用效率，带来农田灌溉亩均用水量的下降。这部分节约的农业水资源在水权交易市场中能够转化为经济效益，弥补农业水价提高对农户农业纯收入的负面冲击。水权交易的价格刺激使农户由原来的被动节水转化为主动节水，水权交易形成了农户节水的内部驱动力，促进了农业水资源的高效利用，因此农业水价和水权交易的结合能够形成更加有效的农田灌溉节水激励措施。

（5）农业灌溉用水量在一定范围内的减少不会对粮食生产带来显著的不利影响。农业灌溉用水量是农业生产的必需投入要素。通过农户调研数据和似不相关回归模型的研究结果可知，在当前农业灌溉用水量的情况下，适当减少农业灌溉用水量既可以节约农业灌溉用水，又不影响土地单位面积的粮食产出，而且会扩大粮食作物种植面积。通过对实证规划模型的模拟结果分析表明，将农业灌溉节水控制在一定幅度内时，对农户的农业纯收入不会造成不利影响。

从促进农业水价相关政策实施、充分发挥农业水价的价格杠杆作用等角度出发，本书对农业用水管理优化有以下建议。

（1）加快农业水价综合改革步伐，推进农业水价尽快达到运行维护成本或全成本水价。目前农业水价综合改革有了很大程度的进展，农业水价综合改革范围不断扩大，在很多省份或地区已经全面铺开。农业水价综合改革的内容不断完善，地方政府的推进力度不断加大，江苏和浙江等经济基础较好的地区已经提前达到农业水价综合改革的部分目标。然而根据实地调研可知，作为农业水价综合改革的重要内容，农业水价在很多地区仍然没有达到改革所要求的运行维护成本水价或全成本水价，其中的主要原因是中国长期以来实施免费或低价格的农业水价策略，导致农户对农业灌溉水资源的商品意识不强，农业水价的过快上涨会引起农户的强烈反对。

此外，农业水价的快速上涨增加了农业生产的成本投入，会挤占农业生产本就不多的农业利润。在兼业农户为主的农户生产经营状况下，可能会导致部分农户的抛荒行为，威胁到粮食生产安全。因此，很多地方政府或地区对于农业水价的提价进行得较为缓慢。为了更加快速地提高农业水价到运行维护成本水价或全成本水价，要因地制宜，选择经济基础较好的地区开展试点，快速提高农业水价到目标水平，以点带面，带动区域内其他农户参与农业水价改革和农业灌溉节水的积极性。

（2）引导农户对节水灌溉技术的应用和种植结构的调整。节水灌溉技术是世界范围内提高农业灌溉水资源利用效率，缓解地区水资源供需矛盾的重要措施。尽管近年来中国的节水灌溉面积在不断增加，但是根据水资源公报数据，2020 年中国农田灌溉水有效利用系数为 0.565，仍然低于世界先进水平。本书的研究认为，节水灌溉技术能够有效减少农田灌溉亩均用水量，对农业灌溉节水有积极作用。同时，节水灌溉技术的大范围推广应用会带来农业生产种植结构的变化，促进高耗水高收益作物的种植，但是这并不能否定节水灌溉技术对农业灌溉节水的显著作用。由于地区市场状况和耕地面积等因素的限制，节水灌溉技术并不总是带来农业灌溉用水的回弹。因此，各地区仍要加快引导农户对节水灌溉技术的应用推广，推进节水抗旱品种和节水管理制度的配套应用，降低节水灌溉技术购置成本，促进节水灌溉技术的应用传播，从而降低农业用水成本，促进农业水价发挥价格杠杆作用，实现农业灌溉节水的目标。

（3）完善水权交易市场制度，加快各地区的水权交易平台建设。中国水权交易市场已经建设了一段时期，但是由于中国水权交易制度起步较晚，水权交易制度建设的整体发展较为缓慢，很多地区尚未有完善的水权交易平台，阻碍了农业灌溉节水的交易。农户灌溉节水交易制度的不完善造成农业节水收益渠道单一，农户只能通过调整种植规模或扩大灌溉面积来提高农作物产出从而取得生产收益，最终带来研究区域的农业灌溉用水总量的回弹。根据中国水权交易中心数据，从中心建立至今，区域水权、取水权和灌溉用水户水权交易的交易量和交易金额都相对较少，而且每年的交易状况波动大。加快中国水权交易平台的建设能够促进农业灌溉节水的使用权转移，为农户带来农业水权交易收益，为农业水价提高带来的农业灌溉节水提供了转移渠道，有效破解了农业灌溉用水回弹的产生条件，促进农田灌溉亩均用水量和农业灌溉用水总量的共同减少。

中国水权交易市场制度建设完善的关键是促进各地区水权交易平台的建设。各省级行政区要建立各自的水权交易平台，在水资源交易需求量大、交易频繁的地区，要加强水权交易的基层组织建设。对于农业水权交易，要简化水权交易行政流程，化繁为简，切实为农户的灌溉节水交易提供服务平台。要加快各地区的水权确权工作，将水权额度落实到户，尤其是县级水行政主管部门要充分发挥基层组织领导作用，尽快向用水组织或农户个人发放水权证书，明确水权转让条件，对水权证书及其责任人采取动态管理，对水权证书内容有变更的状况及时进行核准核发。

（4）创新农业水权交易制度，促进灌区等专业管理机构对农业水权的回购。中国水权交易制度根据水权转让双方的性质，将水权交易分为了灌溉用水户水权交易、区域水权交易和取水权交易。灌溉用水户水权交易是指农业灌溉用水户、用水合作组织、专业大户、农民专业合作社和其他农业经营主体之间的交易。农业水权与工业等跨行业跨地区的交易受到了限制，例如河南省的水权交易政策虽然实施较早，但主要用于城市生活用水的水权交易；山东省的水权交易限制在农业用水户或用水组织之间。农业自身低收益率的本质造成农业灌溉交易的价格远低于工业等部门，农业灌溉节水无法实现跨行业的交易转移，限制了农户的积极性。因此要促进灌区管理机构或县级水行政领导部门对农业水权的回购。灌区管理机构或县级水行政领导部门对农业水权回购的优势在于能够积累管理区域内的农业水权，获取更多的农业水权交易额度；此外在灌区管理机构或县级水行政领导部门层面，能够将回购的农业水权交易额度以更高的价格交易给工业或服务业部门或进行跨区域的水权交易，能够在很大程度上提高农户水权交易的价格，保障农户农业纯收入不下降的情况下节约更多的农业灌溉水资源，获得更好的节水激励效果。

附录：拓展研究及成果

灌溉技术应用背离：计划行为理论的解释[*]

摘　要：农业节水灌溉技术是缓解我国水资源短缺的重要措施，但是在节水灌溉技术推广过程中，部分农户行为意愿和应用行为的相互背离会带来各种不确定性。通过运用修正的计划行为理论，分析农户采纳节水灌溉技术决策的行为意愿和应用行为相背离的原因与机制，同时利用2017年河北和山东农户调研数据进行实证检验。研究结果表明：农户在对节水灌溉技术采纳行为进行意愿决策时，忽略资金因素的知觉强度是使农户决策产生背离的根本原因。资金约束对农户节水灌溉技术行为意愿和应用行为的背离有显著性影响，技术约束对技术行为意愿和行为的背离无显著性影响，这是因为技术约束较强，农户在行为意愿选择时便考虑了技术因素，保证了一致性。加强节水灌溉技术的资金投入透明度和降低应用操作难度能够缓解这种背离状况。

关键词：节水灌溉技术；行为意愿；计划行为理论；背离

1　引言

随着社会经济的发展，近年来我国的用水总量日益增加，水资源短缺的形势也逐渐严峻。根据水利部水资源公报，农业用水量大，2017年占全国用水总量的62.3%，达到3765.04亿立方米。传统粗放的灌溉方式造成灌溉水资源浪费严重，农田灌溉用水效率低下，而农业节水灌溉技术能够显著提高农田灌溉用水效率，节约大量水资源，因此推广农业节水灌溉技术的应用成为缓解我国水资源短缺的重要措施（李俊利等，2011）。但是根据相关调研发现，目前

────────────

　＊ 陈杰，许朗. 灌溉技术应用背离：计划行为理论的解释［J］. 华南农业大学学报（社会科学版），2020（5）：103－115.

黄淮海等部分地区的农业节水灌溉技术在应用推广过程中出现了农户采纳行为意愿和应用行为相背离的状况。农业节水灌溉技术采纳行为意愿和应用行为背离产生的原因与机制将成为本研究的主要内容。

近年来不同领域行为意愿和应用行为相背离的状况越来越多，很多学者进行了深入研究，大部分相关文献基于理性行为理论（TRA）或计划行为理论（TPB），采用结构方程等方法来分析行为态度、知觉行为控制、主观规范和其他维度对一些行为意愿和应用行为相背离的影响（Arvola et al.，2008；宋健等，2010；Nigbur et al.，2010；Allom et al.，2013；Perren et al.，2015；La et al.，2016；Rhodes et al.，2013），研究领域主要集中在个体的产品消费方面，农业领域的相关研究较少且研究问题比较分散。我国学者王格玲和陆迁（2009）发现，在小型水利工程建设的过程中，农户认知、农户基本特征、农业生产情况等因素造成了农户在合作意愿和合作行为之间的背离，最终导致农村小型水利工程设施集体行动的失败。通过应用扩展的计划行为理论，一些学者考察了伊朗农户节水行为意愿和应用行为的背离状况，发现农户认知等主观规范维度是导致背离问题产生的关键因素（Yazdanpanah et al.，2014）。余志刚等（2018）运用适应性预期模型和黑龙江农户实地调研数据，发现农业种植结构的调整取决于农户的调整意愿和调整能力，因为农业种植结构调整时农户在这两个方面存在显著的差异。

综合而言，有关行为意愿和应用行为相背离的研究国外学者起步较早，理论基础相对成熟且研究成果也较多，研究对象侧重于个体生活消费行为方面。农户等个体生产决策行为方面的行为意愿和应用行为背离问题逐渐引起国内学者的关注，但是相关研究尚处于起步阶段，对于农业节水灌溉技术应用推广过程中农户意愿和行为相背离的研究尚属空白，农业生产决策背离的产生机制和影响因素等问题亟待分析。

本研究在计划行为理论的基础上，首先结合农户生产决策中农业节水灌溉技术应用的行为特征进行理论修正，借此分析农业节水灌溉技术采纳行为意愿和应用行为背离产生的原因与机制；其次利用 2017 年山东省和河北省的农户调研数据以及二元选择模型进行实证检验；最后总结结论并提出缓解背离状况的具体对策。

2　理论修正与背离的原因分析

2.1　概念内涵与修正的计划行为理论

"意愿"一词在《枫丹娜现代思潮词典》中被解释为一种心理事件，它直接发生在一种有意识的行动或身体运动之前；行为则被行为科学和心理学解释为有机体被外部观察到的一切反应系统，它是由一系列的行动构成的，具有一定的目标指向性并采取了某种方式或方法。据此定义可知，意愿是个体进行某项决策或活动前的内心倾向，行为是个体对某项决策或活动采取的具体行动措施（布洛克等，1988；王林等，2014）。

阿杰森（Ajzen）和菲什贝因（Fishbein）在1975年提出了理性行为理论，该理论认为个体的应用行为能够由行为意愿直接决定，同时个体的主观规范与行为态度能够对其行为意愿产生直接的影响。计划行为理论是在理性行为理论的基础上发展而来的，其在个体主观意愿上加入了执行特定行为的条件和能力，由于执行能力与主观意愿被统称为知觉行为控制，因此知觉行为控制能够直接影响个体的行为意愿与应用行为（Ajzen，1991）。考察行为主体特定行为主观因素的是行为态度与主观规范，而考察行为主体特定行为客观因素的是知觉行为控制。

计划行为理论中的知觉行为控制包括两个维度：控制信念维度与知觉强度维度，能够对个体行为产生影响的因素组成控制信念维度，不同影响因素对个体行为产生的具体影响程度组成知觉强度维度。但是，知觉强度并非一直伴随着控制信念，在仅进行行为意愿选择时，决策者会忽略知觉强度；在进行应用行为选择时，决策者更可能会同时考虑控制信念和知觉强度。在应用计划行为理论分析决策者具体的行为意愿和应用行为时，需要通过考察知觉强度在决策时是否被考虑从而对传统计划行为理论加以修正。这时我们可以得到三种决策选择结果：（1）仅考虑控制信念不考虑知觉强度时的行为意愿结果；（2）同时考虑控制信念和知觉强度时的应用行为结果；（3）同时考虑控制信念和知觉强度时的行为意愿结果。其中，前两种决策选择结果在实际中容易通过观测得到，而最后一种决策选择结果隐含于应用行为之下，不容易通过观测得到。在实际中，前两种决策选择结果通常容易被观察到，因此仅从观察数据来看，个体的行为意愿和应用行为会出现较多的背离状况。通过施加限定条件来保证更多的潜在行为意愿结果被观测到，能够缓解决策者行为意愿和应用行为背离的问题。

2.2 行为意愿和应用行为背离的原因和机制分析

通过运用修正的计划行为理论，能够考察农户在进行节水灌溉技术应用决策时，知觉强度被考虑和忽略的情况，从而分析农户节水灌溉技术行为意愿和应用行为背离的原因和机制（见图1）。

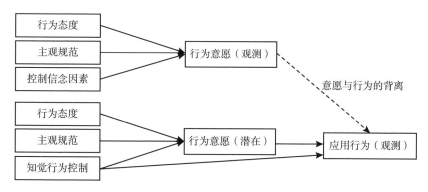

图1 节水灌溉技术行为意愿与应用行为背离机制

假定农户为理性经济人，农业生产决策追求生产利润最大化，与节水灌溉技术投入和收益相关的因素会作为控制信念因素被纳入技术采纳决策模型之中。知觉强度在农户对节水灌溉技术采纳决策时存在两种情况：在不考虑知觉强度时，行为态度、主观规范和控制信念因素直接影响节水灌溉技术采纳行为意愿。这与理性行为理论有所区别，添加了控制信念维度，同时包含了主观和客观因素，但是与控制信念因素相对应的客观条件不发挥作用；在考虑知觉强度时，行为态度、主观规范和知觉行为控制直接影响节水灌溉技术采纳行为意愿，行为意愿和知觉行为控制共同影响节水灌溉技术采纳应用行为。农户的行为意愿和应用行为由农户的知觉强度与控制信念共同影响，与控制信念因素相对应的客观条件发挥一定的作用。在理性经济人假设前提下，农户进行应用行为决策时必然会受到客观条件的影响，那么在实际观测中两种情况下的行为意愿能够被同时观测到，而应用行为只能在第二种情况下被观测到。第一种情况中的行为意愿和第二种情况中的应用行为不一致产生了农户节水灌溉技术行为意愿和应用行为相背离的问题，农户进行技术行为意愿决策时忽略客观条件影响即知觉强度是问题产生的根本原因。

设定农户对节水灌溉技术应用的行为意愿模型为：

$$P^*(y=1) = F^*(x_1^*, x_2^*, x_3^*, x_4^*, x_5^*, \cdots, e^*) \tag{1}$$

设定应用行为模型为：

$$P(y=1) = F(x_1, x_2, x_3, x_4, x_6, \cdots, e) \tag{2}$$

其中 x 和 x^* 表示农户行为意愿和应用行为模型中影响节水灌溉技术采纳的相同或同类因素，例如学历、性别、资产水平等，x_5 和 x_6 表示行为意愿和应用行为模型中的特有因素，即仅在其中一个模型中出现，只影响行为意愿或应用行为的因素。与控制信念相对应的客观条件可能由于无法达到相应的要求而产生约束作用。

农业生产决策中的行为意愿与应用行为选择组合有四种，其中 $P^*(y=1) = 0$ 且 $P(y=1) = 1$ 和 $P^*(y=1) = 1$ 且 $P(y=1) = 0$ 组合表现为两者的背离。假定农户行为意愿与应用行为选择模型均为线性模型，$x = x^*(c)$ 表示控制信念 x^* 相对应的客观条件，两者之间的差距代表着控制信念的客观条件影响。此时，农户节水灌溉技术行为意愿和应用行为的背离模型可表示为：

$$\begin{aligned}
|V| &= |P(y=1) - P^*(y=1)| \\
&= |F(x_1, x_2, x_3, x_4, x_6, \cdots, \varepsilon) - F^*(x_1^*, x_2^*, x_3^*, x_4^*, \\
&\quad x_5^*, \cdots, \varepsilon^*)| \\
&= |(x_1 - x_1^*) + (x_2 - x_2^*) + (x_3 - x_3^*) + (x_4 - x_4^*) + x_6 - x_5 + \varepsilon - \varepsilon^*| \\
&= |[x_1^*(c) - x_1^*] + [x_2^*(c) - x_2^*] + [x_3^*(c) - x_3^*] + [x_4^*(c) - x_4^*] \\
&\quad + x_6 - x_5 + \varepsilon - \varepsilon^*| \\
&= |\Delta x_1^* + \Delta x_2^* + \Delta x_3^* + \Delta x_4^* + x_6 - x_5 + \Delta \varepsilon| \\
&= \begin{cases} 1 \\ 0 \end{cases}
\end{aligned} \tag{3}$$

由式（3）可知，当值为 1 时，行为意愿和应用行为相背离；值为 0 时，两者不背离。农户节水灌溉技术采纳中行为意愿和应用行为的背离由受到客观条件影响的同类因素及特有因素共同决定，而学历等不受客观条件影响的同类因素在背离模型中将被消除而不产生影响。行为意愿与应用行为越一致，各项控制信念的影响程度绝对值越小，模型中特有因素与各项控制信念影响程度加总越接近于 0；反之，行为意愿与应用行为相背离。

归纳已有文献可知，资金和技术因素能够有效影响农户节水灌溉技术行为意愿和应用行为，是节水灌溉技术采纳决策中知觉行为控制的两个主要方面

（王亦宁等，2010；Yazdanpanah et al.，2012）。农业节水灌溉技术的购买应用通常需要投入较多的资金，这些资金将成为农户应用节水灌溉技术的沉没成本。由于农户缺乏农业生产资金的状况较为普遍，资金便成为节水灌溉技术应用推广的约束因素（Dolnicar et al.，2010；Turvey et al.，2012；许朗等，2013；Pino et al.，2017）。节水灌溉技术尽管能够有效提高农业水资源要素的利用效率，但是技术的应用或原有技术的升级更新都要求农户花费一定的时间和精力进行学习与实践，农业节水灌溉技术应用的技术难度制约了技术的应用推广。节水灌溉技术应用越复杂，对农户的综合要求越高，对于技术应用推广的约束作用越强（Huang et al.，2017；Kumar et al.，2013；Zhang et al.，2019）。

根据上述理论分析，可得出如下假说：资金和技术因素对农户节水灌溉技术行为意愿和应用行为有显著的影响，农户进行行为意愿选择时，忽视资金和技术约束是农户节水灌溉技术应用决策中意愿和行为相背离的根本原因。

3 模型设计与实证分析

3.1 模型构建与变量选择

根据理论分析和相关研究内容，资金和技术因素是影响农户节水灌溉技术行为意愿和应用行为的主要客观条件，参考谭向勇等（2004）、刘红梅等（2008）、满明俊等（2010）和霍学喜（2012）等学者的研究，资金因素作为控制信念可以用家庭年收入和农业收入占比两个变量进行衡量，资金因素作为知觉行为控制可以用节水灌溉技术投入成本进行衡量，具体包括节水灌溉设备成本和生产投入成本两个变量，两者的差距代表控制信念维度的资金约束。技术因素作为控制信念可以用节水灌溉技术采纳积极性进行衡量，具体可用耕地面积变量衡量；技术因素作为知觉行为控制可以用技术采纳的难易程度进行衡量，具体可用耕地细碎化程度和政府组织培训频率两个变量衡量，两者的差距代表控制信念维度的技术约束。农户节水灌溉技术采纳的行为意愿和应用行为可分别构建如下二元选择模型：

$$P^*(y=1) = \alpha_1 \times x_1^* + \alpha_2 \times x_2^* + \alpha_3 \times x_3^* + \alpha_6 \times x_6^* + \alpha_8 \times x_8^* + \alpha_9 \times x_9^*$$
$$+ \alpha_{11} \times x_{11}^* + \alpha_{12} \times x_{12}^* + \varepsilon^* \tag{4}$$

$$P(y=1) = \beta_1 \times x_1 + \beta_2 \times x_2 + \beta_3 \times x_3 + \beta_4 \times x_4 + \beta_5 \times x_5 + \beta_7 \times x_7$$

$$+\beta_8 \times x_8 + \beta_{10} \times x_{10} + \varepsilon^* \qquad (5)$$

农户节水灌溉技术采纳的行为意愿和应用行为背离模型为：

$$V = \left[\left(\delta_7 \times x_7 + \delta_{10} \times x_{10} \right) - \delta_6 \times x_6 \right] + \left[\left(\delta_4 \times x_4 + \delta_5 \times x_5 \right) \right.$$
$$\left. - \left(\delta_9 \times x_9 + \delta_{12} \times x_{12} \right) \right] + \Delta\varepsilon \qquad (6)$$

可简化为：

$$V = \Delta XC + \Delta XT + \Delta\varepsilon \qquad (7)$$

ΔXC 代表技术约束对行为意愿和应用行为背离带来的影响，ΔXT 代表资本约束对行为意愿和应用行为背离带来的影响，$\Delta\varepsilon$ 代表农户行为意愿和应用行为背离的随机扰动项。

模型中具体变量见表1。

表1   模型选择变量

变量类型		变量	符号	变量说明
因变量		是否愿意应用节水灌溉技术	P^*	否 = 0；是 = 1
		是否正在应用节水灌溉技术	P	否 = 0；是 = 1
自变量	个人与家庭特征	性别	X_1	女 = 0；男 = 1
		年龄	X_2	单位：岁
		文化程度	X_3	小学及以下 = 0；初中 = 1；高中 = 2；大学及以上 = 3
		家庭年收入	X_4	小于 1 万元（含）= 1；1～2 万元（含）= 2；2～5 万元（含）= 3；5 万元以上 = 4
		农业收入占比	X_5	20% 以下 = 1；20%（含）- 50% = 2；50%（含）- 80% = 3；80%（含）以上 = 4
	生产经营特征	耕地面积	X_6	单位：亩
		耕地细碎化程度	X_7	地块数
		灌溉用水量	X_8	单位：立方米
		节水灌溉设备成本	X_9	单位：元/亩
		政府组织培训频率	X_{10}	经常 = 1；偶尔 = 2；几乎没有 = 3
		产品价格	X_{11}	单位：元/斤
		投入成本	X_{12}	单位：元/斤

耕地细碎化程度通常用单位地块平均面积进行衡量，为了避免与耕地面积变量出现多重共线性，采用地块数进行衡量；根据数据可得性，投入成本为单位产出的生产性资金投入，具体用化肥、种子、农药和机械成本总和除以耕地总产出计算得出。

3.2 数据来源与描述性分析

本研究的分析数据主要来源于课题组进行国家自然科学基金课题研究中的部分调研数据，样本数据具体为 2017 年山东省和河北省的农户调研数据。数据调研时通过随机抽样法选取进行实地调研的自然村，按照预先设定的样本量随机抽取各村农户进行问卷调研，获取农户个人特征、农户家庭特征、农业生产中的节水灌溉技术与投入产出等相关变量的数据。共回收 887 份问卷，其中山东省 379 份，河北省 508 份，均为有效问卷。样本描述性统计见表 2。

1. 行为意愿与应用行为的背离状况

样本农户的基本特征中，年龄和受教育年限的均值分别为 50.19 和 7.298，27.24% 的样本量农业收入占比在 20% 以下，63.56% 的样本量农业收入占比在 50% 以下，表明样本农户的年龄偏大且受教育水平较低，农业收入尽管不是其家庭收入的最主要来源但仍占据较大比重。

根据样本数据的统计结果可知，样本农户中节水灌溉技术行为意愿和应用行为的均值分别为 0.359 和 0.644，均值差异检验 t 值为 − 13.3903，P 值为 0，表明样本农户中节水灌溉技术应用意愿与行为有显著性差异，存在背离现象。

2. 背离问题对技术应用推广的影响

样本数据中，农户节水灌溉技术行为意愿和应用行为不背离的样本量为 455，占比 51.47%；行为意愿是 0 而应用行为是 1，即不愿意采纳而实际采纳的样本量为 341，占比为 38.57%；行为意愿是 1 而应用行为是 0，即愿意采纳而实际不采纳的样本量为 88，占比为 9.95%。以上表明农业节水灌溉技术行为意愿和应用行为相背离的主要情况为农户从不愿意采纳使用向实际采纳使用的方向转变。从农业节水灌溉技术应用推广角度来看，这种背离具有积极作用，但是两者的背离仍然会增加技术应用推广中的不确定性，造成技术应用推广预期结果误判，所以缩小背离程度仍是技术应用推广的重要方面。

3. 背离问题产生原因的初步分析

样本数据表明购买节水灌溉设备的成本均值为 145 元，节水灌溉设备的成本投入是农业生产投入占比较大的投入项，而样本中 67.97% 的农户未曾接受过政府组织的节水灌溉技术培训，表明农业生产决策中的资金和技术成本在节水灌溉技术的应用推广中可能会形成一定的约束，但对于行为意愿和应用行为的背离是否能够产生显著影响需要进一步验证。

表2 描述性统计结果

变量	样本数	均值	方差	最小值	最大值
节水灌溉技术采纳行为意愿	884	0.359	0.480	0	1.0
节水灌溉技术采纳应用行为	887	0.644	0.479	0	1.0
意愿和行为相背离	884	0.485	0.500	0	1.0
性别	887	0.766	0.424	0	1.0
年龄	885	50.190	10.680	20.0	76.0
受教育年限	885	7.298	2.680	0	16.0
家庭成员年纯收入	887	3.758	3.532	0	35.0
农业收入占比	881	2.255	1.031	1.0	4.0
耕地面积	887	7.964	5.180	0	50.0
地块数	879	3.799	2.020	0	20.0
玉米价格	689	0.849	0.100	0.6	1.5
政府组织培训频率	793	2.642	0.553	1.0	3.0
购买节水灌溉设备的成本	712	145.000	178.600	0	1500.0
玉米灌溉费用	763	212.700	320.100	0	1440.0
玉米投入成本	887	288.600	195.700	0	1082.0

资料来源：根据调研数据整理所得。

3.3 估计结果分析

1. 资金和技术因素对意愿与行为背离的影响分析

根据农户节水灌溉技术采纳的背离模型，运用农户调研数据和极大似然法进行模型估计，得到的具体估计结果见表3，相关检验结果见表4。由于在模型中资金和技术因素采用了多变量表示的方法，为了便于分析和避免多重共线性，地块数、家庭成员年纯收入、购买节水灌溉设备的成本和玉米投入成本等变量在模型估计前进行了标准化处理。

根据表4可知，在行为意愿和应用行为背离模型中，资金因素联合检验的卡方值为19.51，P值为0.0006，表明资金因素对于节水灌溉技术行为意愿和应用行为的背离在1%显著水平上有显著性影响；技术因素联合检验的卡方值为4.41，P值为0.2209，表明技术因素对于节水灌溉技术行为意愿和应用行为的背离在常用的显著水平上未体现出显著性影响。

结合表3单变量回归估计结果的检验可知，家庭成员年纯收入和农业收入占比对于行为意愿和应用行为的背离在1%显著水平上具有显著的负向影响，家庭收入水平越高，农业收入越重要，越能够加强两者选择的一致性。购买节水灌溉设备的成本和玉米投入成本则未通过单变量的显著性检验，表明资金因素对于行为意愿和应用行为背离的影响主要取决于对行为意愿选择的影响。

表3　　　　　　　　　　　　背离模型回归估计

变量	背离模型
耕地面积	-0.008 (0.64)
家庭成员年纯收入	-0.359 (4.13)***
农业收入占比	-0.143 (2.64)***
购买节水灌溉设备的成本	-0.036 (0.70)
玉米投入成本	0.004 (0.07)
地块数	-0.090 (1.41)
政府组织培训频率	0.090 (0.84)

续表

变量	背离模型
常数项	-0.072 (0.23)
样本量	620

注：括号内为 Z 值，* 表示 p < 0.1，** 表示 p < 0.05，*** 表示 p < 0.01。

表 4　　　　　　　　　　　　　背离模型联合检验

模型	资金因素联合检验	技术因素联合检验
背离模型	家庭成员年纯收入 农业收入占比 购买节水灌溉设备的成本 玉米投入成本 chi2（4）= 19.51 Prob > chi2 = 0.0006	政府组织培训频率 耕地面积 地块数 chi2（3）= 4.41 Prob > chi2 = 0.2209
	1%、5% 和 10% 显著性水平通过检验 有显著影响	未通过显著性水平检验 未有显著影响

技术因素中耕地面积、地块数和政府组织培训频率对行为意愿和应用行为的背离未体现出显著的影响，这与理论分析和多数学者的研究结论不符，忽视行为意愿是农户权衡内心倾向与客观条件后的综合结果的重要原因。在行为意愿和应用行为背离模型中，因变量之差的绝对值越大，表明越可能发生背离。当行为意愿选择是农户自身权衡后的结果时，行为意愿选择贴近于应用行为选择结果，此时技术因素在背离模型中并不会表现出显著性影响，但是这并不意味着技术因素在农户节水灌溉技术行为意愿和应用行为选择中未发挥作用，反而可能是由于其约束力较强造成行为意愿和应用行为选择出现一致的表现。

2. 农户行为意愿与行为背离的原因分析

根据相关分析，在行为意愿选择时，农户是否考虑了资金或技术因素是行为意愿和行为背离产生的原因。为了验证农户在节水灌溉技术采纳行为意愿选择时是否考虑了技术约束，借鉴叶宝娟（2013）和温忠麟（2014）等学者的研究思路，将应用行为模型中受客观条件影响的技术因素变量替换行为意愿模型中的技术因素变量，若行为意愿模型中原变量影响不显著而替换后的相应变量影响显著，则表明农户进行行为意愿选择时考虑了相关因素的客观条件影响，此时仅分析应用行为模型即可讨论相关因素对农业生产决策的影响，否则需要结合行为意愿和应用行为模型及其背离情况讨论相关因素对农业生产决策的影响才能得到较为稳定的结论。模型具体变换如下：

行为意愿模型：

$$P^*(y=1) = \alpha_1 \times x_1^* + \alpha_2 \times x_2^* + \alpha_3 \times x_3^* + \alpha_6 \times x_6^* + \alpha_8 \times x_8^*$$
$$+ \alpha_9 \times x_9^* + \alpha_{11} \times x_{11}^* + \alpha_{12} \times x_{12}^* + \varepsilon^* \tag{8}$$

替换技术因素后的行为意愿模型：

$$P^*(y=1) = \alpha_1 \times x_1^* + \alpha_2 \times x_2^* + \alpha_3 \times x_3^* + (\delta_7 \times x_7 + \delta_{10} \times x_{10}) + \alpha_8 \times x_8^*$$
$$+ \alpha_9 \times x_9^* + \alpha_{11} \times x_{11}^* + \alpha_{12} \times x_{12}^* + \varepsilon^* \tag{9}$$

模型回归估计结果和联合检验结果见表5和表6，结果表明技术因素在替换前对行为意愿选择未有显著性影响，替换后有显著性影响，即技术约束在农户对节水灌溉技术行为意愿选择时已被权衡考虑。

同理，为了验证农户在节水灌溉技术行为意愿选择时是否考虑了资金约束，将行为意愿模型中的资金因素变量替换成应用行为模型中受到客观条件影响的资金因素变量，即用购买节水灌溉设备的成本和玉米投入成本变量替换行为意愿选择模型中家庭成员年纯收入和农业收入占比变量。结合表6可知，资金因素替换前对行为意愿选择的联合检验卡方值为26.71，P值为0，在1%显著性水平上有显著影响；资金因素替换后对行为意愿选择的联合检验卡方值为2.41，P值为0.2999，在10%显著性水平未有显著影响，表明农户在节水灌溉技术行为意愿选择时未考虑资金因素的客观条件影响，部分验证了理论假说。

综合可知，在分析资金因素对节水灌溉技术采纳选择的影响时参照行为意愿和背离模型，结果表明资金因素是节水灌溉技术行为意愿和应用行为背离的原因之一，预期资金水平过高能够加大节水灌溉技术行为意愿和应用行为的背离程度；在分析技术因素对节水灌溉技术采纳选择的影响时参照行为选择和背离模型时可知农户耕地细碎化程度越高，政府的组织培训频率越低，农户对应用节水灌溉技术的意愿和实际行为就越低，表明节水灌溉技术应用学习成本降低了农户对节水灌溉技术的采纳，但是这并不会加大节水灌溉技术行为意愿和应用行为的背离程度，因为技术约束在行为意愿选择时已经被农户所考虑。

表5 行为意愿选择和替换因素后回归估计

变量	行为意愿模型	替换因素后的行为意愿模型	应用行为模型
性别	-0.155 (1.11)	-0.190 (1.27)	0.623 (3.30)***
年龄	-0.017 (2.95)***	-0.019 (3.23)***	-0.001 (0.06)
受教育年限	-0.032 (1.40)	-0.042 (1.69)*	0.050 (1.39)
耕地面积	-0.004 (0.38)	—	—
玉米灌溉费用	-0.003 (7.11)***	-0.002 (5.92)***	-0.003 (6.45)***
玉米价格	1.537 (2.50)**	1.596 (2.09)**	-1.510 (1.37)
家庭成员年纯收入	0.395 (5.10)***	0.507 (5.92)***	—
农业收入占比	0.058 (0.95)	0.142 (2.22)**	—
购买节水灌溉设备的成本	—	—	0.193 (2.00)**
玉米投入成本	—	—	0.270 (1.78)*
地块数	—	-0.161 (2.15)**	-0.263 (2.97)***
政府组织培训频率	—	0.235 (2.19)**	0.005 (0.03)
常数项	-0.008 (0.01)	-0.706 (0.89)	1.696 (1.36)
样本量	638	552	497

注：括号内为 Z 值，* 表示 $p<0.1$，** 表示 $p<0.05$，*** 表示 $p<0.01$。

表6　　　　　　　　　　　　全样本资本和技术因素联合检验

模型	资本因素联合检验	技术因素联合检验
行为意愿选择模型	家庭成员年纯收入 农业收入占比	耕地面积
	chi2（2）= 26.71 Prob > chi2 = 0.0000	chi2（1）= 0.14 Prob > chi2 = 0.7038
	1%、5%和10%显著性水平通过检验 有显著影响	未通过显著性水平检验 未有显著影响
替代因素后的行为意愿选择模型	家庭成员年纯收入 农业收入占比	地块数 政府组织培训频率
	chi2（2）= 35.04 Prob > chi2 = 0.0000	chi2（2）= 8.86 Prob > chi2 = 0.0119
	1%、5%和10%显著性水平通过检验 有显著影响	5%和10%显著性水平通过检验 有显著影响
应用行为选择模型	购买节水灌溉设备的成本 玉米投入成本	地块数 政府组织培训频率
	chi2（2）= 6.77 Prob > chi2 = 0.0339	chi2（2）= 8.83 Prob > chi2 = 0.0121
	5%和10%显著性水平通过检验 有显著影响	5%和10%显著性水平通过检验 有显著影响

3. 客观条件因素的进一步讨论分析

农户在行为意愿选择时为何会出现考虑技术因素而不考虑资金因素的状况值得进行深入讨论。根据理论分析可知，农户会考虑行为意愿向应用行为转化时客观条件约束力较强的因素而忽视客观条件约束力较弱的因素。样本中对于农业节水灌溉技术而言，购买节水灌溉设备的成本只占农户家庭成员年纯收入的0.38%，资金因素客观条件对农户约束力较弱，而接近40%的样本农户认为节水灌溉技术的安装和使用较难，技术因素的约束力较强。因此，样本农户在行为意愿选择时会考虑技术因素而不考虑资金因素，保证了行为意愿和应用行为的一致性，因此技术约束在背离模型中未体现出显著性影响。

为了验证该解释的合理性，选取特定特征的子样本进行分析。通常同等条件下年龄越大、受教育程度越低的农户，学习和接受新知识的能力越弱，受到的技术约束越强，越容易出现前述现象。如果在年龄较轻、受教育程度较高的农户中未发现在行为意愿选择时考虑技术因素约束的情况，便能够证实这种解释的合理性。根据相关变量的描述性统计结果，选取年龄在 50 岁（含）以下且教育年限在 9 年（含）以上的子样本进行重新估计，具体回归估计结果和联合检验结果见表 7 与表 8。

表 7　　　　　　　　　　年轻高学历子样本回归结果

变量	行为意愿模型	替换因素后的行为意愿模型
性别	0.125 (0.42)	0.040 (0.13)
年龄	−0.011 (0.70)	−0.003 (0.20)
受教育年限	0.142 (1.77) *	0.184 (1.80) *
耕地面积	0.013 (0.77)	—
玉米灌溉费用	−0.005 (4.43) ***	−0.003 (3.19) ***
玉米价格	1.635 (1.23)	1.495 (0.95)
家庭成员年纯收入	0.554 (3.12) ***	0.737 (3.56) ***
农业收入占比	0.131 (0.96)	0.298 (2.05) **
地块数	—	−0.043 (0.27)
政府组织培训频率	—	0.067 (0.28)
常数项	−2.428 (1.32)	−3.484 (1.74) *
样本量	205	173

注：括号内为 Z 值，* 表示 p<0.1，** 表示 p<0.05，*** 表示 p<0.01。

　　研究结果表明，在年轻高学历的子样本中，行为意愿模型中技术因素在替换前后对因变量的影响未有变化，均未对节水灌溉技术采纳的行为意愿选择产生显著性影响，表明在子样本中技术因素的客观条件约束较小，样本农户在行为意愿选择时并未考虑技术约束，验证了前述解释的合理性。

表8　　　　　　　　　　年轻高学历子样本资本和技术因素联合检验

模型	资本因素联合检验	技术因素联合检验
行为意愿模型	家庭成员年纯收入 农业收入占比	耕地面积
	chi2（2）=9.74 Prob > chi2 = 0.0077	chi2（1）=0.59 Prob > chi2 = 0.4427
	1%、5%和10%显著性水平通过检验 有显著影响	未通过显著性水平检验 未有显著影响
替代因素后的 行为意愿模型	家庭成员年纯收入 农业收入占比	地块数 政府组织培训频率
	chi2（2）=14.43 Prob > chi2 = 0.0007	chi2（2）=0.13 Prob > chi2 = 0.9386
	1%、5%和10%显著性水平通过检验 有显著影响	未通过显著性水平检验 未有显著影响

4　总结与讨论

　　农业节水灌溉技术是缓解我国水资源短缺的重要措施，农户节水灌溉技术行为意愿和应用行为在部分地区出现相互背离的情况会增加技术应用推广中的不确定性，从而对节水效果带来不利影响。目前有关农业生产决策背离问题的研究较为缺乏，本研究在理性经济人的假设前提下，利用在社会心理领域应用较为广泛的计划行为理论进行修正，分析了农户节水灌溉技术行为意愿和应用行为相背离的原因和机制，同时利用2017年河北省和山东省农户调研数据进行实证分析，研究结果表明农户在行为意愿选择时，忽略控制信念的客观条件影响是农业生产决策产生意愿和行为背离的原因。资金约束对农户节水灌溉技术行为意愿和应用行为的背离有显著性影响，技术约束虽然对技术行为意愿和行为的背离无显著性影响，但并不是因为技术约束不存在，恰恰是因为技术约束较强，农户在行为意愿选择时会将技术因素等客观条件纳入模型之中，从而保证了行为意愿和应用行为的一致性。资金因素被忽略造成了农户节水灌溉技术采纳的行为背离。囿于样本数据的可得性，本研究仅从农户生产决策行为意愿和应用行为的背离角度进行分析，由于不同的背离方向可能具有非对称的影响，对两种不同背离方向的分类分析需要进行后续研究。

为了提高农业节水灌溉技术的应用推广，实现良好的节水效果，需要同时提高农户生产决策行为意愿与实际行动的一致性和农户技术行为意愿与行动水平。可以通过两种途径来实现。（1）加强节水灌溉技术资金投入的信息透明度。农业节水灌溉技术企业要加强对技术资金投入成本的宣传，让农户对技术资金投入成本水平和相关服务有充分的了解，掌握节水灌溉技术资金相关的基本信息，提高农户在进行技术选择时判断的准确性，防止在进行意愿和应用选择时产生感知差异，避免背离状况的发生。（2）降低农户应用节水灌溉技术的操作难度和学习成本。目前农业节水灌溉技术应用推广中的技术约束强度要强于资金约束，政府部门举办的技术培训频率较低且未能获得较好的效果。基层政府机构组织要和相关企业协作，由农业节水灌溉技术企业定期派遣企业技术人员到基层政府机构组织宣传培训，加强农户对节水灌溉技术的应用操作能力，选取条件适合的农户进行重点培训，利用示范效应带动周围农户的技术应用，降低农户对节水灌溉技术应用的学习成本及技术约束，提高农户对节水灌溉技术应用的行为意愿和实际应用水平。

小农户与新型农业经营主体的灌溉用水效率及其影响因素比较[*]

摘　要：基于对黄淮海平原 2017 年的实地调研数据，选取冬小麦作为研究对象，应用随机前沿模型对小农户和种粮大户、家庭农场与农民专业合作社 3 类新型农业经营主体种植冬小麦时的农业灌溉用水效率进行测算，并运用 Tobit 模型探究影响不同农业经营主体农业灌溉用水效率的因素。研究发现：（1）小农户、种粮大户、家庭农场和农民专业合作社样本中农业灌溉用水效率值的差异较大，家庭农场和农民专业合作社的农业灌溉用水效率值集中在 70% 以上的水平，而小农户集中在 10%～30% 的水平；（2）结合各农业经营主体的技术效率可知，小农户和新型农业经营主体的农业灌溉用水效率均有一定的提高空间；（3）小农户和新型农业经营主体在农业灌溉用水效率的影响因素方面有显著的不同，农业收入占比、用水成本和是否采用灌溉技术等因素对所有农业经营主体的农业灌溉用水效率都有正向影响。在新型农业经营主体中，农户的年龄、灌溉面积、灌溉设施等因素能够影响农业灌溉用水效率，但是对于小农户的农业灌溉用水效率无显著影响。小农户是促进节水灌溉技术应用和提高农业灌溉用水效率的重要对象。加快传统农户向新型农业经营主体转型、加大公共服务建设等措施有助于农业灌溉用水效率的提高。

关键词：小农户；新型农业经营主体；灌溉用水效率；随机前沿模型（SFA）

1　引言

我国农业用水量巨大。据 2018 年《水资源公报》统计，当年的中国农业

---

* 陈杰，许朗. 小农户与新型农业经营主体的灌溉用水效率及其影响因素比较［J］. 资源科学，2021（9）：1821 – 1833.

用水占比61.4%，耕地实际灌溉亩均用水量365立方米，农田灌溉水有效利用系数仅为0.554，而多数国家已超0.700。每年因灌溉低效而减少的粮食产量约350亿千克，再加上工业化进程的加快进一步挤占了农业用水，导致农业灌溉面临巨大的压力（易富贤，2006）。因此，发展节水灌溉技术、提高灌溉用水效率是减少农业水资源浪费、缓解农业用水不足的重要举措。中国是世界上水资源严重缺乏的国家之一，由于自然条件和农户行为习惯等原因的限制，节水灌溉技术未能得到充分普及，农户灌溉低效的问题普遍存在（于智媛等，2017；杨得瑞等，2016）。与此同时，中国农业生产主体已由传统的小农户逐步发展为更为丰富的新型农业经营主体（罗必良，2020；刘畅等，2020）。自2012年新型农业经营主体概念被正式提出后，每年的农村会议文件都不断强调要努力培育和发展新型农业经营主体。作为未来农业生产的主力，新型农业经营主体将对提高中国农业灌溉用水效率作出重要影响（杨军，2019；周冲等，2020）。因此，通过比较传统小农户和新型农业经营主体在农业灌溉用水效率上的差异，能够发现两者在灌溉用水行为和节水灌溉技术应用上的异质性，为提高中国农业经营主体的灌溉用水效率提出针对性建议，缓解中国水资源不足的现状。

很多文献围绕中国农业灌溉用水效率的测算和影响因素进行了研究。根据已有文献，农业灌溉用水效率是指在既定产出和要素投入下，达到技术充分有效且无效率损失时的最小灌溉用水量与实际用水量之比（于伟咏等，2017；常明，2020）。农业灌溉用水效率常见的计算方法有数据包络分析法（DEA法）和随机前沿模型法（SFA法）。孙才志等（2009）应用DEA法计算了中国1997～2007年31个省的水资源利用相对效率，表明中国省级行政区域间农业灌溉用水效率有显著差异。相对于DEA法，由于SFA法能够揭示其中的影响机制，因此被更多学者采用（李周等，2005；张玲玲等，2019；栾健等，2019）。王晓娟等（2005）选取SFA法测算了河北省石津灌区的农业灌溉用水效率和影响因素，发现该灌区的农业灌溉用水效率为0.75。王学渊等（2008）选取31个省级面板数据，利用SFA法发现中国的平均农业灌溉用水效率仅为0.49，且地区差异较大，西北地区节水潜力较大。王学渊（2009）还利用省级面板数据，对比了SFA法和DEA法测算出的农业灌溉用水效率，发现两种方法测算出的农业灌溉用水效率排名具有一致性，且南方省份和直辖市的农业灌溉用水效率较高，西北地区的农业灌溉用水效率最低。有关农业灌溉用水效率影响因素的研究发现节水灌溉技术、农业水价以及农民用水协会均能影响农业灌溉用水效率，但是节水灌溉技术应用对农业灌溉用水效率的提高作用最为显著（常明等，2019；刘维哲等，2018）。在各种节水灌溉技术中，滴灌的用水效率通常最高，只有在特定的地理环境和作物生长特征下，滴灌的用水效率才会有所下降（Al‐Jamal et al.，2001；李贵芳等，2019）。张义珍（1998）认为农业经营主体是直接或间接进行农产品的生产、销售和服务等工作的个人或组织。陈晓华（2020）和李宁等（2021）学者认为新型农业经营主体是区别于小农户的规模化、组织化、集约化、社会化和现代化的农业经营主体，这种解释得到很多学者认可（朱丽娟等，2018）。本研究也将沿用这种对新型农业经营主体的核心内涵解释，将新型农业经营主体定义为以商品化经营为目标，从事规模化经营，具备先进生产条件和先进管理水平的农业经营组织，具体包括家庭农场、种粮大户、农民专业合作社和龙头企业等。龙头企业所经营的内容涵盖整个产业链条，除农产品种植外，农产品加工、仓储、物流运输、销售甚至科研占据了经营中很重要的部分。由于本研究主要分析针对农产品种植以及龙头企业相关数据获取的困难性，所以本研究的新型农业经营主体不包括龙头企业。

综上可知，尽管有关农业灌溉用水效率的文献较为丰富，但是基于不同农业经营主体间生产特征差异的事实，对不同农业经营主体间农业灌溉用水效率的比较分析仍旧缺乏，这将成为本研究的主要研究内容。具体而言，本研究将采用随机前沿模型法测算小农户和新型农业经营主体的农业灌溉用水效率并重点比较分析两者间农业灌溉用水效率的差异和影响因素的异同。

2 数据来源、模型方法和变量选择

2.1 数据来源

本研究是对小农户和新型农业经营主体的农业灌溉用水效率及其影响因素进行对比分析，选取黄淮海平原冬小麦作为研究对象，所用数据是基于作者及课题组成员于2017年3～7月对黄淮海平原农户小麦生产灌溉用水情况进行的调研以及于2018年5～7月进行的补充调研。本研究主要采取随机抽样法对农户进行问卷调查，首先根据各省份的县级行政单位数量进行等比例抽样，其次根据各县的村集体数量进行同样的等比例抽样，最后根据各村集体的人口数量进行等比例随机抽样。在对农业生产经营主体进行调查的同时，对政府基层人员、村干部进行深入访谈。调研样本包括山东省 10 个县、安徽省 6 个县、河南省 7 个县、河北省 6 个县、江苏省 3 个县。根据抽样结果，调研期间向小农户、种粮大户、家庭农场以及农民专业合作社负责人共发放问卷 960 份，回收有效问卷 875 份，问卷有效回收率为 91.15%（见表 1）。

表 1　　　　　　　　　　　　　**调研样本分布**

省域	县（区）	样本量/份			
		小农户	种粮大户	家庭农场	农民专业合作社
山东省	苍山县、临沭县、嘉祥县、鱼台县、桓台县、梁山县、邹城县、高唐县、武城县、高青县	85	77	68	70
安徽省	萧县、灵璧县、涡阳县、利辛县、砀山县、临泉县	37	26	3	16
河南省	民权县、淇县、商水县、鹿邑县、新乡县、清丰县、尉氏县	31	31	26	23
河北省	南和县、临漳县、阜城县、河间市、隆尧县、黄骅市	40	24	19	17
江苏省	沛县、丰县、宿豫区	18	9	2	3

　　为了提高小农户和新型农业经营主体对比分析结果的代表性，控制地形地貌和气候变化等因素的影响，本研究剔除了村集体中无新型农业经营主体的农户样本，共筛选出 625 份样本用于研究，包括小农户 211 份，种粮大户 167 份，家庭农场 118 份，农民专业合作社 129 份。需要说明的是，本研究选取的种粮大户样本不属于农民专业合作社成员，将既是种粮大户又参加合作社的农业经营主体归为农民专业合作社成员，不纳入分析样本中。农民专业合作社是一个合作组织，带头人一般为经验较为丰富或教育程度较高的管理者。本研究对于农民专业合作社的问卷调研是针对农民专业合作社带头人进行的，年龄等个体变量特征也是指农民专业合作社带头人的个体特征。表 1 显示了样本的具体分布情况，各农业经营主体中，山东省的样本量占比最多，江苏省最少，样本集中地区的缺水情况较为相似，灌溉方式多为机井灌，灌溉用水量较易统计。

2.2 调研区域

中国小麦生产主要有 3 个主产区和 10 个亚区，黄淮海平原冬麦区隶属 10 个亚区之一，主要包括江苏省及安徽省北部、河南省中北部、山西省西南部、山东省南部以及河北省中南部地区。全区小麦面积约占全国小麦面积的 45%，小麦产量约占全国总产量的 48%，小麦作为主要作物约占全区粮食种植面积的 44%。该区全年平均降水量为 580~860 毫米，正常年份在小麦生育期内的降水量为 152~287 毫米，但是整个地区的降雨量时空分布不均，干旱灾害频发。由于地表水短缺，农田用水多为机井灌溉，使得地下水长期超采，造成地下水漏斗以及地表愈旱的恶性循环。由此可见，黄淮海平原灌溉用水的紧缺形势已成为制约其可持续发展的重要因素之一。因此要大力发展节水产业，提高农业灌溉用水效率，保障粮食生产安全。

2.3 模型方法

1. 随机前沿模型

根据已有研究，选取改进的随机前沿模型法，并采用 C-D 生产函数模型进行农业灌溉用水效率的测算。首先，对农业生产技术效率进行测算，设 Y_i 为农户的产出，则随机前沿生产函数表示为：

$$Y_i = f(X_{ij}, W_i, \beta)\exp(\nu_i - u_i) \tag{1}$$

式（1）中，X_{ij} 为第 i 个农户的第 j 种投入要素（除灌溉用水量之外）；W_i 表示灌溉用水量；β 为待估参数；ν_i 为随机误差且服从独立正态分布，表示农业生产中无法控制的因素，如气候变化、测量误差等；u_i 为管理误差项，表示效率损失，且 u_i 服从半正态分布，ν 与 u 相互独立，两者皆独立于 X。当设定 $u_i = 0$ 时，不存在效率损失，达到充分有效，此时的有效产出为：

$$\hat{Y}_i = f(X_{ij}, W_i, \beta)\exp(\nu_i) \tag{2}$$

则生产技术效率可表示为：

$$TE_i = Y_i/\hat{Y}_i = Y_i/f(X_{ij}, W_i, \beta)\exp(\nu_i) = \exp(-u_i) \tag{3}$$

TE_i 即为农户的生产技术效率，是实际产出与技术充分有效状态下最大产出的比值。式（3）中，分子代表农户的实际产出，分母代表由式（2）得到的有效产出。为得到科普（Kopp）所定义的农业灌溉用水效率估计结果，需要对随机前沿生产函数的形式进行提前设定，本研究选取 C-D 生产函数模型，对其取对数后式（1）可表示为：

$$\ln Y_i = \beta_0 + \beta_w \ln W_i + \sum_j \beta_j \ln X_{ij} + (v_i - u_i) \tag{4}$$

式（4）中：W 和 X 分别代表农业生产中投入的灌溉用水量和其他要素，例如劳动力、化肥和农药等。由于本研究对生产函数模型进行了对数转换，因此变量系数 β 代表各变量对因变量的弹性影响，即自变量变化 1%，因变量会变化 $\beta \times 100\%$。具体来说，β_0 代表常数项，β_w 代表灌溉用水量变量对农业产出变量的弹性影响值，β_j 代表种子投入变量、化肥和农药投入变量、机械投入变量和劳动力投入变量对农业产出变量的弹性影响值。

本研究将农业灌溉用水效率定义为在产出和投入不变的情况下，可能实现的最小用水量与实际用水量的比值，基于对技术效率测算的分析，假设一定条件下可实现的最小灌溉用水量为 $\hat{W}_i$，技术有效状态下对应的产出为 Y_w，则式（4）可变为：

$$\ln Y_i^w = \beta_0 + \beta_w \ln \hat{W}_i + \sum_j \beta_j \ln X_{ij} + v_i \tag{5}$$

设式（4）和式（5）相等，联立方程得出农业灌溉用水效率公式为：

$$TEW_i = \hat{W}_i / W_i = \exp(-u_i/\beta_w) = TE_i^{\frac{1}{\beta_w}} \tag{6}$$

式（6）中：分子代表在当前技术条件下可以实现的最小灌溉用水量；TE_i 代表当前技术条件下的生产技术效率值。

2. Tobit 模型

农业灌溉用水效率的测算结果在 0 和 1 之间，是一个受限的因变量，面临着数据截取问题，普通最小二乘法不再适用，否则将会产生有偏估计。本研究利用 Tobit 模型，对不同农业经营主体农业灌溉用水效率的影响因素进行分析，将农业灌溉用水效率作为因变量，影响因素作为自变量，模型如下：

$$TEW_i = \begin{cases} 0, & \delta_0 + \sum \delta_k Z_k + \xi_i \leq 0 \\ \delta_0 + \sum \delta_k Z_k + \xi_i, & \delta_0 + \sum \delta_k Z_k + \xi_i > 0 \end{cases} \tag{7}$$

式（7）中：TEW_i 为农业灌溉用水效率；Z_k 为自变量即影响因素；δ_0 为待估常数项；δ 为待估参数；ξ 为误差项，服从正态分布。

2.4　主要变量选取与描述统计

2.4.1　灌溉用水效率测算的变量选取与描述性分析

由于本研究对农业灌溉用水效率的研究是在农业生产技术效率的基础上进

行的，因此选取每公顷平均产量（千克/公顷）作为产出变量，投入变量包括种子（元/公顷）、化肥和农药（元/公顷）、机械（元/公顷）、劳动力（人·天/公顷）以及灌溉用水量（立方米/公顷）等。具体变量描述见表2。

表2　　　　　　　　　　　主要变量的描述性统计

经营主体	变量	种子/（元/公顷）	化肥和农药/（元/公顷）	机械/（元/公顷）	劳动力/（人·天/公顷）	灌溉量/（立方米/公顷）	产出/（千克/公顷）
小农户	均值	834.0	3259.5	2122.5	34.5	2944.5	6055.5
	最大值	1290.0	5220.0	5250.0	120.0	5190.0	8250.0
	最小值	360.0	1800.0	1125.0	15.0	1350.0	3750.0
种粮大户	均值	753.0	2161.5	1143.0	28.5	2782.5	7858.5
	最大值	900.0	2625.0	1425.0	45.0	3075.0	9375.0
	最小值	600.0	1425.0	825.0	15.0	2400.0	6450.0
家庭农场	均值	751.5	1903.5	1195.5	43.5	2901.0	7423.5
	最大值	825.0	2475.0	1425.0	75.0	3150.0	8625.0
	最小值	675.0	1350.0	975.0	15.0	2325.0	6750.0
农民专业合作社	均值	673.5	2179.5	1128.0	26.4	2739.0	7527.0
	最大值	825.0	2475.0	1350.0	60.0	3300.0	9000.0
	最小值	525.0	1875.0	900.0	15.0	2640.0	6375.0

　　本研究中提到的"节水灌溉技术"包括了井灌区的低压管道输水小畦灌和一些水库的管道输水以及河渠引水地面灌溉等，同时也包含喷灌和微灌。根据表2中的数据，小农户平均每公顷种子投入为834.0元；化肥和农药主要包括尿素、复合肥、除草剂、杀虫剂等，合计投入均值为3259.5元，其中最大投入为5220.0元，最低值为1800.0元，可见投入差值较大。根据调研可知，小农户在购买力上没有价格优势，且抗风险能力较差，遇上灾害时的防控力较弱，在农药和化肥的使用上控制不足，导致了投入差距较大。其他3类主体的种子投入、化肥和农药投入的均值与小农户相比较低，且组间差异较小，这是由于种粮大户、家庭农场及农民专业合作社存在规模合作经营的优势，在购买种子上存在价格优惠，且可以获得农药和化肥的补贴。调研发现，多地还存在鼓励政策，化肥和农药使用量越少则越可获得相应奖励，新型农业经营主体在

生产条件上更加优越，对化肥和农药的把控也较为专业，降低了成本，提高了产量。机械投入主要包括播种、收割等费用，小农户每公顷投入均值为2122.5 元，最大值达到 5250.0 元。小农户通常需要租用大户或机构的收割机，费用不菲，而新型农业经营主体有一定的经济基础购买机器，根据使用寿命平均折损后，其成本小于小农户。劳动力投入方面，小农户的投入均值为34.5 人·天/公顷，新型农业经营主体的投入均值为 32.8 人·天/公顷。灌溉用水量根据小麦生产过程中农户的总灌溉次数及每次灌溉量而定，小农户灌溉量均值略高于新型农业经营主体。新型农业经营主体的平均产量高于小农户，3 类新型农业经营主体产量相差不大，表明新型农业经营主体的生产情况较为稳定。

2.4.2　灌溉用水效率影响变量的选取与描述性分析

由于各地区自然气候和农业生产条件存在差异，影响农业灌溉用水效率的因素也较为复杂。本研究的农业灌溉用水效率是基于生产技术效率测算的，且样本数据均来自黄淮海平原冬小麦生产区，因此在影响因素的选择上，忽略了自然气候条件对小麦需水量的影响，而是从农户灌溉管理角度考察可能影响效率的因素。本研究参考许朗（2012）和耿献辉（2014）等研究成果，结合农户实际生产情况，从农户的个人特征、家庭情况、灌溉特征 3 个方面来考虑，具体可表现为农户的年龄、受教育程度、是否为村干部、是否受过培训、劳动力投入、农业收入占比、灌溉面积、用水成本、灌溉设施、是否采用节水灌溉技术等（见表3）。

表3　　　　　　　　　　农户特征及影响因素的统计描述

变量	小农户		种粮大户		家庭农场		农民专业合作社	
	均值	标准误	均值	标准误	均值	标准误	均值	标准误
年龄（岁）	56.09	0.36	48.87	0.33	47.31	0.37	48.04	0.97
受教育年限（年）	5.47	0.13	8.81	0.14	11.18	0.20	11.43	0.62
劳动力投入（人·天/公顷）	34.50	0.30	28.50	0.60	43.50	1.95	26.40	9.60
灌溉面积（公顷）	0.53	0.02	24.43	0.60	10.42	0.22	197.44	0.05
农业收入占比（%）	27.00	300	67.00	1.00	83.00	1.00	82.00	76.00
用水成本（元/公顷）	1543.65	32.70	1404.15	8.85	1421.55	7.65	1394.25	11.10

续表

变量		小农户		种粮大户		家庭农场		农民专业合作社	
		均值	标准误	均值	标准误	均值	标准误	均值	标准误
灌溉设施	0＝河灌（％）	70.14		33.53		48.31		21.41	
	1＝机井灌（％）	29.86		66.47		51.69		78.69	
是否采用灌溉技术	0＝否（％）	58.77		18.56		25.42		8.62	
	1＝是（％）	41.23		81.44		74.58		91.48	
是否受过培训	0＝否（％）	88.63		61.08		44.07		21.24	
	1＝是（％）	11.37		38.92		55.93		79.76	
是否为村干部	0＝否（％）	91.47		83.23		76.27		78.30	
	1＝是（％）	8.53		16.77		23.73		21.70	
水资源紧缺程度	0＝不紧缺（％）	43.13		58.68		51.69		40.00	
	1＝紧缺（％）	45.50		33.53		33.05		33.50	
	2＝非常紧缺（％）	11.37		7.79		15.62		26.50	

根据表3可知，小农户的平均年龄为56.09岁，远超过新型农业经营主体的年龄均值（新型农业经营主体包括种粮大户、家庭农场、农民专业合作社）。受教育年限平均值为5.47年，同样远低于新型农业经营主体的平均年限，表明小农户的经营者年龄偏大且文化教育水平偏低，综合素质低于新型农业经营主体的经营者。在农业生产中的劳动力投入方面，小农户的投入均值相对新型农业经营主体的投入均值略高，表明小农户仍然以密集劳动开展农业生产。在灌溉面积方面，小农户的灌溉面积均值远低于新型农业经营主体的灌溉面积均值，但是小农户的用水成本略高于新型农业经营主体，表明小农户相比新型农业经营主体投入了更多的灌溉用水量。

3 结果与分析

3.1 小农户与新型农业经营主体的灌溉用水效率与技术效率分析

本研究利用 Frontier 软件分别对小农户、种粮大户、家庭农场、农民专业合作社进行农业灌溉用水效率测算，同时对小农户和各新型农业经营主体的生产技术效率进行测算，两者结合分析农业经营主体的农业灌溉用水效率状况以及用水效率的提高潜力。表 4 和表 5 分别是各农业经营主体的农业灌溉用水效率和技术效率。根据农业灌溉用水效率式（6）可知农业灌溉用水效率值和技术效率值之间的量化关系。

从农业灌溉用水效率测算结果来看，效率值的分布比较分散，波动性强。对于小农户而言，每个阶段的效率值都有占比，而其他主体效率值基本分布在 40% 以上。从表 4 中可以看出，小农户的农业灌溉用水效率均值为 40.07%。农业灌溉用水效率值在 10% ~ 50% 水平的农户占了近 70%，最小值仅为 4.16%，这主要是由于个别土地的平整度较差和土质渗水性强等原因造成的；最大值为 88.20%，表明小农户群体中的灌溉用水浪费现象严重，节水潜力巨大，且效率值差异大，变异性强。种粮大户的农业灌溉用水效率均值为 72.90%，效率值相对集中在 50% ~ 90%，样本中最大值为 99.99%，最小值为 43.79%，效率差值为 56.20%，小于小农户样本。家庭农场的农业灌溉用水效率均值为 78.31%，效率值均在 60% 以上，达到 80% ~ 100% 水平的农户超四成，最大值为 95.96%，最小值为 60.45%，效率差值为 35.51%，小于种粮大户。农民专业合作社的农业灌溉用水效率均值为 79.54%，效率值在 50% ~ 60% 水平的比例只有 1.55%，其余均在 60% 以上，且分布较为平均，效率值大于 90% 的农户比例为 21.71%，较其他 3 类主体最高，效率差值为 40.73%，高于家庭农场而小于种粮大户。总体上看，在表中的 4 类样本中，农业灌溉用水效率值的集中分布呈现由低到高的趋势，可以明显地看出家庭农场和农民专业合作社样本中农户的农业灌溉用水效率值多集中在 70% 以上，而小农户集中在 10% ~ 30%，表明小农户在农业灌溉用水效率方面存在较大差异。小型农田灌溉水利设施不足和灌溉技术应用程度低以及农户传统的灌溉习惯导致小农户的农业灌溉用水效率整体偏低，农业用水浪费现象严重，波动性强；而种粮大户、家庭农场和农民专业合作社在技术和灌溉条件方面都优于小农户，因此其农业灌溉用水效率分布多集中在较高的水平上。

表 4　　　　　　　　　　不同主体灌溉用水效率频数分布

效率（%）	小农户		种粮大户		家庭农场		农民专业合作社	
	份额（%）	累计份额（%）	份额（%）	累计份额（%）	份额（%）	累计份额（%）	份额（%）	累计份额（%）
0 ~ 10（含）	2.37	2.37	0.00	0.00	0.00	0.00	0.00	0.00
10 ~ 20（含）	15.64	18.01	0.00	0.00	0.00	0.00	0.00	0.00
20 ~ 30（含）	22.27	40.28	0.00	0.00	0.00	0.00	0.00	0.00
30 ~ 40（含）	14.22	54.50	0.00	0.00	0.00	0.00	0.00	0.00
40 ~ 50（含）	15.17	69.67	3.59	3.59	0.00	0.00	0.00	0.00
50 ~ 60（含）	10.43	80.09	19.16	22.75	0.00	0.00	1.55	1.55
60 ~ 70（含）	9.48	89.57	20.96	43.71	23.73	23.73	25.58	27.13
70 ~ 80（含）	6.64	96.21	22.75	66.47	34.75	58.47	21.71	48.84
80 ~ 90（含）	3.79	100.00	17.37	83.83	29.66	88.14	29.46	78.29
90 ~ 100（含）	0.00	100.00	16.17	100.00	11.86	100.00	21.71	100.00
均值	40.07		72.90		78.31		79.54	
最大值	88.20		99.99		95.96		99.96	
最小值	4.16		43.79		60.45		59.23	

　　根据表 5，从技术效率测算结果来看，各农业经营主体的技术效率都达到了 80% 以上，但都未达到技术充分有效。在当前农机的推广和服务下，生产技术的获取也较一致，所以测算出的生产技术效率水平相对来说比较集中。小农户的生产技术效率均值为 83.51%，从频数分布情况看，约 40% 农户的技术效率低于群体均值，效率值在 90% 以上的占了 25.59%，样本效率差值为 40.17%，表明小农户群体中技术效率差异比较明显。种粮大户的生产技术效率均值为 84.99%，约 32.00% 的样本的技术效率低于样本均值，效率值在 90% 以上的占了 31.74%，样本效率差值为 33.74%。家庭农场的生产技术效率均值为 86.65%，约 20% 的样本的技术效率低于样本均值，效率值在 90% 以上的占了 33.05%，样本效率差值为 22.94%。农民专业合作社的生产技术效率均值为 87.41%，约 25.00% 的样本的技术效率低于样本均值，效率值在 90% 以上的占了 43.41%，样本效率差值为 26.04%。可以看出，小农户、种粮大户、家庭农场、农民专业合作社技术效率值高于 90% 的比例在不断升高。

结合灌溉用水效率值可知，小农户和新型农业经营主体的农业灌溉用水效率均有一定的提高空间，相对小农户而言，新型农业经营主体的技术应用状况相对较好，灌溉用水效率相对较高。小农户应该成为促进节水灌溉技术应用、提高灌溉用水效率的主要对象。

表5　　　　　　　　　　　　　　不同主体技术效率频数分布表

效率 (%)	小农户		种粮大户		家庭农场		农民专业合作社	
	份额 (%)	累计份额 (%)	份额 (%)	累计份额 (%)	份额 (%)	累计份额 (%)	份额 (%)	累计份额 (%)
0～10（含）	0.00	0.00	0.00	0.00	0.00	0.00	0.00	0.00
10～20（含）	0.00	0.00	0.00	0.00	0.00	0.00	0.00	0.00
20～30（含）	0.00	0.00	0.00	0.00	0.00	0.00	0.00	0.00
30～40（含）	0.00	0.00	0.00	0.00	0.00	0.00	0.00	0.00
40～50（含）	0.00	0.00	0.00	0.00	0.00	0.00	0.00	0.00
50～60（含）	0.95	0.00	0.00	0.00	0.00	0.00	0.00	0.00
60～70（含）	4.74	0.00	0.00	0.00	0.00	0.00	0.00	0.00
70～80（含）	30.33	36.02	28.14	30.54	16.10	16.10	22.48	22.48
80～90（含）	38.39	74.41	37.72	68.26	50.85	66.95	34.11	56.59
90～100（含）	25.59	100.00	31.74	100.00	33.05	100.00	43.41	100.00
均值	83.51		84.99		86.65		87.41	
最大值	97.85		99.99		97.64		99.98	
最小值	57.68		66.25		74.70		73.94	

3.2　小农户与新型农业经营主体的农业灌溉用水效率影响因素分析

本研究利用计量经济学软件对4类农业经营主体的样本数据分组进行了Tobit模型回归。模型回归估计结果见表6。从具体回归结果来看，不同农业经营主体的回归结果有所区别。从每个群体回归得到的似然估计值可以看出，模型整体拟合较好，Tobit模型设定适用于影响因素的分析，在4类经营主体中，小农户群体有较多因素没有通过显著性检验，其余3类的大多数影响因素基本都通过了检验。具体区别总结如下。

3.2.1　小农户

根据模型回归估计结果可知，受教育年限、劳动力投入、农业收入占比、用水成本及是否采用灌溉技术5项因素对小农户的农业灌溉用水效率产生了正向影响，并通过了显著性检验。受教育年限越长，越可以提高农户的知识水平和综合素质，有助于提高农业灌溉用水效率，因此受教育程度对农业灌溉用水效率具有正向影响。小农户由于户主年龄偏大，且机械化程度低，需要更多的劳动力帮助耕地灌溉，因此劳动力投入对农业灌溉用水效率具有正向影响。农业收入占比高表明农业是其家庭获取收入的主要来源，收入越高，劳动积极性也越高，越有利于提高农业灌溉用水效率。用水成本作为农业生产中的另一笔支出，对于小农户来说也非常重要，会约束农户的浪费行为，提高农业灌溉用水效率。灌溉技术在灌溉用水管理中起着非常重要的作用。根据模型回归估计结果可知，灌溉技术的推广和应用对于小农户、种粮大户、家庭农场和农民专业合作社的农业灌溉用水效率都有显著的促进作用。

剩余几个因素没有通过显著性检验，小农户劳动主力的年龄偏大，耕地面积小且较为分散，农户使用水源的渠道较多，局限于自身的灌溉条件和资源整合能力，农户年龄、灌溉面积和灌溉设施变量对农业灌溉用水效率的影响在小农户群体中不显著。农户是否受过培训和是否为村干部这两项因素都没有显示出对农业灌溉用水效率有显著影响，仍然是由于小农户的劳动主体多为留守老人，对知识的接受程度和意愿都很低造成的。村干部的选拔也并不是依托农业种植经验，因此并没有直接影响到农户的灌溉用水效率。从回归结果来看，小农户样本中部分影响因素没有通过显著性检验，一是调研数据不够大，且小农户地块较为分散，易受到地理区域的影响；二是由于小农户灌溉规模相对较小，灌溉用水的总投入也相对较小，以至于很多影响灌溉用水投入的因素变化时给灌溉用水投入带来的变化并不能有效促进小农户的灌溉用水节约意识。因此，这些影响因素对小农户的灌溉行为未表现出显著的影响。

3.2.2　种粮大户

种粮大户作为新型的农业经营主体，在农业生产和灌溉用水方面有更多优势。在影响因素的分析中发现，年龄、教育年限、灌溉面积、用水成本、灌溉设施、是否采用灌溉技术、是否受过培训、水资源紧缺程度均对农业灌溉用水效率有正向影响。种粮大户承包的土地规模较大，需要劳动者的耕地经验和管理能力丰富，因此年龄上不会太大，一定程度上可以对农业灌溉用水效率产生正向影响，农户的文化程度对种粮大户来说也在农业生产上起到了促进作用。种粮大户耕地面积较大，存在规模化经营，具有统一的灌溉条件，有利于减少水资源浪费现象，耕地面积的增加在一定程度上可以提高农业灌溉用水效率。用水成本对于实现规模化经营的种粮大户会起到约束用水行为的作用，为了控制用水成本，对灌溉技术的使用和管理上更加重视，有利于提高农业灌溉用水效率。在灌溉设施上，回归结果通过了显著性检验，表明与河灌相比，机井灌的灌溉用水效率更高，对水资源的使用比较谨慎。节水灌溉技术在新型农业经营主体的农业灌溉中发挥了重要作用，区别于小农户，新型农业经营主体有更好的土地条件和资金，便于节水灌溉技术的推广和使用。对于种粮大户而言，只有当水资源非常紧缺时才会促进农业灌溉用水效率的提高。种粮大户的劳动力投入因素没有通过显著性检验，可能的解释是种粮大户大多实现机械化运作，且在调研中发现种粮大户的人力成本较高，使用机械化可以降低人力成本，增加收入，这可能是其不显著的原因。

3.2.3　家庭农场

家庭农场较之种粮大户在生产经营上有自身特点。模型的回归结果发现，年龄、劳动力投入、灌溉面积、农业收入占比、用水成本、灌溉设施、是否采用灌溉技术和水资源紧缺程度均对农业灌溉用水效率有正向影响，但受教育年限、是否受过培训和是否为村干部3个因素影响没有通过显著性检验。通过调研发现产生这种状况的主要原因是家庭农场的农场主通常是由家庭成员中的父亲或母亲来担任，但是由于儿子或女儿的受教育程度通常更高，他们在农场经营过程中是实际的决策者和管理者。本研究中家庭农场的调研对象主要是农场主，从而隐蔽了家庭农场样本中受教育年限因素对农业灌溉用水效率的真实影响。鉴于相同的原因，农场主是否受过培训这一因素对农业灌溉用水效率的影响也不显著。

3.2.4　农民专业合作社

农民专业合作社样本组中，受教育年限、劳动力投入、农业收入占比、灌溉设施、是否采用灌溉技术、是否受过培训、水资源紧缺程度均对农业灌溉用水效率有正向影响。农民专业合作社是一个合作组织，其带头人一般为经验较为丰富或受教育程度较高的管理者，因此年龄上并没有明显的规律，对农业灌

表6

Tobit 模型回归的估计结果

变量	小农户		种粮大户		家庭农场		农民专业合作社	
	coefficient	t	coefficient	t	coefficient	t	coefficient	t
年龄	0.0004	0.50	0.0067***	6.67	0.0037***	4.89	-0.0006	-1.59
受教育年限	0.0328***	9.73	0.0063***	4.15	0.0137	0.75	0.0163***	6.81
劳动力投入	0.1871***	9.39	0.0030	0.96	0.0147***	6.34	0.0293***	2.71
灌溉面积	-0.0900	-0.30	0.1350***	13.68	0.0450***	3.71	0.0675	0.41
农业收入占比	0.1918***	11.38	0.1614***	5.94	0.1901***	6.24	0.0955***	2.53
用水成本	0.0005***	3.95	0.0024***	6.74	0.0007***	2.29	0.0002***	3.14
灌溉设施	-0.0102	-1.16	0.0106***	2.66	0.0081**	2.75	0.0364***	4.21
是否采用灌溉技术	0.0255**	2.30	0.0124**	2.66	0.0045*	1.78	0.0688***	6.38
是否受过培训	0.0021	0.10	0.0178**	3.73	0.0032	1.29	0.0136**	2.29
是否为村干部	-0.0228	-1.27	0.0079	1.54	-0.0027	-1.13	-0.0026	-0.45
水资源紧缺程度	-0.0038	-0.28	0.0205***	2.43	0.0145***	2.91	0.0205*	1.78

注：***、**、* 分别代表在 1%、5%、10% 的水平上显著，为控制表格篇幅，水资源紧缺程度变量仅提供最高组与基准组的相对值。

溉用水效率影响较小是其不显著的原因。与其他两类新型农业主体不同的是，农民专业合作社的水资源紧缺意识很强，在认为紧缺和非常紧缺的情况下都显著影响了其农业灌溉用水效率。

4　结论与政策建议

4.1　结论

本研究主要研究了不同农业经营主体的农业灌溉用水效率以及差异，分析了农业灌溉用水效率的影响因素。通过对技术效率和农业灌溉用水效率的结合分析，研究发现：

（1）小农户、种粮大户、家庭农场、农民专业合作社样本中，农业灌溉用水效率值的集中分布呈现由低到高的趋势。家庭农场和农民专业合作社样本中的农业灌溉用水效率值多集中在70%以上的水平，而小农户集中在10% ~ 30%的水平，表明小农户在农业灌溉用水效率方面存在较大差异。结合各农业经营主体的生产技术效率可知，小农户和新型农业经营主体的农业灌溉用水效率均有一定的提高空间，小农户应该成为促进节水灌溉技术应用、提高灌溉用水效率的重要对象。

（2）在农业灌溉用水效率的影响因素上，本研究利用受限变量 Tobit 模型对不同农业经营主体农业灌溉用水效率的影响因素分别作出了回归分析，从农户的个人特征、家庭情况、灌溉特征3个方面来考虑，发现不同农业经营主体影响其农业灌溉用水效率的因素也有所区别，基于各农业经营主体的自身经营特征，表现出不同的效应。农户年龄、灌溉面积、灌溉设施等因素对于小农户的农业灌溉用水效率无显著影响，而对新型农业经营主体有显著的正向影响，表明未来在进行农业灌溉用水效率的研究中，应重点区别各农业经营主体的灌溉特征和用水行为，有针对性地扶持用水管理。

4.2　政策建议

针对以上研究结果，提出相关建议如下。

（1）加快新型主体发展，发挥规模化、专业化经营优势，进一步加快传统农户向新型农业主体转型，发挥新型主体在规模经营、资源利用以及资金支持方面的优势。传统小农经济已无法适应现代化农业发展，为确保在提高农业生产力的同时减少水资源浪费，提高灌溉用水效率，改善用水矛盾，政府需要从政策上给予新型农业主体发展的平台和补贴激励，鼓励小农户通过土地流转或加入农民专业合作社等形式进行规模化和专业化生产。从研究结果可以看出，新型农业经营主体的灌溉用水效率分布更加集中和高效，这得益于新型农业经营主体的专业化管理和规模化经营，有利于土地资源整合和灌溉技术的采用，同时也可节约生产成本，推广机械化服务，建设统一的水利灌溉设施，摒弃传统散户小户由于资金限制、劳动力不足、机械成本高等原因而造成资源浪费、生产力低下、灌溉用水效率低等问题。

（2）因地制宜发展节水灌溉技术。从本研究回归结果可知，无论是灌溉条件较为落后的传统小农户，还是新型农业经营主体，节水灌溉技术在提高农业灌溉用水效率上都发挥了重要作用。传统的漫灌方式浪费了大量水资源，且破旧老化的土渠已不再适合当今农业的现代化生产。本研究的研究对象是冬小麦，主要采取的灌溉技术是渠道防渗技术和低压管道等。因此，政府相关部门要大力推广节水技术，加大资金投入，给予相应的灌溉节水设施建设补贴，提高农户使用渠道防渗技术和低压管道等节水技术的积极性，针对不同地区的地块类型选取适合的节水技术，联合农户和政府的力量，进行土地资源的规划管理。依据不同主体的经营方式给予相应的政策和资金扶持，促使新型主体在发展转型的同时加强节水技术的使用，提高农业灌溉用水效率。

（3）加大公共服务建设。精准扶持灌溉设施的建设与推行在很大程度上需要政府的政策支持和管理，比如对于地块分布不均的地区进行土地平整建设，对于土地条件较好的地区统一铺设管道，优化水利条件。同时，应建立培训平台，定期给农户普及技术知识，解决农户生产中的疑难问题，建立健全反馈机制。通过本研究的研究结果可以看出，不同农业经营主体的农业灌溉用水效率分布不同，影响因素也有所区别，其中农户是否受过培训这一因素，除小农户外，其他多数农业经营主体都通过了显著性检验，表明参加过农业培训的农户将更有利于提高农业灌溉用水效率。传统小农户确实与新型农业经营主体在农业生产和农业灌溉用水效率的问题上存在较大差异，但新型农业经营主体作为未来农业生产中的用水大户，在发展中也存在着不同程度的问题，相关部门要根据不同主体的生产经营特点，精准到点，精确到户，为不同主体的用水需求和技术选择提供最合适的服务。

（4）发展农民用水协会，完善水价机制。根据本研究的研究结论可知，灌溉面积的扩大通常伴随着农业灌溉用水效率的提高。农民用水协会是在不改变小农户种植规模的基础上，通过统一组织灌溉来加强农业用水管理的合作组织。根据已有文献分析，农民用水户协会将有助于农户参与到灌溉管理中去（张向达等，2018）。水资源作为农业生产的公共资源，需要农业生产者的共同维护，而传统的小农意识和水费机制的不完善使农户在用水方面存在很大随意性，没有节约意识。在影响因素的回归结果中，家庭农场和农民专业合作社两个群体在水资源紧缺程度的认识上要高于小农户和种粮大户，而紧缺意识越强，越有利于节约水资源，提高农业灌溉用水效率。在实地调研中发现，大部分地区用水协会的管理和建设都没有落实到位，表明农户的灌溉管理参与度较低，政府等相关部门也没有宣传到位，很多农户都不知道村里存在用水协会，对水资源自我管理的认识浅薄，认为水资源是一种公共资源，缺乏对农业用水的正确认知。水价机制的改革可以让水资源从公共资源变为商品，目前已有部分地区实行了水价改革且颇有成效，但还需要政府部门的严格管理和执行，确保水价改革广泛推行。

农业水价对不同种植规模农户节水行为的影响研究

——基于对石津灌区的调查研究[*]

摘　要： 农业水价综合改革下灌溉用水定价水平不同，不同种植规模农户由于生产目标、土地价值认知、土地利用等不同，在节水行为上会有一定的差异性。通过分层抽样调查法辅助结构访谈法获取了337份样本数据，采用多元回归和Probit模型研究石津灌区农业水价综合改革下不同规模农户的节水行为，主要得出的结论如下。(1) 农业水价对农户减少使用亩均灌溉用水量有显著负向影响。在农业水价与农户类型交互项模型中，交互项系数显著为负，即规模户比小农户对水价变动的反应更敏感。(2) 农业水价对农户种植结构调整的影响不显著，但交互项显著为负，即规模户相较于小农户会在短期内及时调整种植结构。(3) 农业水价对农户采用节水灌溉技术的影响不显著，然而交互项系数显著为正，即规模户比小农户更加愿意在水价成本较高时采用节水灌溉技术。

关键词： 农业水价；灌溉用水量；种植结构；节水灌溉技术

　　农业水价综合改革政策是提升农业灌溉用水效率、促进农户节约用水意识、实现节约水资源目标的重要举措。我国开展了一系列农业水价综合改革，但随着土地流转政策的持续完善和城镇化道路的不断推进，农业水价政策实施对象逐步发生变化，农业经营主体格局已由改革初期种植面积较小的家庭经营小农户向适度经营的规模户转变（王国刚等，2017；郭珍，2015；叶明华等，2018）。已有研究表明，拥有较多种植面积的规模户与小农户相比，在生产目标、技术选择、土地利用等方面均有较大差异（贾蕊等，2017；吕杰等，2016；朱萌等，2016；饶静，2017；姜翔程等，2017；姜长云，2015）。因此，研究农业水价综合改革下不同种植规模农户的节水行为差异对进一步推进农业

------

　　* 陈杰，许朗．农业水价对不同种植规模农户节水行为的影响研究——基于对石津灌区的调查研究［J］．干旱区资源与环境，2021（11）：8–19.

水价综合改革政策具有非常重要的意义。

在农业水价不同定价水平下，水价与节水量之间具有不同的定量关系（裴源生等，2003；尉永平等，2007；牛坤玉等，2010）。廖永松认为从理论上来看，灌溉用水价格调整后，短期内农户可能会直接减少灌溉直接用水量和灌溉用水次数或是调整其农作物种植结构。长期来看，农户可能会更新农业节水灌溉技术或向非农部门转移资本等等来逐步调整其固定资本投入（廖永松，2009）。多数研究认为，农业灌溉用水价格上涨会迫使农户减少对高耗水农作物的种植面积占比，增加对低耗水农作物的种植规模，发挥较好的节水效果（刘莹等，2015；周俊菊等，2016；田旭等，2017；吴乐等，2017）。易福金等（2019）认为只有当农业灌溉用水单价水平持续上升到一定高度时，用水户才可能调整农作物的种植结构。然而少数学者的研究表明农业水价上涨对粮食作物的种植面积影响不大，但对经济作物的影响较大（王晓君等，2013）。部分学者认为农业水价定价水平上升不会改变农户的种植结构，但会显著提高农业用水效率（张永凯等，2016）。关于是否采用节水灌溉技术的研究多数集中在地面管道、喷灌、滴灌微灌等工程节水技术方面。研究表明，农业水价上涨可能促进用水户节水行为，农业水价成本较高时农户更可能会采用喷灌和滴灌等工程节水灌溉技术。然而，韩一军等（2015）基于北方干旱缺水地区麦农调查数据分析认为，农业灌溉用水价格并不会显著影响麦农采用节水灌溉技术的节水行为，这种情况可能是农业用水缺乏完善的定价机制导致。左喆瑜（2016）的研究则表明农户风险承受力较低且农业种植业利润水平不高对农户采用节水灌溉技术有限制作用。

在一些较为干旱且农业水价定价水平较高的地区，当农业水价开始发挥节水作用时，农户主要会采取三种应对行为：减少亩均灌溉直接用水量、调整种植结构和采用节水灌溉技术。由于不同种植规模农户种植面积、土地价值认知、土地依赖度差距较大，故比较不同规模农户在农业水价不同定价水平下的节水行为差异具有重要意义。

1　研究设计

1.1　理论分析与研究假说

1.1.1　不同种植规模农户分类标准

借鉴徐志刚（2018）等学者的研究方法，将调研地区平均种植规模的倍数作为划分农户类型的依据。针对该地区获取数据的局限性及调研样本总体分布情况，为更好地保证数据结果的稳健性与有效性，结合分层抽样和现实依据将所在地区户均种植规模的 3 倍作为划分种植规模的依据，种植面积为所在地区户均种植面积 3 倍以上的视为规模户，3 倍以下的视为小农户，其中，小农户的样本数量有 253 户，占总样本量的 75.07%；规模户的样本数量有 84 户，占总样本量的 24.93%。

1.1.2 农业水价对不同种植规模农户节水行为的影响机制

农业综合水价改革背景下，科学合理反映供水成本且不会加重农户用水负担的农业灌溉用水价格体系对提高农户节约用水意识、高效利用水资源极其重要。农业灌溉用水价格体系具体表现为农业水价的具体水平。在实际生产生活过程中，农户对农业生产用水有一定的需求，农业生产用水作为水资源具有一定的价格，因此，农户使用水资源支付农业水价符合需求价格理论，即农业水资源价格变动会对农户的生产用水行为产生一定的影响。而不同种植规模的农户由于种植目标、土地价值认知等不同，节水行为表现也会有所不同。在现实生产生活过程中，农户的节水行为通常被归类为三种，分别是减少亩均灌溉用水量、调整种植结构及采用节水灌溉技术。当农业水价处于较高水平时，小农户由于种植规模较小，对农业种植生产的目标仅限于自给自足，故可能采用较少的节水行为。相较于小农户，规模户由于土地面积相对较大，对农业种植生产的目标多数集中表现为获取最大利润，因此对土地的依赖度较高，故可能会采取较多种类的节水行为。具体分析及研究假说如下。

（1）农业水价对农户亩均灌溉用水量的影响。水资源作为一种商品，从理论上来说，商品的价格上升，在短期收入基本不变的情况下，使用者将减少对此类商品的购买量。即农业水价定价水平越高，在不影响农作物产量、品质及收益的前提下，农户可能会在短期内减少农业灌溉直接用水量。然而不同种植规模的农户由于对土地依赖性、土地价值认知、种植生产目标等不同，可能会在亩均灌溉用水量上有所差异。理论上来说，拥有更多土地面积的规模户由于其灌溉面积较多，且主要依靠农业种植业获取利润，对农业的依赖性相对较大，规模户会由于农业水价边际成本的上升从而较大幅度减少农业收入；而小农户由于其土地面积很少，且其种植目标可能仅是自给自足，尽管农业水价边际成本上升，但其对小农户的冲击程度较小，故随着农业水价定价水平的提升，规模户比小农户更多控制用水量。因此提出假说 1：农业水价定价水平较高，相比于小农户而言，规模户亩均灌溉用水的使用量更少。

（2）农业水价对农户种植结构调整的影响。农业水价定价水平不同可能会影响农户的种植结构调整。具体表现为当农业水价定价水平较高时，农户对较高耗水农作物的种植需求可能会下降，这是因为较高耗水农作物所需亩均灌溉用水量较多，农业水价水平提升会带来用水边际成本上升。根据需求价格理论，商品价格增加，在其他条件不变时，购买者对此商品的持有量将会下降。若农户水价上升的成本大于调整种植结构的成本，在农户种植收益及收入不变时，农户将可能降低较高耗水农作物在农业总种植面积中的占比，适当调整其种植结构。对比小农户，规模户由于具有更多种植面积，使得农业水价上涨带来的边际成本增加对其影响更大。因此，规模户更可能会因为水价上升而调整种植结构，缩小较高耗水农作物种植面积的占比，倾向于种植耗水较低且价值高的农作物。因此，提出两个研究假说。

假说2：农业水价定价水平越高，农户对较高耗水农作物的种植面积占比越少。

假说3：农业水价定价水平较高，相比于小农户而言，规模户对较高耗水农作物的种植面积占比更少。

（3）农业水价对农户是否采用节水灌溉技术的影响。农业水价定价水平不同，农户可能对是否采用节水灌溉技术的节水行为也不尽相同。因为农业水价水平上升，农户使用灌溉用水量的成本增加，对价格信号敏感的农户可能会寻找其他能降低水价成本的节水方法。若采用节水技术的成本小于水价提升带来的成本，则农户可能会采用节水灌溉技术来降低水价提升对农业种植收益带来的冲击。相较于小农户而言，规模户因为种植面积较多，对土地依赖程度较高且具有较多农业种植经验，其对种植成本与收益的敏感性可能远强于小农户，水价上升一单位给规模户带来的影响更大。因此，提出两个研究假说。

假说4：农业水价定价水平越高，农户越愿意采用节水灌溉技术。

假说5：农业水价定价水平较高，相比于小农户而言，规模户更愿意采用节水灌溉技术。

1.2　材料与研究方法

1.2.1　数据收集

文中所用微观数据主要来自河北省石津灌区内农业水价综合改革背景下不同种植规模农户节水行为的问卷调查，并辅助以结构访谈法来收集有关资料。石津灌区上游地区隶属石家庄市，中段隶属辛集市，同时包括了邢台市的部分县区，末端隶属衡水市。采用分层抽样调查方法，在这 3 个地级市 14 个县区中，各地级市根据面积大小确定了辛集市、深州市、宁晋县 3 个调研地区，并在已确定的 3 个地区中随机抽取 4 个乡镇，每个乡镇随机抽取 3 个村庄，平均每个村庄发放 10 份问卷，且调查对象主要以户主为主。课题组成员共发放 360 份问卷，经数据处理后共获得有效问卷 337 份，问卷有效率达到 93.61%。

1.2.2　研究方法

利用多元回归模型检验农业水价对不同种植规模农户灌溉直接用水量及种植结构调整的影响。结合董小菁（2020）等学者划分高低耗水作物的方法，以夏玉米、冬小麦作物为标准，将夏玉米、冬小麦以及亩均灌溉用水量高于该种植模式的农作物定义为较高耗水作物，将棉花作物及亩均灌溉用水量低于夏玉米、冬小麦共同耗水量的其他作物定义为较低耗水作物，使用较高耗水农作物种植面积在总种植面积中的比重表示农户的种植结构调整指标。同时，通过 Probit 模型检验农业水价对不同种植规模农户节水灌溉技术应用的影响。

1.2.3　变量选取

农户节水行为依次选取的因变量指标分别为农户亩均灌溉直接用水量、较高耗水作物种植面积占比以及节水灌溉技术应用二分类变量，核心解释变量为农业水价、农业水价与农户类型的交互项，控制变量为农户及其家庭的社会统计学变量、种植生产变量、节水灌溉技术应用成本以及农户对政策及技术的主观认知变量。

2　结果与分析

2.1　调研样本描述性分析

调研样本数据的描述性统计分析见表1。

（1）农户亩均灌溉用水量情况分析。农业水价均值约为0.308元/立方米，亩均灌溉用水量均值在139.57立方米左右，农业用水平均定价水平较高，可能是由于当地干旱缺水，引黄灌区的工程提水成本较高，且井灌区多为200米左右的深井导致的。

表1　　　　　　　　　　　　变量的描述性统计

变量类型	变量名称	均值	标准差	最小值	最大值
节水行为	亩均灌溉用水量（m³）	139.569	12.164	114.23	164.00
	是否采用节水技术（0=否；1=是）	0.682	0.466	0	1.00
核心变量	较高耗水农作物种植面积占比（%）	0.693	0.290	0	1.00
	农业水价（元/m³）	0.308	0.107	0.10	0.50
	农户类型（0=小农户；1=大农户）	0.252	0.435	0	1.00
控制变量	技术应用成本（元）	45.860	19.922	23.80	200.00
	较高耗水农作物种植收益（元）	1443.116	277.711	0	1880.00
	较高耗水农作物种植成本（元）	228.164	130.403	60.00	900.00
	性别（0=女；1=男）	0.626	0.485	0	1.00
	年龄（岁）	47.688	13.815	18.00	81.00
	受教育年限（年）	8.760	4.463	0	22.00
	政治面貌（顺序分类变量）	0.700	0.832	0	2.00
	本村职务（顺序分类变量）	0.439	0.727	0	2.00
	农业收入（万元）	2.256	1.790	0	10.22
	年总收入（万元）	6.407	6.185	0.50	71.12
	农业收入占比（%）	0.406	0.282	0	1.00

变量类型	变量名称	均值	标准差	最小值	最大值
主观认知	技术了解程度（顺序分类变量）	3.424	0.907	1.00	5.00
	节约水资源必要性（顺序分类变量）	2.249	1.176	1.00	5.00
	水改政策了解度（顺序分类变量）	3.436	1.189	1.00	5.00
客观因素	地区（1＝石家庄；2＝衡水；3＝邢台）	2.077	0.686	1.00	3.00

（2）农户节水灌溉技术采用情况分析。是否采用节水技术的均值是0.682，对节水灌溉技术了解程度的均值为3.424，表明农户对节水技术基本了解，且多数农户采用了节水技术。

（3）农户种植结构调整情况分析。在调研地区，农户较高耗水农作物种植面积占比的平均值约为69.3%，表明该调研区域内农户种植模式多为冬小麦、夏玉米轮作，且较高耗水农作物的种植收益均值为1443.116，种植成本的均值为228.164。农户类型的均值为0.252，表明该地区以小农户为主，且较多农户以农业种植业为生，为自然规模户，该类型农户对土地资源的依赖度和价值认知较高，会考虑土地的长期收益。

2.2　实证结果分析

2.2.1　农业水价对亩均灌溉用水量的影响

运用软件分别检验农业水价、农户类型×农业水价与亩均灌溉用水量的关系（见表2）。从表2可以看出，在灌溉直接用水量与水价不加交互项的基准模型中，水价作为核心解释变量在1%的水平上显著，且系数为－9.294，表明农户会因农业水价定价水平的不同进而对亩均灌溉直接用水量有影响。在水价定价水平较高的地区，农户灌溉作物所用的亩均灌溉直接用水量较少。在交互项模型中，农户类型与农业水价的交互项作为核心解释变量在5%的水平上显著，且系数为－1.365，表明相较于小农户而言，规模户在农业水价定价水平较高时会减少亩均灌溉直接用水量，假说1得到验证。因此，相较于小农户，规模户可能会对比农业水价成本增加与减少灌溉直接用水量的后果，在不影响作物产出与品质前提下，较低幅度地降低亩均灌溉直接用水量。

表 2 亩均灌溉用水量实证模型

变量	模型1：不含交互项		模型2：含交互项	
	系数	标准误	系数	标准误
农业水价	− 9.294 ***	0.557	− 9.204 ***	0.560
农户类型	—	—	0.282	0.174
农户类型 × 农业水价	—	—	− 1.365 **	0.613
种植面积占比	0.251 ***	0.083	0.153	0.093
性别	− 0.095 *	0.049	− 0.090 *	0.049
受教育年限	0.006	0.006	0.007	0.006
本村职务	0.059	0.036	0.051	0.037
年总收入	− 0.002	0.004	− 0.001	0.004
水价改革政策了解程度	0.007	0.021	0.006	0.020
地区	0.219 **	0.085	− 0.209 **	0.085
常数项	17.068 ***	0.150	17.098 ***	0.161
样本量	335		335	

注：*、**、***分别表示通过10%、5%、1%的置信水平检验。

2.2.2 农业水价水平对不同种植规模农户种植结构调整的影响

运用软件分别检验农业水价、农户类型×农业水价与较高耗水农作物种植面积占比的关系（见表3）。可以看出，在较高耗水农作物种植面积占比与农业水价不加交互项的模型中，农业水价作为核心解释变量不显著，假说2不成立。这可能是由于传统种植习惯难改变或是当地气候特征、土质类型等客观原因所致。但在交互项模型中，农户类型×农业水价作为核心解释变量在10%的水平上显著为负，且系数为−0.051，表明当水价定价水平提高0.1元/立方米，相比于小农户，规模户种植较高耗水作物的比例将可能下降约5.1%，假说3得到了验证。当农业水价定价水平较高时，由于规模户种植面积较大，水价边际成本增加使种植总成本更高，会比小农户更易调整种植结构，从较高耗水农作物转向较低耗水且相对有收益的农作物，通过降低高耗水农作物的种植规模来应对水价边际成本增加所带来的种植成本上升。

表3　　　　　　　　　　　　　　　　种植结构调整模型

变量	模型1：不含交互项		模型2：含交互项	
	系数	标准误	系数	标准误
农业水价	0.122	0.242	0.090	0.237
农户类型	—	—	0.021	0.074
农户类型×农业水价	—	—	-0.051 *	0.026
较高耗水作物种植收益	0.794 ***	0.037	0.706 ***	0.041
较高耗水作物种植成本	0.269	0.809	0.438	0.787
是否土地流转	0.090 **	0.043	0.101 **	0.042
性别	-0.013	0.022	-0.002	0.021
年龄	-0.001	0.001	-0.002 *	0.001
受教育年限	0.005 *	0.003	0.004	0.003
本村职务	0.031 *	0.017	0.026	0.017
政治面貌	0.006	0.014	-0.007	0.014
地区	-0.051	0.038	-0.045	0.037
常数项	-0.418 ***	0.094	-0.216 **	0.102
样本量	334		334	

注：*、**、*** 分别表示通过10%、5%、1%的置信水平检验。

2.2.3　农业水价水平对不同种植规模农户节水灌溉技术应用的影响

运用软件分别检验农业水价、农户类型×农业水价与是否采用节水灌溉技术的关系（见表4）。可以看出，在节水灌溉技术与水价不加交互项的模型中，农业水价作为核心解释变量在统计学意义上未通过显著性检验，即农业水资源的定价水平对农户是否采用节水灌溉技术无显著影响，假说4未得到验证，这可能是由于节水灌溉技术的应用成本较高，且节水技术的采用属于长期投资回收行为，农户更关注眼前利益，不太可能进行长远的成本收益对比所致。在交互项的模型中，农户类型×农业水价的交互项作为核心解释变量在1%的水平上显著为正，表明相较于小农户而言，规模户因水价水平不同会对其是否采用节水灌溉技术有显著影响。具体表现为在水价较高的水平下，规模户会比小农户更易采用节水灌溉技术，假说5得到了验证——这可能是由于规模户种植面积较多，水价上升一单位对其种植生产成本会有较大程度的影响，因此规模户更愿意采用应用成本较低的节水灌溉技术来减少灌溉直接用水量，从而降低农业水价总成本上升造成的冲击。

表4 节水灌溉技术模型

变量	模型1：不含交互项		模型2：含交互项	
	系数	标准误	系数	标准误
农业水价	1.456	2.013	6.604***	2.507
农户类型	—	—	−4.855***	1.094
农户类型×农业水价	—	—	32.615***	5.411
较高耗水作物种植收益	−0.037***	0.005	−0.095***	0.011
较高耗水作物种植成本	−0.023***	0.007	−0.018*	0.010
是否土地流转	0.057	0.112	0.160	0.138
性别	−0.031	0.025	0.002	0.031
年龄	0.323	0.319	0.652	0.425
受教育年限	0.706***	0.126	0.552***	0.159
本村职务	0.062	0.081	0.091	0.100
政治面貌	−0.108	0.307	−0.444	0.370
地区	0.798	0.823	1.914*	1.113
常数项	1.456	2.013	6.604***	2.507
样本量	337		337	

注：*、**、***分别表示通过10%、5%、1%的置信水平检验。

3 讨论

通过梳理农业水价对农户节水行为影响的文献发现，部分研究认为有相当比重的农户对现行的农业水价变化不敏感，无法有效调动农户节水积极性，但文中认为是因其未区分农户类型所致。

根据需求价格理论，农户的种植收益与农业收入不变，由于农业水价上升带来用水边际成本增加，农户可能不愿意或无法购买到与原先农业水价对应的单位灌溉用水量，从而应对农业水价边际成本上升后对农业种植经营利润的冲击。从农户直接节水行为来看，农业水价上升和农户亩均灌溉用水量下降表明现行的农业水价已发挥一定的杠杆作用。区分农户类型后发现，规模户由于其种植面积较大，且对土地价值认知、生产特征等均不同于小农户，故比小农户在农业水价上升后亩均灌溉用水量下降的幅度更大。但在实际生活中，农户虽然因为农业水价上升而减少灌溉直接用水量，但仅会在不影响农作物生长所需用水量的基础上减少灌溉次数或用水量。

农户作为社会中普遍存在的经济人，为满足自身及其家庭的经济物质需求，需结合家庭禀赋和资源特征进行决策。因此，农业水价对农户的种植结构没有显著影响可能是多方面原因造成的。由于农户考虑其他因素，例如气候条件、土壤类型等外界客观条件，难以在短时间内轻易改变种植结构。然而区分农户类型后发现，当农业水价定价水平较高时，规模户对水价成本上升的反应更为敏感，同时由于种植面积较大，水价边际成本增加使种植总成本更高，会在短期内比小农户更易及时调整种植结构，减少高耗水农作物的种植规模，以应对水价边际成本增加所带来的种植成本上升。

农户作为自身及家庭资源条件约束下的有限理性经济人，其灌溉用水行为决策由农户自身禀赋特征与水价成本上升等内外部环境因素共同决定。当种植收益与其他条件在短期内不会发生改变时，农户会对比农业水价上升成本与选择相应节水行为的成本收益差距后作出最优选择，故农业水价对农户是否采用节水灌溉技术没有显著影响。然而规模户更偏好于在农业水价水平较高时采用节水灌溉技术，这可能是因为规模户种植面积较大，水价上升一单位对其种植生产成本会有较大影响。因此，规模户更愿意应用成本较低的节水灌溉技术来减少灌溉直接用水量，从而降低农业水价总成本上升给种植收益带来的冲击。

4 结论与建议

根据石津灌区石家庄市、衡水市、邢台市的 337 份农户调研数据，利用模型实证分析了农业水价、农户类型×农业水价分别与农户三种节水行为之间的因果关系，得出以下三点结论。

（1）农业水价定价水平越高，规模户的小农户越会降低亩均灌溉用水量，且规模户比小农户在农业水价上升后亩均灌溉用水量下降的幅度更大。

（2）农业水价定价水平较高时，在不区分农户类型的前提下，农户在当前种植结构上不会进行明显调整。然而相较于小农户而言，规模户对水价成本上升的反应更为敏感，会在短期内及时调整种植结构。

（3）农业水价对农户采用节水灌溉技术没有显著的影响，规模户比小农户更加愿意在水价成本较高时采用节水灌溉技术。

　　基于研究分析结论，针对提高不同规模农户节水意识以推进农业水价综合改革进程的角度，提出以下政策建议：第一，创新宣传农业水价综合改革政策的形式，推广先进适用的农业节水灌溉技术，优化调整农业种植结构，降低水费支出的同时促进农户增产增收；第二，健全反映供水成本且不加重农户负担的农业灌溉用水价格体系，科学合理地制定农业灌溉水价水平；第三，进一步完善土地流转制度，协同推进农田高效节水设施建设等项目，更好地达到农业水价综合改革政策目标；第四，大力推行农业水价计量收费模式，规范管理农民用水户协会，达到节约用水的目标。

农业灰水足迹与农业经济增长的脱钩关系研究

——基于长江经济带 11 省市的实证分析*

摘　要：为探究长江经济带农业水污染与农业经济之间的协调关系，在测算长江经济带 11 省市 2008~2019 年农业灰水足迹，明晰其时空结构变化特征的基础上，基于脱钩理论对各省市农业水污染与经济发展的脱钩关系进行分析，并进一步构建 LMDI 分解模型，探究二者脱钩关系变化的驱动因素。研究发现：（1）长江经济带农业灰水足迹先升高后降低，农业水污染近年来得到有效控制；（2）农业灰水足迹与经济增长协调关系转变为强脱钩状态，农业经济与农业水环境之间的协调程度明显增强；（3）农业技术水平和劳动力规模效应对脱钩变化起负向驱动作用，经济水平效应起显著正向驱动作用，产业结构效应近三年起正向驱动作用。相关研究结果及政策建议有助于长江经济带农业水污染治理，推动区域水生态环境与农业经济绿色协调发展。

关键词：灰水足迹；长江经济带；农业水污染；Tapio 脱钩；LMDI 模型

1　引言

长江经济带横跨我国东中西三大区域，包括江苏、上海、湖北、四川等11 个省市，总面积约 205.23 万平方千米，生产总值和人口总量均占全国 40%以上。在农业方面，长江经济带同样是我国重要的粮油、畜禽和水产品主产区，以全国约 1/3 的耕地养育着超四成的人口，在中国农业发展战略中占据着举足轻重的地位。2016 年《长江经济带发展规划纲要》正式印发，纲要中的"坚持生态优先、绿色发展""严格控制农业面源污染"等要求为新时期长江经济带农业发展指明方向。水是生命之源，科学分析农业水污染状况，探究区

---

　* 陈杰，许朗. 农业灰水足迹与农业经济增长的脱钩关系研究——基于长江经济带 11 省市的实证分析［J］. 节水灌溉，2022（6）：17-24.

域内农业经济发展与农业水污染之间的关系,对于推进长江经济带高质量发展建设具有重要意义。

灰水足迹概念最早是由胡克斯特拉(Hoekstra)等于2008年提出的,定义为以自然本底浓度和环境现有水质标准为基准,将污染物稀释至特定水质标准所需要的淡水资源量。灰水足迹由造成灰水足迹最大的污染物决定。国内外学者围绕灰水足迹展开了大量的研究,研究方向主要集中在三个方面:一是灰水足迹测算方法改进,涉及工业、农业等领域(王丹阳等,2015;欧阳侠亭等,2018);二是特定产品灰水足迹计算评价(Vanham et al.,2014);三是区域灰水足迹测算以及基于此的水资源利用发展评价,研究范围涉及省际、流域、国家等多个层面(李曼等,2020;王圣云等,2021)。灰水足迹是一种对水污染状态进行评价的有效手段。正确评价水污染状态,不仅关乎生态安全,也关乎经济发展,对此许多学者使用脱钩理论对污染状态与经济增长之间的关系进行进一步研究。脱钩理论是用于分析资源消耗或污染排放与经济增长之间关系的理论,定义脱钩为经济发展过程中环境压力和经济驱动力的复钩关系发生破裂的现象。学术界关于脱钩理论的研究主要集中在两方面,一是对脱钩概念及其评价指标的拓展延伸(Tapio,2005),二是基于脱钩理论的实证分析研究(王娜等,2020;叶文丽等,2021;杨振华等,2016)。在水足迹理论与脱钩理论的结合研究中,孙付华等(2020)通过构建扩展的水足迹-LMDI模型,对2007~2017年江苏省水资源利用情况和与经济的脱钩关系进行分析;高甜等(2022)基于水足迹理论测算中国中部地区各省份水足迹与水资源利用效率,并对二者之间的脱钩关系进行探究,发现随着时间推移,中部地区水资源与经济社会发展关系趋于良好,逐渐适应当前国家高质量发展要求。

灰水足迹为研究真实水污染状况提供新视角,与脱钩理论的有机结合也在水环境质量综合评价、绿色经济发展研究等方面作出有益贡献,但已有研究多局限于对环境与经济脱钩状态的客观性描述,涉及脱钩状态背后影响因素的研究较少。此外,长江流域水产养殖业养殖面积、产量及产值常年占全国总量半数以上,但鲜有对该区域水产养殖业灰水足迹的相关研究(刘红光等,2019;贺志文等,2018)。基于此,本研究以长江经济带11省市作为研究区域,将水产养殖业纳入农业灰水足迹核算范围,从灰水足迹视角构建农业水污染与经济增长脱钩分析框架,并从技术水平、产业结构、经济水平和劳动力规模四个方面对二者脱钩关系演变特征及内在驱动因素进行研究,旨在为制定适宜的农业水资源管理政策提供信息参考,以促进农业经济与水资源环境的协调发展,推动长江经济带农业农村绿色发展。

2 研究方法与数据来源

2.1 农业灰水足迹测算

农业灰水足迹包含种植业灰水足迹、畜禽养殖业灰水足迹和水产养殖业灰水足迹三部分，计算公式为：

$$GWF = GWF_{pla} + GWF_{bre} + GWF_{fis} \tag{1}$$

式（1）中，GWF 为农业灰水足迹，单位为立方米；GWF_{pla}、GWF_{bre}、GWF_{fis} 分别为种植业、畜禽养殖业和水产养殖业灰水足迹，单位为立方米。

2.1.1 种植业灰水足迹

选择 TN、TP 作为污染物，假定氮肥、磷肥中的污染物以固定比例渗入水体产生灰水足迹，种植业灰水足迹计算公式为：

$$GWF_{pla} = \max(GWF_{pla(TN)}, GWF_{pla(TP)}) \tag{2}$$

其中：

$$GWF_{pla(i)} = \frac{L_{pla(i)}}{C_{max} - C_{nat}} = \frac{\alpha Appl}{C_{max} - C_{nat}} \tag{3}$$

式（2）、式（3）中，GWF_{pla}、$GWF_{pla(i)}$ 分别为种植业灰水足迹和种植业中第 i 种污染物造成的灰水足迹，单位为立方米；$L_{pla(i)}$ 为第 i 种污染物排放负荷，单位为千克；$Appl$ 为化肥施用折纯量，单位为千克；α 为污染物流失系数；C_{nat}、C_{max} 分别为受纳水体的初始浓度和水质环境标准情况下污染物的最高浓度，单位为毫克/升。

2.1.2 畜禽养殖业灰水足迹

选择 COD、TN、TP 作为污染物，选取具有代表性的猪、牛、羊、家禽作为畜禽养殖业污染排放考量对象，为避免重复计算，饲养周期小于 1 年的动物数量（猪、家禽）以年末出栏量衡量，饲养周期大于等于 1 年的动物数量（牛、羊）以年末存栏量衡量，畜禽养殖业灰水足迹计算公式为：

$$GWF_{bre} = \max(GWF_{bre(COD)}, GWF_{bre(TN)}, GWF_{bre(TP)}) \tag{4}$$

其中：

$$GWF_{bre(i)} = \frac{L_{bre(i)}}{C_{max} - C_{nat}} \tag{5}$$

$$L_{bre(i)} = \sum_{j=1}^{4} N_j D_j (1 - R_j)(p_j m_{jp} n_{jp} + q_j m_{jq} n_{jq}) \tag{6}$$

式（4）、式（5）、式（6）中，GWF_{bre}、$GWF_{bre(i)}$ 分别为畜禽养殖业灰水足迹和养殖过程中第 i 种污染物造成的灰水足迹，单位为立方米；$L_{bre(i)}$ 为第 i 种污染物的污染负荷，单位为千克；j 为四种测算畜禽；N_j、D_j、p_j、q_j 分别为第 j 种禽畜的饲养数量、饲养周期以及日均粪便、尿液排放量，单位为千克/日；m_{jp}、m_{jq} 分别为第 j 种禽畜单位粪便和单位尿液的污染物含量，单位为千克/吨；n_{jp}、n_{jq} 分别为第 j 种禽畜单位粪便和单位尿液的污染物流失系数；R_j 为第 j 种禽畜排泄物回收处理率。

2.1.3　水产养殖业灰水足迹

已有关于农业灰水足迹的研究大多忽略水产养殖业，但由于水产养殖活动会遗留大量未消化饲料、粪便等，直接造成水体污染，为准确评估水产养殖业对农业水环境造成的影响，有必要量化水产养殖活动中产生的灰水足迹，故本研究在计算农业灰水足迹时将水产养殖业考虑在内。此外，目前少数关于水产养殖业灰水足迹的研究均将水产养殖品种粗略划分为鱼类、壳类和贝类，导致计算结果精确度不高。本研究在前人研究的基础上对计算方法进行改进，测算对象细分至具体水产养殖品种，考虑到长江流域以淡水养殖为主，故选取 35 种我国主要淡水水产养殖品种作为核算对象（见表 1），选择 COD、TN、TP、Cu、Zn 作为污染物，水产养殖业灰水足迹计算公式为：

$$GWF_{fis} = \max(GWF_{fis(COD)}, GWF_{fis(TN)}, GWF_{fis(TP)}, GWF_{fis(Cu)}, GWF_{fis(Zn)}) \tag{7}$$

其中：

$$GWF_{fis(i)} = \frac{L_{fis(i)}}{C_{max} - C_{nat}} \tag{8}$$

$$L_{fis(i)} = \sum_{j=1}^{35} T_j p_j \tag{9}$$

式（7）、式（8）、式（9）中，GWF_{fis}、$GWF_{fis(i)}$ 分别为水产养殖业灰水足迹和水产养殖过程中第 i 种污染物造成的灰水足迹，单位为立方米；$L_{fis(i)}$ 为第 i 种污染物的污染负荷，单位为千克；j 为测算的 35 种水产养殖品种；T_j、p_j 分别为第 j 种水产品产量和排污系数。

表 1　　　　　　　　　　　计算的 35 种淡水水产养殖品种

类别	养殖品种
鱼类（24 种）	青鱼、草鱼、鲢鱼、鳙鱼、鲤鱼、鲫鱼、鳊鲂、泥鳅、鲇鱼、鮰鱼、黄颡鱼、鲑鱼、鳟鱼、河豚、短盖巨脂鲤、长吻鱼、黄鳝、鳜鱼、池沼公鱼、鲈鱼、乌鳢、罗非鱼、鲟鱼、鳗鲡
甲壳类（8 种）	罗氏沼虾、青虾、克氏原螯虾、南美白对虾、河蟹、河蚌、螺、蚬
其他类（3 种）	龟、鳖、蛙

2.2　灰水足迹与农业经济增长脱钩模型构建

参照 Tapio 脱钩弹性方法，构建衡量农业水污染排放与农业经济发展脱钩状态的公式：

$$e = \frac{\Delta GWF}{\Delta GDP} = \frac{GWF_t - GWF_0}{GDP_t - GDP_0} \tag{10}$$

式（10）中，e 为农业水污染排放脱钩指数，反映农业灰水足迹与农业经济之间的变化关系；ΔGWF 和 ΔGDP 分别为农业灰水足迹和农业生产总值的变化量；GWF_t 和 GWF_0 分别是第 t 期和基期的农业灰水足迹；GDP_t 和 GDP_0 分别为第 t 期和基期的农业生产总值。

根据 Tapio 脱钩评价体系，农业灰水足迹与农业经济增长之间的脱钩状态可划分的种类见表 2。

表 2　　　　　　　　　农业灰水足迹与经济增长脱钩状态分类

变化情况	$\Delta GWF \leqslant 0$		$\Delta GWF > 0$	
$\Delta GDP \leqslant 0$	衰退性脱钩	$e \in (1.2, +\infty)$	强负脱钩	$e \in (-\infty, 0)$
	衰退连接	$e \in [0.8, 1.2]$		
	弱负脱钩	$e \in (0, 0.8)$		
$\Delta GDP > 0$	强脱钩	$e \in (-\infty, 0)$	扩张性负脱钩	$e \in (1.2, +\infty)$
			扩张连接	$e \in [0.8, 1.2]$
			弱脱钩	$e \in (0, 0.8)$

2.3　脱钩模型驱动效应分解

为进一步研究长江经济带农业水污染与经济增长脱钩关系背后的驱动因

素，参考已有文献（王喜峰等，2019；吴丹等，2021；封丽等，2021），利用 LMDI 模型从农业技术水平、产业结构、经济水平、劳动力规模四个方面对农业灰水足迹变化量进行分解。

先将农业灰水足迹计算公式进行扩展：

$$GWF = \sum_{i=1}^{3} GWF_i = \sum_{i=1}^{3} \frac{GWF_i}{GDP_i} \times \frac{GDP_i}{GDP} \times \frac{GDP}{P} \times P \tag{11}$$

式（11）中，GWF 为农业灰水足迹；GWF_i 为农业中第 i 个子产业灰水足迹；GDP 为农业生产总值，GDP_i 为农业中第 i 个子产业生产总值；P 为第一产业从业人员数。

再对式（11）进行整理，得到第 t 年农业灰水足迹分解模型：

$$GWF^t = \sum_{i=1}^{3} \frac{GWF_i^t}{GDP_i^t} \times \frac{GDP_i^t}{GDP^t} \times \frac{GDP^t}{P^t} \times P^t = \sum_{i=1}^{3} T_i^t \times S_i^t \times E^t \times P^t \tag{12}$$

式（12）中，GWF_i^t、GDP_i^t 分别为第 t 年农业第 i 个子产业的灰水足迹和生产总值；GDP^t、P^t 分别为第 t 年农业生产总值和农业从业人员数；$T_i^t = \frac{GWF_i^t}{GDP_i^t}$ 是第 t 年农业第 i 个子产业灰水足迹与生产总值的比值，单位产值灰水足迹可用来表征农业技术水平效应；$S_i^t = \frac{GDP_i^t}{GDP^t}$ 是第 t 年农业第 i 个子产业产值与农业生产总值的比值，种植业、畜禽养殖业和水产养殖业产值占农业总产值比重可用来表征农业产业结构效应；$E^t = \frac{GDP^t}{P^t}$ 是第 t 年农林牧渔总产值与农业从业从业人员数的比值，农业从业人员人均农业产值可用来表征农业经济水平效应；P^t 是第 t 年农业从业人员数，可用来表征农业劳动力规模效应。

最后对灰水足迹变化进行因素分解，农业灰水足迹从基期到当期的变化量可分解为：

$$\Delta GWF = GWF^t - GWF^0 = \Delta GWF(T) + \Delta GWF(S) + \Delta GWF(E) + \Delta GWF(P) \tag{13}$$

式（13）中，$\Delta GWF(T)$、$\Delta GWF(S)$、$\Delta GWF(E)$、$\Delta GWF(P)$ 分别表示造成农业灰水足迹变化的技术水平、产业结构、经济水平及劳动力规模效应。

各驱动因素效应具体表达式如下：

$$\Delta GWF(T) = \sum_{i=1}^{3} \ln \frac{T_i^t}{T_i^0} \frac{GWF_i^t - GWF_i^0}{\ln GWF_i^t - \ln GWF_i^0} \tag{14}$$

$$\Delta GWF(S) = \sum_{i=1}^{3} \ln \frac{E_i^t}{E_i^0} \frac{GWF_i^t - GWF_i^0}{\ln GWF_i^t - \ln GWF_i^0} \tag{15}$$

$$\Delta GWF(E) = \sum_{i=1}^{3} \ln \frac{S_i^t}{S_i^0} \frac{GWF_i^t - GWF_i^0}{\ln GWF_i^t - \ln GWF_i^0} \tag{16}$$

$$\Delta GWF(P) = \sum_{i=1}^{3} \ln \frac{P_i^t}{P_i^0} \frac{GWF_i^t - GWF_i^0}{\ln GWF_i^t - \ln GWF_i^0} \tag{17}$$

式（14）至式（17）中，若某驱动因素效应值大于零，表明该驱动因素对农业灰水足迹变化起正向促进作用；若小于零，则起抑制作用；若等于零，表明无影响。

2.4 数据来源

考虑到数据可获得性，将长江经济带的 11 省市作为研究单元。氮肥、磷肥施用量数据取自各省市统计年鉴，氮肥、磷肥流失系数参考相关文献（王圣云等，2021；杨凡，2017；李胜楠等，2020；张广纳等，2016），分别取全国平均值 7%、6%；畜禽养殖数据取自《中国畜牧兽医年鉴》，畜禽饲养周期、粪便排泄量、污染物含量、污染物流失系数数据取自《全国规模化畜禽养殖业污染情况调查及防治对策》，畜禽排泄物回收处理率参考相关文献（王琛等，2018）；淡水水产养殖品种产量数据取自《中国渔业统计年鉴》，淡水水产养殖品种排污系数取自《第一次全国污染源普查——水产养殖业污染源产排污系数手册》；各类污染物收纳水体初始浓度参考大部分研究，取值为 0，污染物排放最高浓度按照《地表水环境质量标准》的 Ⅲ 类水质标准；农业及农业子产业生产总值、第一产业从业人数数据取自《中国农村统计年鉴》，其中农业生产总值按 2000 年的价格进行调整。

3 结果与分析

3.1 长江经济带农业灰水足迹时空变化

3.1.1 分省市农业灰水足迹结果及时空分析

长江经济带农业灰水足迹的计算结果见表 3。2008～2019 年长江经济带农业灰水足迹呈先上升后下降的趋势，2008～2014 年持续上升，2014 年达到研究期内最大值 206.53 × 10¹⁰ 立方米；此后开始逐年下降，2019 年为 174.79 × 10¹⁰ 立方米，是这一时段的最低值。自 2015 年农业农村部开展化肥农药零增长行动后，长江流域各省市积极探索农业绿色发展新路径，加快推广科学施肥用药技术，化肥农药使用量显著减少且利用率提高，故农业灰水足迹于 2015 年起开始持续下降。

表3　　　　2008~2019 年长江经济带 11 省市农业灰水足迹　　　单位：10¹⁰立方米

地区	2008 年	2009 年	2010 年	2011 年	2012 年	2013 年	2014 年	2015 年	2016 年	2017 年	2018 年	2019 年
上海	1.12	0.94	0.94	0.96	0.87	0.82	0.81	0.78	0.70	0.67	0.56	0.47
江苏	20.98	21.31	21.54	21.66	21.54	20.88	20.39	19.99	19.33	17.84	16.80	15.89
浙江	6.97	6.95	6.96	6.88	6.89	6.68	6.21	5.74	5.49	5.44	5.16	4.79
安徽	18.08	18.45	18.39	18.42	18.85	18.76	19.00	18.80	18.12	17.32	16.13	15.69
江西	13.07	13.75	14.13	14.30	14.87	14.91	15.27	15.29	15.10	13.87	13.27	12.33
湖北	29.63	30.50	30.12	30.05	30.70	30.99	31.08	30.08	29.64	27.09	24.47	22.72
湖南	20.42	21.30	21.53	21.51	22.07	22.31	22.82	22.70	22.40	21.71	21.53	20.38
重庆	8.83	9.19	9.48	9.65	9.92	9.94	10.14	10.26	10.03	9.48	9.33	8.91
四川	39.75	40.46	40.02	40.39	40.33	40.53	41.20	41.10	40.38	37.47	36.18	34.14
贵州	12.32	12.68	12.79	12.12	12.30	12.31	13.01	13.64	13.37	12.96	12.43	12.32
云南	22.45	22.99	23.72	24.52	25.09	25.51	26.59	27.17	27.67	28.87	28.04	27.15
合计	193.60	198.52	199.62	200.45	203.43	203.68	206.53	205.55	202.21	192.72	183.89	174.79

长江经济带农业灰水足迹在地域上呈现出农业大省、人口大省较大的特征。其中，四川、湖北等省市年均农业灰水足迹明显高于长江经济带平均水平，上海、浙江等省市农业灰水足迹显著低于平均水平。

3.1.2　分产业农业灰水足迹结果及时空分析

不同产业农业灰水足迹计算结果见表4，在长江经济带农业灰水足迹结构中，畜禽养殖业与种植业两者占比相近，分别为 50.61% 和 46.37%，年平均值为 99.75 × 10¹⁰ 立方米和 91.39 × 10¹⁰ 立方米，水产养殖业占比最小，约为 3.02%，年平均值为 5.95 × 10¹⁰ 立方米。总量上种植业灰水足迹在前期表现平稳，自 2012 年起开始逐渐下降；畜禽养殖业灰水足迹呈先上升后下降的总体趋势，在 2015 年达到"拐点"；水产养殖业除 2017 年、2018 年略有下降外，其余年份均在增长。占比变化上，种植业灰水足迹总体是下降的，由期初的 49.03% 下降至期末的 42.10%；与之相反，畜禽养殖业灰水足迹占比在上升，2008 年为 48.72%，2019 年为 54.03%；水产养殖业灰水足迹虽然总量很小，但占农业灰水足迹比例持续上升。

表 4　　　2008～2019 种植业、畜禽养殖业、水产养殖业灰水足迹及占比

单位：10^{10} 立方米

年份	种植业		畜禽养殖业		水产养殖业	
	总量	占比（%）	总量	占比（%）	总量	占比（%）
2008	94.92	49.03	94.32	48.72	4.36	2.25
2009	95.22	47.97	98.57	49.65	4.73	2.38
2010	94.99	47.59	99.63	49.91	4.99	2.50
2011	96.60	48.19	98.56	49.17	5.29	2.64
2012	97.14	47.75	100.55	49.43	5.74	2.82
2013	96.05	47.16	101.58	49.87	6.05	2.97
2014	95.56	46.27	104.58	50.64	6.39	3.10
2015	93.48	45.48	105.34	51.25	6.73	3.27
2016	91.74	45.37	103.47	51.17	7.01	3.47
2017	87.45	45.38	98.58	51.15	6.69	3.47
2018	79.90	43.45	97.38	52.96	6.61	3.59
2019	73.59	42.10	94.44	54.03	6.76	3.87
年均值	91.39	46.37	99.75	50.61	5.95	3.02

表 5 是各行业年均灰水足迹及决定性污染物情况。由表 5 可知，具体到沿江各省市，中下游省份如江苏、湖北等种植业灰水足迹高于畜禽养殖业，另一些上游省份则相反，原因是这些省份如四川、云南等畜禽养殖业发展态势良好，养殖数量、产值等常年居于全国前列。研究还发现，TN、TP 是造成长江经济带农业灰水足迹的两种主要污染物，种植业中，上海、浙江的决定性污染物为 TN，其余省市为 TP；畜禽养殖业中，江苏、浙江的决定性污染物为 TP，其余省市为 TN；水产养殖业中，上海、江苏的决定性污染物为 TP，其余省市为 TN。在长江经济带农业生产管理中，各级地方政府应因地制宜，抓主要矛盾，有针对性地制定关于特定污染物的减排策略。

表5　　　　　　　各行业年均灰水足迹及决定性污染物　　　　　单位：10^{10}立方米

地区	种植业		畜禽养殖业		水产养殖业	
	年均灰水足迹	决定性污染物	年均灰水足迹	决定性污染物	年均灰水足迹	决定性污染物
上海	0.38	TN	0.38	TN	0.05	TP
江苏	12.81	TP	5.97	TP	1.06	TP
浙江	3.32	TN	2.35	TP	0.50	TN
安徽	10.16	TP	7.21	TN	0.63	TN
江西	6.35	TP	6.90	TN	0.93	TN
湖北	18.04	TP	9.68	TN	1.20	TN
湖南	7.94	TP	12.85	TN	0.94	TN
重庆	5.23	TP	4.26	TN	0.11	TN
四川	14.55	TP	24.43	TN	0.36	TN
贵州	3.43	TP	9.21	TN	0.05	TN
云南	9.20	TP	16.50	TN	0.12	TN
总体	91.39	TP	99.75	TN	5.95	TN

3.2　长江经济带农业灰水足迹与经济脱钩关系

3.2.1　整体脱钩关系分析

　　构建 Tapio 脱钩理论模型计算出 2008～2019 年长江经济带农业灰水足迹与经济增长之间的脱钩指数，并划分评价农业经济发展与农业水环境之间的协调状态。表6是长江经济带农业灰水足迹与经济增长脱钩指数及评价。由表6可知，2008～2019 年长江经济带农业经济增长和水污染排放主要有两种状态，分别为前期的弱脱钩与扩张性负脱钩以及后期的强脱钩状态。

表6　长江经济带 2008～2019 年农业灰水足迹与经济增长脱钩指数及评价

年份	脱钩指数	脱钩评价
2008～2009	3.43	扩张性负脱钩
2009～2010	0.06	弱脱钩
2010～2011	0.03	弱脱钩

续表

年份	脱钩指数	脱钩评价
2011～2012	0.31	弱脱钩
2012～2013	0.05	弱脱钩
2013～2014	1.34	扩张性负脱钩
2014～2015	−0.17	强脱钩
2015～2016	−3.48	强脱钩
2016～2017	−2.87	强脱钩
2017～2018	−1.97	强脱钩
2018～2019	−0.94	强脱钩

2008～2014 年，长江经济带除 2008～2009 年、2013～2014 年为扩张性负脱钩状态，其他年份均为弱脱钩状态。扩张性负脱钩状态表明农业水污染排放和农业经济都在增长，但水污染排放量的增速要显著快于农业经济的增速；弱脱钩是农业水污染排放和农业经济都在增长，但水污染排放量的增速要明显低于农业经济的增速，两者均反映较不理想的发展状态。从协调程度上来说，弱脱钩要优于扩张性负脱钩。

2014～2019 年长江经济带均为强脱钩状态。强脱钩是指农业经济增长的同时伴随农业水污染排放的减少，说明经济增长不再依赖污染排放的增加，被视为经济与资源利用最理想的发展状态。2014 年《关于依托黄金水道推动长江经济带发展的指导意见》印发，提出了严格控制和治理长江水污染，强化沿江生态保护和修复的要求。沿江各省市加强对农业生产环境治理，污染产排管控也日趋严格，实现了保障农业经济平稳增长、持续向好的局面，同时农业水污染排放显著减少，农业经济发展与农业用水环境因此转为协调发展状态。

3.2.2 分省市脱钩程度分析

脱钩理论更注重脱钩过程的趋势性，短周期并不能有效体现脱钩作用（孙睿，2014）。为了更好地了解沿江省市不同时期农业水污染与经济增长之间的关系，参考相关研究（潘忠文等，2020），划分 2008～2011 年、2012～2015 年和 2016～2019 年 3 个时间阶段对 11 省市的脱钩关系进行计算，结果见表 7。

2008～2019 年长江经济带 11 省市农业生产总值始终正向增长，即农业生产总值年际变化率均为正，此时脱钩数值主要取决于农业灰水足迹年际变化率。若农业灰水足迹年际变化率小于零，则脱钩类型为强脱钩；若灰水足迹年际变化率大于零，脱钩类型根据数值不同由小到大可划分为弱脱钩、扩张连接和扩张性负脱钩三种。在这四种脱钩类型中，数值越小表明协调程度越高。

表7　长江经济带11省市2008~2019年农业灰水足迹与经济增长脱钩指数及评价

年份	2008~2011		2012~2015		2016~2019	
地区	脱钩指数	脱钩评价	脱钩指数	脱钩评价	脱钩指数	脱钩类型
上海	-0.80	强脱钩	-4.49	强脱钩	-2.45	强脱钩
江苏	0.11	弱脱钩	-0.62	强脱钩	-4.16	强脱钩
浙江	-0.04	强脱钩	-2.27	强脱钩	-1.43	强脱钩
安徽	0.10	弱脱钩	-0.05	强脱钩	-1.66	强脱钩
江西	0.59	弱脱钩	0.13	弱脱钩	-2.18	强脱钩
湖北	0.06	弱脱钩	-16.67	强脱钩	-4.16	强脱钩
湖南	0.09	弱脱钩	-0.58	强脱钩	-0.45	强脱钩
重庆	0.47	弱脱钩	0.58	弱脱钩	-0.64	强脱钩
四川	0.11	弱脱钩	0.47	弱脱钩	-1.90	强脱钩
贵州	-0.06	强脱钩	0.18	弱脱钩	-1.72	强脱钩
云南	0.45	弱脱钩	1.54	扩张性负脱钩	-0.10	强脱钩
整体	0.14	弱脱钩	0.16	弱脱钩	-1.43	强脱钩

由表6可知，2008~2011年11省市以弱脱钩为主，只有上海、浙江、贵州为强脱钩，协调程度最优的为上海，脱钩数值为-0.8，协调程度最低的为江西省，脱钩数值为0.59；2012~2015年，江苏、安徽等4省份实现由弱脱钩状态向强脱钩状态转变，但也有部分省份如云南、贵州协调程度降低。此阶段协调程度最优的省份为湖北省，脱钩数值为-16.67，协调程度最低的省份为云南省，脱钩数值为1.54；步入"十三五"时期，"生态优先、绿色发展"新发展理念引领推动长江经济带高质量发展，农业经济增长的同时农业水环境明显改善，这也体现在此阶段农业灰水足迹与农业经济增长之间的脱钩关系上。2016~2020年，长江经济带全部省市均为强脱钩状态，协调程度最优的省份为江苏省和湖北省，脱钩数值均为-4.16；协调程度最低省份仍为云南省，脱钩数值为-0.10。

3.3 脱钩驱动因素及效应分析

进一步利用 LMDI 指数分解法对长江经济带农业水污染与经济增长脱钩态势的成因进行探究。由于研究期内各省市农业生产总值持续增长，故脱钩态势演变主要由农业灰水足迹变化特征决定。因此对农业灰水足迹年际变化量进行因素分解，从农业技术水平、产业结构、经济水平、劳动力规模四个方面出发，寻找影响农业灰水足迹与经济增长脱钩程度的关键因素（见图1）。从图1可知，劳动力规模效应对农业灰水足迹起着稳定的负向驱动作用。

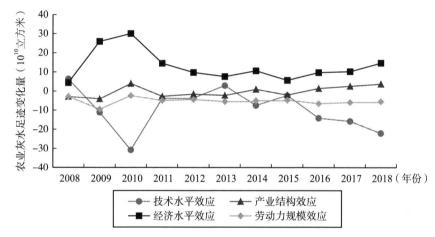

图1   长江经济带11省市农业水污染与经济脱钩态势演变的驱动效应

长期以来，长江经济带农业从业人口占全国比重过半，但随着土地流转步伐加快和规模化种植的兴起，农业劳动力出现大量转移。与此同时，由于乡村振兴战略的实施，以新型职业农民为代表的农业实用人才不断涌现。总的来说，农业劳动力的"减量增质"使得劳动力规模效应有效推动农业灰水足迹减少；技术水平效应总体上对农业灰水足迹起负向驱动作用。长江经济带发展需求促使沿江各省市积极转变农业发展方式，推广应用农业绿色生产技术，农业污染状况得到有效治理，技术进步成为降低农业灰水足迹的重要因素。经济水平的向好对农业灰水足迹起显著正向驱动作用。长江经济带作为重大国家战略发展区域，人口规模及经济总量占全国"半壁江山"，经济发展尤其是农业经济发展高度依赖水资源利用与水污染排放；产业结构效应对农业灰水足迹变化的影响不明显，但是近年来农业灰水足迹增加的次要因素。

4 结论与建议

本文测算了长江经济带9省2市2008～2019年农业灰水足迹，并以此为基础对农业水污染与经济增长之间的脱钩关系及内在驱动因素进行了探究，得出以下结论及建议。

（1）十二年间长江经济带农业灰水足迹先升高后降低，农业灰水足迹分布存在地域差异，四川、湖北等省份显著高于其他省市；研究期内种植业灰水足迹占比有明显下降，畜禽养殖业和水产养殖业则持续上升；TN、TP是造成长江经济带农业灰水足迹的两种主要污染物，其中种植业的决定性污染物为TP，侧面印证杨卫等（2021）认为磷肥施用是造成长江流域总磷污染的主要原因的说法；畜禽养殖业与水产养殖业决定性污染物为TN。沿江地区需深入贯彻落实绿色发展理念，推进化肥农药尤其是磷肥的减量增效，同时充分发挥政府职能，加强对畜禽养殖业、水产养殖业的管理监督，通过科学规划养殖区域等方法降低污染排放，积极宣传引导养殖从业者采用诸如无污染或低污染肥料饲料以及循环水养殖等绿色农业技术展开生产活动。

（2）长江经济带农业水污染与经济增长关系呈现扩张性负脱钩、弱脱钩向强脱钩状态转变的良好态势；具体到沿线11省市，2008～2011年弱脱钩、强脱钩两种状态并存，弱脱钩状态占多数；2012～2015年多种脱钩状态并存，强脱钩状态超半数；2016～2019全部省市实现强脱钩。整体和局部表现均反映出长江经济带在农业经济稳步提升的同时，农业水污染治理也取得良好成效，农业经济与水生态环境呈现协调发展态势。值得注意的是，云南、江西等中西部省份脱钩指数偏低，这与长期以来较为粗放的农业生产方式不无关系，这些省份需利用区位优势，加快推进农业转型升级与绿色发展，进一步巩固提高农业经济和水环境之间的协调程度。

（3）农业灰水足迹与经济增长脱钩驱动因素中，劳动力规模效应和技术水平效应总体上起到负向驱动作用，经济水平起到显著正向驱动作用，产业结构效应作用不明显，近三年起正向驱动作用。在"十四五"时期，各省市需进一步加强区域间交流与合作，加快推进绿色农业技术创新，加强农业人才队伍建设，调整产业结构，优化产业布局，共同推动长江经济带农业生态环境保护和高质量发展。

参 考 文 献

1. 布洛克，斯塔列布拉斯．枫丹娜现代思潮词典［M］．北京：社会科学文献出版社，1988：614.

2. 蔡威熙，周玉玺，胡继连．农业水价改革的利益相容政策研究——基于山东省的案例分析［J］．农业经济问题，2020（10）：32－39.

3. 曹大宇，朱红根．气候变化对我国种植业化肥投入的影响［J］．西部论坛，2017，27（1）：107－114.

4. 曹金萍．节水目标下的农业水价改革研究［D］．泰安：山东农业大学，2014.

5. 常跟应，王鹭，张文侠．民勤县农民对石羊河流域节水政策及节水效果认知［J］．干旱区资源与环境，2016，30（2）：13－19.

6. 常明，王西琴，贾宝珍．中国粮食作物灌溉用水效率时空特征及驱动因素：以稻谷、小麦、玉米为例［J］．资源科学，2019，41（11）：2032－2042.

7. 常明．农户兼业行为影响灌溉效率吗？基于CFPS的微观证据［J］．农林经济管理学报，2020，19（6）：681－689.

8. 陈丹，陈菁，陈祥，等．基于支付能力和支付意愿的农民灌溉水价承受能力研究［J］．水利学报，2009，40（12）：1524－1530.

9. 陈帅，徐晋涛，张海鹏．气候变化对中国粮食生产的影响——基于县级面板数据的实证分析［J］．中国农村经济，2016（5）：2－15.

10. 陈晓华．突出扶持重点切实增强新型农业经营主体发展带动能力［J］．农业经济问题，2020，（11）：4－7.

11. 邓露，郑展．一种刻画不同水平研究对象的统计方法：分位数回归［J］．统计与决策，2009（4）：154－155.

12. 董小菁，纪月清，钟甫宁．农业水价政策对农户种植结构的影响——以新疆地区为例［J］．中国农村观察，2020（3）：130－144.

13. 方杰，温忠麟，张敏强．类别变量的中介效应分析［J］．心理科学，

2017, 40 (2): 471 - 477.

14. 封丽, 赵又霖. 华北地下水开采与粮食生产的脱钩效应及其空间差异性研究 [J]. 中国农村水利水电, 2021 (1): 132 - 138, 146.

15. 冯欣, 姜文来, 刘洋, 栗欣如. 绿色发展背景下农业水价综合改革研究 [J]. 中国农业资源与区划, 2020, 41 (10): 25 - 31.

16. 冯欣, 姜文来, 刘洋. 农业水价利益相关者定量排序研究 [J]. 中国农业资源与区划, 2019, 40 (3): 173 - 180, 187.

17. 高雷. 农户采纳行为影响内外部因素分析——基于新疆石河子地区膜下滴灌节水技术采纳研究 [J]. 农村经济, 2010 (5): 84 - 88.

18. 高甜, 杨肖丽. 中部地区水资源利用与经济社会发展关系研究 [J]. 中国农村水利水电, 2022, 471 (1): 79 - 84, 92.

19. 耿献辉, 张晓恒, 宋玉兰. 农业灌溉用水效率及其影响因素实证分析——基于随机前沿生产函数和新疆棉农调研数据 [J]. 自然资源学报, 2014, 29 (6): 934 - 943.

20. 龚春霞. 优化配置农业水权的路径分析——以个体农户和农村集体的比较分析为视角 [J]. 思想战线, 2018, 44 (4): 108 - 116.

21. 郭晓东, 刘卫东, 陆大道, 等. 节水型社会建设背景下区域节水影响因素分析 [J]. 中国人口·资源与环境, 2013, 23 (12): 98 - 104.

22. 郭珍. 农地流转、集体行动与村庄小型农田水利设施供给——基于湖南省团结村的个案研究 [J]. 农业经济问题, 2015, 36 (8): 21 - 27, 110.

23. 国涓, 凌煜, 郭崇慧. 中国工业部门能源消费反弹效应的估算——基于技术进步视角的实证研究 [J]. 资源科学, 2010, 32 (10): 1839 - 1845.

24. 韩青, 谭向勇. 农户灌溉技术选择的影响因素分析 [J]. 中国农村经济, 2004 (1): 63 - 69.

25. 韩一军, 李雪, 付文阁. 麦农采用农业节水技术的影响因素分析——基于北方干旱缺水地区的调查 [J]. 南京农业大学学报 (社会科学版), 2015, 15 (4): 62 - 69, 133.

26. 何培培, 张俊飚, 何可, 等. 农业生产何以存在低碳效率幻觉?——来自 1997～2016 年 31 个省份面板数据的证据 [J]. 自然资源学报, 2020, 35 (9): 2205 - 2217.

27. 何为, 刘昌义, 刘杰, 等. 气候变化和适应对中国粮食产量的影响——基于省级面板模型的实证研究 [J]. 中国人口·资源与环境, 2015, 25

(S2): 248 – 253.

28. 何文盛, 杜丽娜, 杜晓林, 胡振通. 农业水价综合改革政策绩效偏差从何而来?——基于甘肃 10 个试点县 (区) 的实证研究 [J]. 公共行政评论, 2021, 14 (1): 151 – 169, 223 – 224.

29. 贺晓英, 谷耀鹏. 基于不确定性理论的水期权交易及其定价研究——以引汉济渭工程为例 [J]. 干旱区资源与环境, 2020, 34 (7): 119 – 124.

30. 贺志文, 向平安. 湖南省灰水足迹变化特征及其驱动因子分析 [J]. 中国农村水利水电, 2018, 432 (10): 19 – 26.

31. 胡东兰, 申颢, 刘自敏. 中国城市能源回弹效应的时空演变与形成机制研究 [J]. 中国软科学, 2019, (11): 96 – 108.

32. 胡继连, 王秀鹃. 农业"节水成本定价"假说与水价改革政策建议 [J]. 农业经济问题, 2018 (1): 120 – 126.

33. 胡振通, 王亚华. 地下水超采综合治理的农户评价、原因分析与改进建议 [J]. 中国人口·资源与环境, 2018, 28 (10): 160 – 168.

34. 黄露, 朱玉春. 异质性对农户参与村庄集体行动的影响研究——以小型农田水利设施建设为例 [J]. 农业技术经济, 2017 (11): 61 – 71.

35. 贾蕊, 陆迁. 信贷约束、社会资本与节水灌溉技术采用——以甘肃张掖为例 [J]. 中国人口·资源与环境, 2017, 27 (5): 54 – 62.

36. 姜文来, 冯欣, 刘洋, 栗欣如. 合理农业水价形成机制构建研究 [J]. 中国农业资源与区划, 2019, 40 (10): 1 – 4.

37. 姜翔程, 乔莹莹. "三权分置"视野的农田水利设施管护模式 [J]. 改革, 2017 (2): 108 – 115.

38. 姜长云. 农户分化对粮食生产和种植行为选择的影响及政策思考 [J]. 理论探讨, 2015 (1): 69 – 74.

39. 蒋昀辰, 黄贤金, 徐晓晖. 排水权交易定价方法及案例研究——以秦淮河流域为例 [J]. 长江流域资源与环境, 2021, 30 (6): 1308 – 1316.

40. 劳可夫, 吴佳. 基于 Ajzen 计划行为理论的绿色消费行为的影响机制 [J]. 财经科学, 2013 (2): 91 – 100.

41. 李昌彦, 王慧敏, 佟金萍, 等. 基于 CGE 模型的水资源政策模拟分析——以江西省为例 [J]. 资源科学, 2014, 36 (1): 84 – 93.

42. 李贵芳, 周丁扬, 石敏俊. 西北干旱区作物灌溉技术效率及影响因素 [J]. 自然资源学报, 2019, 34 (4): 853 – 866.

43. 李俊利，张俊飚. 农户采用节水灌溉技术的影响因素分析——来自河南省的实证调查 [J]. 中国科技论坛，2011（8）：141－145.

44. 李凯杰，董丹丹，韩亚峰. 绿色创新的环境绩效研究——基于空间溢出和回弹效应的检验 [J]. 中国软科学，2020，（7）：112－121.

45. 李曼，何巧凤，刘焕才. 疏勒河流域中下游地区主要粮食作物生产水足迹变化及影响因素分析 [J]. 节水灌溉，2020，301（9）：94－99，105.

46. 李宁，汪险生，陆华良. 新型农业经营主体农机作业服务的双重角色及其动态转变：一个初步的分析框架 [J]. 农业经济问题，2021，（2）：38－53.

47. 李强，魏巍，徐康宁. 技术进步和结构调整对能源消费回弹效应的估算 [J]. 中国人口·资源与环境，2014，24（10）：64－67.

48. 李然，田代贵. 农业水价的困境摆脱与当下因应 [J]. 改革，2016（9）：107－114.

49. 李胜楠，王远，罗进，蒋培培，陈华阳. 福建省灰水足迹时空变化及驱动因素 [J]. 生态学报，2020，40（21）：7952－7965.

50. 李周，于法稳. 西部地区农业生产效率的 DEA 分析 [J]. 中国农村观察，2005，（6）：2－10.

51. 梁忠. 新中国成立 70 年来中国水权制度建设的回顾与展望 [J]. 中国矿业大学学报（社会科学版），2019，21（5）：68－81.

52. 廖永松. 灌溉水价改革对灌溉用水、粮食生产和农民收入的影响分析 [J]. 中国农村经济，2009（1）：39－48.

53. 林光华，陆盈盈. 气候变化对农业全要素生产率的影响及对策——以冬小麦为例 [J]. 农村经济，2019（6）：114－120.

54. 刘畅，吕杰. 新型农业经营体系研究：知识图谱、理论框架构建与未来展望 [J]. 经济体制改革，2020，（2）：74－79.

55. 刘红光，陈敏，唐志鹏. 基于灰水足迹的长江经济带水资源生态补偿标准研究 [J]. 长江流域资源与环境，2019，28（11）：2553－2563.

56. 刘红梅，王克强，黄智俊. 我国农户学习节水灌溉技术的实证研究——基于农户节水灌溉技术行为的实证分析 [J]. 农业经济问题，2008（4）：19－25，108.

57. 刘红梅，王克强，黄智俊. 影响中国农户采用节水灌溉技术行为的因素分析 [J]. 中国农村经济，2008（4）：44－54.

58. 刘金华. 水资源与社会经济协调发展分析模型拓展及应用研究 [D]. 北京：中国水利水电科学研究院，2013.

59. 刘军弟，霍学喜，黄玉祥，等. 基于农户受偿意愿的节水灌溉补贴标准研究 [J]. 农业技术经济，2012 (11)：29 - 40.

60. 刘润秋，王丽程. 利益协调推进中国农村改革：理论、历史与展望 [J]. 当代经济研究，2020 (12)：84 - 91.

61. 刘维哲，常明，王西琴. 基于随机前沿的灌溉用水效率及影响因素研究：以陕西关中地区小麦为例 [J]. 中国生态农业学报，2018，26 (9)：1407 - 1414.

62. 刘维哲，唐溧，王西琴，王建浩. 农业灌溉用水经济价值及其影响因素——基于剩余价值法和陕西关中地区农户调研数据 [J]. 自然资源学报，2019，34 (3)：553 - 562.

63. 刘晓敏，王慧军. 黑龙港区农户采用农艺节水技术意愿影响因素的实证分析 [J]. 农业技术经济，2010 (9)：73 - 79.

64. 刘晓燕，章丹，徐志刚. 粮食规模经营户化肥施用也"过量"吗——基于规模户和普通户异质性的实证 [J]. 农业技术经济，2020 (9)：117 - 129.

65. 刘亚克，王金霞，李玉敏，张丽娟. 农业节水技术的采用及影响因素 [J]. 自然资源学报，2011，26 (6)：932 - 942.

66. 刘一明，罗必良. 水价政策对农户灌溉用水行为的影响——基于农户行为模型的理论分析 [J]. 数学的实践与认识，2011，41 (12)：27 - 32.

67. 刘毅，张志伟. 中国水权市场的可持续发展组合条件研究 [J]. 河海大学学报（哲学社会科学版），2020，22 (1)：44 - 52，106 - 107.

68. 刘莹，黄季焜，王金霞. 水价政策对灌溉用水及种植收入的影响 [J]. 经济学（季刊），2015，58 (4)：169 - 186.

69. 陆平. 中国水资源政策对区域经济的影响效应模拟研究 [D]. 北京：北京科技大学，2016.

70. 栾健，韩一军. 干旱灾害与农田灌溉对小麦生产技术效率的影响 [J]. 资源科学，2019，41 (8)：1387 - 1399.

71. 罗必良. 小农经营、功能转换与策略选择：兼论小农户与现代农业融合发展的"第三条道路" [J]. 农业经济问题，2020，(1)：28 - 47.

72. 罗文哲，蒋艳灵，王秀峰，等. 华北地下水超采区农户节水灌溉技术认知分析——以河北省张家口市沽源县为例 [J]. 自然资源学报，2019，34 (11)：2469 – 2480.

73. 吕杰，金雪，韩晓燕. 农户采纳节水灌溉的经济及技术评价研究——以通辽市玉米生产为例 [J]. 干旱区资源与环境，2016，30 (10)：151 – 157.

74. 马九杰，崔怡，孔祥智，陈志钢. 水权制度、取用水许可管理与农户节水技术采纳——基于差分模型对水权改革节水效应的实证研究 [J]. 统计研究，2021，38 (4)：116 – 130.

75. 满明俊，周民良，李同昇. 农户采用不同属性技术行为的差异分析——基于陕西、甘肃、宁夏的调查 [J]. 中国农村经济，2010 (2)：68 – 78.

76. 牛坤玉，吴健. 农业灌溉水价对农户用水量影响的经济分析 [J]. 中国人口·资源与环境，2010，20 (9)：59 – 64.

77. 欧阳佚亭，宋国宝，陈景文，等. 中国淡水池塘养殖鱼类排污的灰水足迹及污染负荷研究 [J]. 环境污染与防治，2018，40 (3)：317 – 322，328.

78. 潘海英，朱彬让，周婷. 基于实验经济学的水权市场有效性研究 [J]. 中国人口·资源与环境，2019，29 (8)：112 – 121.

79. 潘忠文，徐承红. 我国绿色水资源效率测度及其与经济增长的脱钩分析 [J]. 华中农业大学学报（社会科学版），2020 (4)：1 – 9，173.

80. 裴源生，方玲，罗琳. 黄河流域农业需水价格弹性研究 [J]. 资源科学，2003，5 (6)：25 – 30.

81. 钱文荣，朱嘉晔，钱龙，郑淋议. 中国农村土地要素市场化改革探源 [J]. 农业经济问题，2021 (2)：4 – 14.

82. 秦国庆，杜宝瑞，刘天军，朱玉春. 农民分化、规则变迁与小型农田水利集体治理参与度 [J]. 中国农村经济，2019 (3)：111 – 127.

83. 邱书钦. 我国农业水价分担模式比较及选择——兼析国际农业水价分担模式经验借鉴 [J]. 价格理论与实践，2016 (12)：52 – 55.

84. 饶静. "项目制"下节水农业建设困境研究——以河北省 Z 市高效节水农业技术推广为例 [J]. 农业经济问题，2017，38 (1)：83 – 90，111 – 112.

85. 沈大军，阿丽古娜，陈琛. 黄河流域水权制度的问题、挑战和对策 [J]. 资源科学，2020，42 (1)：46 – 56.

86. 沈茂英. 长江上游农业水权制度现状与面临困境研究——以四川省为例 [J]. 农村经济，2021 (3)：9 – 17.

87. 石腾飞. 区域水权及其科层权力运作 [J]. 农业经济问题, 2018 (6): 129 – 137.

88. 史煜娟. 西北民族地区水权交易制度构建研究——以临夏回族自治州为例 [J]. 西北师大学报 (社会科学版), 2019, 56 (2): 140 – 144.

89. 宋春晓, 马恒运, 黄季焜, 等. 气候变化和农户适应性对小麦灌溉效率影响——基于中东部 5 省小麦主产区的实证研究 [J]. 农业技术经济, 2014 (2): 4 – 16.

90. 宋健, 陈芳. 城市青年生育意愿与行为的背离及其影响因素——来自 4 个城市的调查 [J]. 中国人口科学, 2010 (5): 103 – 110, 112.

91. 孙才志, 刘玉玉. 基于 DEA 的中国水资源利用相对效率的时空格局分析 [J]. 资源科学, 2009, 31 (10): 1696 – 1703.

92. 孙付华, 杨一帆, 沈菊琴, 等. 基于水足迹—LMDI 模型的江苏省水资源利用与经济发展的脱钩关系研究 [J]. 江苏社会科学, 2020 (6): 233 – 240.

93. 孙睿. Tapio 脱钩指数测算方法的改进及其应用 [J]. 技术经济与管理研究, 2014 (8): 7 – 11.

94. 田贵良, 顾少卫, 韦丁, 等. 农业水价综合改革对水权交易价格形成的影响研究 [J]. 价格理论与实践, 2017 (2): 66 – 69.

95. 田贵良, 胡雨灿. 市场导向下大宗水权交易的差别化定价模型 [J]. 资源科学, 2019, 41 (2): 313 – 325.

96. 田贵良, 盛雨, 卢曦. 水权交易市场运行对试点地区水资源利用效率影响研究 [J]. 中国人口·资源与环境, 2020, 30 (6): 146 – 155.

97. 田贵良. 我国水价改革的历程、演变与发展——纪念价格改革 40 周年 [J]. 价格理论与实践, 2018 (11): 5 – 10.

98. 田旭, 张淑雯. 单位面积利润变化与我国粮食种植结构调整 [J]. 华南农业大学学报 (社会科学版), 2017, 16 (6): 59 – 71.

99. 童庆蒙, 张露, 张俊飚. 家庭禀赋特征对农户气候变化适应性行为的影响研究 [J]. 软科学, 2018, 32 (1): 136 – 139.

100. 王琛, 尹沙沙, 于世杰, 等. 河南省 2013 年大气氨排放清单建立及分布特征 [J]. 环境科学, 2018, 39 (3): 1023 – 1030.

101. 王丹阳, 李景保, 叶亚亚, 等. 一种改进的灰水足迹计算方法 [J]. 自然资源学报, 2015, 30 (12): 2120 – 2130.

102. 王格玲，陆迁. 社会网络影响农户技术采用的路径研究——以民勤节水灌溉为例 [J]. 华中科技大学学报（社会科学版），2016，30（5）：83 - 91.

103. 王格玲，陆迁. 意愿与行为的悖离：农村社区小型水利设施农户合作意愿及合作行为的影响因素分析 [J]. 华中科技大学学报（社会科学版），2013（3）：68 - 75.

104. 王国刚，刘合光，钱静斐，等. 中国农业生产经营主体变迁及其影响效应 [J]. 地理研究，2017，36（6）：1081 - 1090.

105. 王姣，肖海峰. 我国良种补贴、农机补贴和减免农业税政策效果分析 [J]. 农业经济问题，2007（2）：24 - 28.

106. 王克强，李国军，刘红梅. 中国农业水资源政策一般均衡模拟分析 [J]. 管理世界，2011（9）：81 - 92，188.

107. 王林，时勘，赵杨. 行为执行意向的理论观点及其相关研究 [J]. 心理科学，2014（4）：875 - 879.

108. 王娜，春喜，周海军，等. 干旱区水资源利用与经济发展关系研究——以鄂尔多斯市为例 [J]. 节水灌溉，2020，298（6）：108 - 113.

109. 王蔷. 农业水价综合改革：进展、挑战与效应评价——基于四川省武引灌区的案例数据 [J]. 农村经济，2020（3）：102 - 109.

110. 王圣云，林玉娟. 中国区域农业生态效率空间演化及其驱动因素——水足迹与灰水足迹视角 [J]. 地理科学，2021，41（2）：290 - 301.

111. 王西琴，王佳敏，张远. 基于粮食安全的河南省农业用水分析及其保障对策 [J]. 中国人口·资源与环境，2014，24（S1）：114 - 118.

112. 王喜峰，沈大军，李玮. 水资源利用与经济增长脱钩机制、模型及应用研究 [J]. 中国人口·资源与环境，2019，29（11）：139 - 147.

113. 王晓娟，李周. 灌溉用水效率及影响因素分析 [J]. 中国农村经济，2005，（7）：11 - 18.

114. 王晓君，石敏俊，王磊. 干旱缺水地区缓解水危机的途径：水资源需求管理的政策效应 [J]. 自然资源学报，2013，28（7）：1117 - 1129.

115. 王学渊，赵连阁. 中国农业用水效率及影响因素：基于1997 ~ 2006年省区面板数据的 SFA 分析 [J]. 农业经济问题，2008，29（3）：10 - 17.

116. 王学渊. 基于数据包络分析方法的灌溉用水效率测算与分解 [J]. 农业技术经济，2009，（6）：40 - 49.

117. 王亦宁, 李培蕾, 谷树忠, 等. 基于永定河流域典型案例区的农业节水技术需求影响因素分析 [J]. 资源科学, 2010, 32 (6): 1204 - 1212.

118. 王哲, 陈煜. 技术进步一定会带来一个区域农业用水总量下降吗——基于河北省面板数据实证分析 [J]. 农业技术经济, 2020 (6): 81 - 89.

119. 尉永平, 陈德立, 李保国. 农业水价调整对解决华北平原水资源短缺的有效性分析——河南省封丘县农业水价调查分析 [J]. 资源科学, 2007, 29 (2): 40 - 45.

120. 温忠麟, 范息涛, 叶宝娟, 等. 从效应量应有的性质看中介效应量的合理性 [J]. 心理学报, 2016, 48 (4): 435 - 443.

121. 温忠麟, 叶宝娟. 中介效应分析: 方法和模型发展 [J]. 心理科学进展, 2014, 22 (5): 731 - 745.

122. 吴丹, 李昂, 张陈俊. 双控行动下京津冀经济发展与水资源利用脱钩评价 [J]. 中国人口·资源与环境, 2021, 31 (3): 150 - 160.

123. 吴凤平, 李滢. 基于买卖双方影子价格的水权交易基础定价模型研究 [J]. 软科学, 2019, 33 (8): 85 - 89.

124. 吴凤平, 于倩雯, 沈俊源, 等. 基于市场导向的水权交易价格形成机制理论框架研究 [J]. 中国人口·资源与环境, 2018, 28 (7): 17 - 25.

125. 吴乐, 孔德帅, 李颖, 等. 地下水超采区农业生态补偿政策节水效果分析 [J]. 干旱区资源与环境, 2017, 31 (3): 38 - 44.

126. 吴连翠, 陆文聪. 基于农户模型的粮食补贴政策绩效模拟研究 [J]. 中国农业大学学报, 2011, 16 (5): 171 - 178.

127. 吴连翠, 陆文聪. 粮食补贴政策的增产增收效应——基于农户模型的模拟研究 [J]. 江西农业大学学报 (社会科学版), 2011, 10 (1): 60 - 66.

128. 吴先明, 张楠, 赵奇伟. 工资扭曲、种群密度与企业成长: 基于企业生命周期的动态分析 [J]. 中国工业经济, 2017 (10): 137 - 155.

129. 夏婷, 陈林. 技术创新与能源回弹效应之探讨——以中国工业为例 [J]. 科学决策, 2014, (4): 41 - 57.

130. 肖序, 万红艳. 技术进步对中国电解铝能源消费回弹效应的影响——基于二级镶嵌式 CES 函数的实证研究 [J]. 中国人口·资源与环境, 2012, 22 (10): 144 - 150.

131. 谢小芹, 周海荣. "水权—治权": 丰水型社会中的水权运行机制——基于四川成都夏雨村的实地调研 [J]. 民俗研究, 2019 (5): 136 - 144, 160.

132. 徐志刚, 张骏逸, 吕开宇. 经营规模、地权期限与跨期农业技术采用——以秸秆直接还田为例 [J]. 中国农村经济, 2018 (3): 61 - 74.

133. 许朗, 陈杰. 节水灌溉技术采纳行为意愿与应用背离 [J]. 华南农业大学学报 (社会科学版), 2020, 19 (5): 103 - 114.

134. 许朗, 黄莺. 农业灌溉用水效率及其影响因素分析——基于安徽省蒙城县的实地调查 [J]. 资源科学, 2012, 34 (1): 105 - 113.

135. 许朗, 刘金金. 农户节水灌溉技术选择行为的影响因素分析——基于山东省蒙阴县的调查数据 [J]. 中国农村观察, 2013 (6): 45 - 51, 93.

136. 许朗, 王宁. 农业水价对不同种植规模农户节水行为的影响研究——基于对石津灌区的调查研究 [J]. 干旱区资源与环境, 2021, 35 (11): 81 - 88.

137. 许启发, 蒋翠侠. 分位数局部调整模型及应用 [J]. 数量经济技术经济研究, 2011, 28 (8): 115 - 133.

138. 许长新, 杨李华. 中国水权交易市场中的信息不对称程度分析 [J]. 中国人口·资源与环境, 2019, 29 (9): 127 - 135.

139. 闫宗正, 房琴, 路杨, 等. 河北省地下水压采政策下水价机制调控冬小麦灌水量研究 [J]. 灌溉排水学报, 2018, 37 (8): 91 - 97, 128.

140. 杨得瑞, 刘定湘. 加快水利改革发展五年回眸 [J]. 水利发展研究, 2016, 16 (8): 21 - 27.

141. 杨凡. 山东省地市灰水足迹测度与空间格局分析 [J]. 节水灌溉, 2017, 258 (2): 69 - 75.

142. 杨军. 新型农业经营主体的技术效率对撂荒农地再利用的影响: 基于2014 ~ 2018 年粤赣的调查数据 [J]. 农业技术经济, 2019, (12): 34 - 42.

143. 杨卫, 李瑞清. 长江和汉江总磷污染特征及成因分析 [J]. 中国农村水利水电, 2021, 459 (1): 42 - 47.

144. 杨宇, 王金霞, 侯玲玲, 黄季焜. 华北平原的极端干旱事件与农村贫困: 不同收入群体在适应措施采用及成效方面的差异 [J]. 中国人口·资源与环境, 2018, 28 (1): 124 - 133.

145. 杨宇, 王金霞, 黄季焜. 极端干旱事件、农田管理适应性行为与生产风险: 基于华北平原农户的实证研究 [J]. 农业技术经济, 2016 (9):

4 - 17.

146. 杨振华, 苏维词, 赵卫权. 岩溶地区水资源与经济发展脱钩分析 [J]. 经济地理, 2016, 36 (10): 159 - 165.

147. 叶宝娟, 温忠麟. 有中介的调节模型检验方法: 甄别和整合 [J]. 心理学报, 2013 (9): 1050 - 1060.

148. 叶明华, 朱俊生. 新型农业经营主体与传统小农户农业保险偏好异质性研究——基于9个粮食主产省份的田野调查 [J]. 经济问题, 2018 (2): 91 - 97.

149. 叶文丽, 王银, 闵典, 等. 生态脆弱区农户生计恢复力与多维贫困脱钩关系时空演变规律——以陕西省佳县为例 [J]. 干旱区资源与环境, 2021, 35 (10): 7 - 15.

150. 易福金, 肖蓉, 王金霞. 计量水价、定额管理还是按亩收费?——海河流域农业用水政策探究 [J]. 中国农村观察, 2019 (1): 33 - 50.

151. 易富贤. 中国: 人口过多? 人均资源不足? [J]. 社会科学论坛, 2006, (19): 50 - 71.

152. 尹朝静, 李谷成, 高雪. 气候因素对水稻单产影响的实证分析——基于湖北农户层面的分层模型 [J]. 自然资源学报, 2017, 32 (8): 1433 - 1444.

153. 尹小娟, 蔡国英. 基于CVM的农户水价支付意愿及其影响因素分析——以张掖市甘临高三地为例 [J]. 干旱区资源与环境, 2016, 30 (5): 65 - 70.

154. 于伟咏, 漆雁斌, 韦锋, 等. 水旱轮作模式和灌溉方式对西南地区水稻灌溉用水效率的影响 [J]. 资源科学, 2017, 39 (6): 1127 - 1136.

155. 于智媛, 梁书民. 基于Miami模型的西北干旱半干旱地区灌溉用水效果评价: 以甘宁蒙为例 [J]. 干旱区资源与环境, 2017, 31 (9): 49 - 55.

156. 余志刚, 张靓. 农户种植结构调整意愿与行为差异——基于黑龙江省341个玉米种植农户的调查 [J]. 南京农业大学学报 (社会科学版), 2018, 18 (4): 137 - 145, 160.

157. 张广纳, 邵景安, 王金亮, 等. 三峡库区重庆段农村面源污染时空格局演变特征 [J]. 自然资源学报, 2015, 30 (7): 1197 - 1209.

158. 张玲玲, 丁雪丽, 沈莹, 等. 中国农业用水效率空间异质性及其影响因素分析 [J]. 长江流域资源与环境, 2019, 28 (4): 817 - 828.

159. 张维康，曾扬一，傅新红，等. 心理参照点、支付意愿与灌溉水价——以四川省 20 县区 567 户农民为例 [J]. 资源科学，2014，36 (10)：2020 - 2028.

160. 张向达，朱帅. 基于技术效率及影子价格的农业灌溉弹性需水研究——以黑龙江省为例 [J]. 地理科学，2018，38 (7)：1165 - 1173.

161. 张义珍. 我国农业经营主体疆农的现状与发展趋势 [J]. 新疆农垦经济，1998 (5)：7 - 9.

162. 张永凯，薛波. 水价调整对农业种植结构及用水效率的影响研究——以张掖市节水型社会建设试点为例 [J]. 资源开发与市场，2016，32 (6)：679 - 683.

163. 张永强，蒲晨曦，王珧，等. 化肥投入效率测度及归因——来自 20 个玉米生产省份的面板证据 [J]. 资源科学，2018，40 (7)：1333 - 1343.

164. 张照新，赵海. 新型农业经营主体的困境摆脱及其体制机制创新 [J]. 改革，2013 (2)：78 - 87.

165. 赵丹丹，周宏，高富雄. 农户分化、技术约束与耕地保护技术选择差异——基于不同约束条件下的农户技术采纳理论分析框架 [J]. 自然资源学报，2020，35 (12)：2956 - 2967.

166. 赵连阁，王学渊. 农户灌溉用水的效率差异——基于甘肃、内蒙古两个典型灌区实地调查的比较分析 [J]. 农业经济问题，2010，31 (3)：71 - 78，111.

167. 赵连阁. 灌区水价提升的经济、社会和环境效果——基于辽宁省的分析 [J]. 中国农村经济，2006，(12)：37 - 44.

168. 赵奇伟，张楠. 所有权结构、隶属关系与国有企业生存分析 [J]. 经济评论，2015 (1)：54 - 65.

169. 周冲，黎红梅. 新型农业经营主体参与小农水管护行为影响因素分析：来自安徽省 204 个样本的调查 [J]. 农村经济，2020，(4)：116 - 124.

170. 周俊菊，石培基，雷莉，等. 民勤绿洲种植业结构调整及其对农作物需水量的影响 [J]. 自然资源学报，2016，31 (5)：822 - 832.

171. 朱丽娟，张改清，张建杰. 水土资源利用方式对种粮大户技术效率的影响分析：基于黑龙江省 697 个种粮大户的调查数据 [J]. 经济经纬，2018，35 (5)：66 - 72.

172. 朱萌，沈祥成，齐振宏，等. 新型农业经营主体农业技术采用行为影响因素研究——基于苏南地区种稻大户的调查 [J]. 科技管理研究, 2016, 36 (18): 92 - 99.

173. 朱平芳, 张征宇. 无条件分位数回归: 文献综述与应用实例 [J]. 统计研究, 2012, 29 (3): 88 - 96.

174. 左喆瑜. 华北地下水超采区农户对现代节水灌溉技术的支付意愿——基于对山东省德州市宁津县的条件价值调查 [J]. 农业技术经济, 2016 (6): 32 - 46.

175. Adzawla W, Alhassan H. Effects of climate adaptation on technical efficiency of maize production in northern Ghana [J]. Agricultural and Food Economics, 2021, 9 (14): 7 - 25.

176. Ajzen I, Fishbein M. Understanding attitudes and predicting behavior [M]. Engle-wood Cliffs: Prentice Hall, 1980: 132 - 201.

177. Ajzen I. The theory of planned behavior [J]. Organizational Behavior and Human Decision Processes, 1991 (2): 179 - 211.

178. Alcon F, Miguel M D, Burton M. Duration analysis of adoption of drip irrigation technology in southeastern Spain [J]. Technological Forecasting & Social Change, 2011, 78 (5): 991 - 1001.

179. Alcon F, Tapsuwan S, Brouwer R, et al. Adoption of irrigation water policies to guarantee water supply: A choice experiment [J]. Environmental Science and Policy, 2014 (44): 226 - 236.

180. Alejandro P, Sergio H L. Parametric estimation of total factor productivity and its components in US agriculture [J]. American Journal of Agricultural Economics, 2018, 100 (4): 1091 - 1119.

181. Alfonso E, Julio B. Why is water pricing ineffective for deficit irrigation schemes? A case study in southern Spain [J]. Springer Netherlands, 2017, 31 (3): 1047 - 1059.

182. Ali A, Erenstein O. Assessing farmer use of climate change adaptation practices and impacts on food security and poverty in Pakistan [J]. Climate Risk Management, 2017 (16): 183 - 194.

183. Al - Jamal M S, Ball S, Sammis T W. Comparison of sprinkler, trickle and furrow irrigation efficiencies for onion production [J]. Agricultural Water Management, 2001, 46 (3): 253 - 266.

184. Allom V, Mullan B, Sebastian J. Closing the intention-behaviour gap for sunscreen use and sun protection behaviour [J]. Psychology&Health, 2013 (5): 477 – 494.

185. Ang B W. LMDI decomposition approach: A guide for implementation [J]. Energy Policy, 2015, 86 (11): 233 – 238.

186. Arshad M, Amjath – Babu T S, Aravindakshan S, et al. Climatic variability and thermal stress in Pakistan's rice and wheat systems: A stochastic frontier and quantile regression analysis of economic efficiency [J]. Ecological Indicators, 2018, 89 (4): 496 – 506.

187. Arvandi S, Sharifi F, Shahnazari A. Improving water efficiency and productivity using a condensation irrigation technique [J]. International Journal of Energy and Water Resources, 2020, 4 (2): 151 – 162.

188. Arvola A, Vassallo M, Dean M, et al. Predicting intentions to purchase organic food: The role of affective and moral attitudes in the Theory of Planned Behaviour [J]. Appetite, 2008 (2): 443 – 454.

189. Aslam M S, Xue P H, Bashir S, et al. Assessment of rice and wheat production efficiency based on data envelopment analysis [J]. Environmental Science and Pollution Research, 2021 (3): 128 – 141.

190. Auci S, Coromaldi M. Climate variability and agricultural production efficiency: Evidence from Ethiopian farmers [J]. International Journal of Environmental, 2020 (6): 175 – 196.

191. Aydoğdu M H. Evaluation of willingness to pay for irrigation water: Harran plain sampling in GAP Region – Turkey [J]. Applied Ecology and Environmental Research, 2016, 14 (1): 349 – 365.

192. Bai Y P, Deng X Z, Jiang S J, et al. Relationship between climate change and low-carbon agricultural production: A case study in Hebei Province, China [J]. Ecological Indicators, 2019, 105 (6): 438 – 447.

193. Barbera F, Amato M, Sannino G. Understanding consumers' intention and behaviour towards functionalised food: The role of knowledge and food technology neophobia [J]. British Food Journal, 2016 (4): 885 – 895.

194. Battese G E, Coelli T J. A model for technical inefficiency effects in a stochastic frontier production function for panel data [J]. Empirical Economics, 1995,

20 (2): 325 – 332.

195. Battese G E, Corra G S. Estimation of a production frontier model: With application to the pastoral zone of Eastern Australia [J]. Australian Journal of Agricultural Economics, 1977, 21 (3): 169 – 179.

196. Bazzani G M, Pasquale S D, Gallerani V, et al. The sustainability of irrigated agricultural systems under the Water Framework Directive: First results [J]. Environment Modelling and Software, 2005, 20 (2): 165 – 175.

197. Berbel J, Gutiérrez – Martín C, Rodríguez – Díaz J A, et al. Literature review on rebound effect of water saving measures and analysis of a Spanish case study [J]. Water Resources Management, 2015, 29 (10): 663 – 678.

198. Beyene A D, Kassie M. Duration analysis of adoption of drip irrigation technology in southeastern Spain [J]. Technological Forecasting & Social Change, 2015, 96 (3): 298 – 307.

199. Birkenholtz T. Assessing India's drip-irrigation boom: efficiency, climate change and groundwater policy [J]. Water International, 2017, 42 (6): 663 – 677.

200. Bocchiola D, Brunetti L, Soncini A, et al. Impact of climate change on agricultural productivity and food security in the Himalayas: A case study in Nepal [J]. Agricultural Systems, 2019, 171 (5): 113 – 125.

201. Booker J F, Scheierling S M, Treguer D O, et al. How to assess agricultural water productivity? Looking for water in the agricultural productivity and efficiency literature [J]. Social Science Electronic Publishing, 2014 (45): 608 – 615.

202. Branca G, Benedetti I, Laureti T. Water use efficiency and public goods conservation: A spatial stochastic frontier model applied to irrigation in Southern Italy [J]. Socio – Economic Planning Sciences, 2020 (3): 1 – 11.

203. Burnham M, Ma Z, Zhu D. The human dimensions of water saving irrigation: Lessons learned from Chinese smallholder farmers [J]. Agricultural Human Values, 2015 (32): 347 – 360.

204. Cai X, Yang Y C, Ringler C, et al. Agricultural water productivity assessment for the Yellow River Basin [J]. Agricultural Water Management, 2011, 98 (8): 1300 – 1306.

205. Caswell M, Zilberman D. The choices of irrigation technologies in California [J]. American Journal of Agricultural Economics, 1985, 67 (2): 224 – 234.

206. Chandio A A, Ozturk I, Akram W, et al. Empirical analysis of climate change factors affecting cereal yield: Evidence from Turkey [J]. Environmental Science Pollution Research, 2020 (27): 1944 – 1957.

207. Chen S, Gong B L. Response and adaptation of agriculture to climate change: Evidence from China [J]. Journal of Development Economics, 2021 (148): 102 – 119.

208. Chiueh Y W. The price elasticity of transferring agricultural water to industrial water during non-drought period in Taiwan [J]. Paddy and Water Environment, 2012, 10 (1): 41 – 47.

209. Dolnicar S, Hurlimann A. Australians water conservation behaviours and attitudes [J]. Australian Journal of Water Resources, 2010 (1): 43 – 53.

210. Expósito A, Berbel J. Why is water pricing ineffective for deficit irrigation schemes? A case study in southern Spain [J]. Water Resources Management, 2017, 31 (3): 1047 – 1059.

211. Fahad S, Wang J. Farmers' risk perception, vulnerability, and adaptation to climate change in rural Pakistan [J]. Land Use Policy, 2018, 79 (12): 301 – 309.

212. Fairchild A J, Mackinnon D P. A general model for testing mediation and moderation effects [J]. Prevention Science, 2009 (10): 87 – 99.

213. Fang L, Zhang L. Does the trading of water rights encourage technology improvement and agricultural water conservation? [J]. Agricultural Water Management, 2020, 233 (2): 97 – 105.

214. Feinberg F M. Mediation analysis and categorical variables: Some further frontiers [J]. Journal of Consumer Psychology, 2012 (22): 595 – 598.

215. Fishbein M, Ajzen I. Belief, Attitude, Intention an Behavior, an Introduction to theory and research [M]. Mass: Addison – Wesley, 1975: 51 – 56

216. Freire – González J. Does water efficiency reduce water consumption? The economy-wide water rebound effect [J]. Water Resource Management, 2019, 33 (4): 2191 – 2202.

217. Freire – González J. Empirical evidence of direct rebound effect in Catalo-

nia [J]. Energy Policy, 2010, 38 (5): 2309 –2314.

218. Gallego – Ayala J. Selecting irrigation water pricing alternatives using a multi-methodological approach [J]. Mathematical and Computer Modelling, 2012 (55): 861 –883.

219. Genius M, Koundorui P, Nauges C, et al. Information transmission in irrigation technology adoption and diffusion: Social learning, extension services, and spatial effects [J]. American Journal of Agricultural Economics, 2014, 96 (1): 328 – 362.

220. Gennaro B C, Forleo M B. Sustainability perspectives in agricultural economics research and policy agenda [J]. Agricultural and Food Economics, 2019, 7 (17): 1 –5.

221. Georgios N, Damianos N, Anastasis C, et al. Implementing sustainable irrigation in water-scarce regions under the impact of climate change [J]. Agronomy, 2020, 10 (8): 1120 –1153.

222. Giovanni P, Pierluigi T, Cristian R, et al. Determinants of farmers intention to adopt water saving measures: Evidence from Italy [J]. Sustainability, 2017 (1): 2 – 14.

223. Golfam P, Ashofteh P S, Loáiciga H A. Modeling adaptation policies to increase the synergies of the water-climate-agriculture nexus under climate change [J]. Environmental Development, 2021, 37 (10): 612 –624.

224. Gómez – Limón J A, Gutiérrez – Martín C, Montilla – López N M. Agricultural water allocation under cyclical scarcity: The role of priority water rights [J]. Water, 2020, 12 (6): 18 –35.

225. Gómez – Limón J A, Riesgo L. Water pricing: Analysis of differential impacts on heterogeneous farmers [J]. Water Resources Research, 2004, 40 (7): 308 – 322.

226. Gonzáles P, Ajami N. Social and structural patterns of drought-related water conservation and rebound [J]. Water Resource Research, 2017, 53 (12): 619 –634.

227. Grafton R Q, Chu L, Wyrwoll P. The paradox of water pricing: dichotomies, dilemmas, and decisions [J]. Oxford Review of Economic Policy, 2020, 36 (1): 86 –107.

228. Grafton R Q, Williams J, Perry C J, et al. The paradox of irrigation efficiency [J]. Science, 2018, 361 (6404): 748 – 750.

229. Grafton R Q. Water reform and planning in the Murray – Darling Basin, Australia [J]. Water Economics and Policy, 2017, 3 (3): 170 – 188.

230. Graveline N. Intensive and extensive margin adjustments to water scarcity in France's cereal belt [J]. European Review of Agricultural Economics, 2014, 41 (5): 707 – 743.

231. Hassan L M, Shiu E, Shaw D. Who says there is an intention-behaviour gap? Assessing the empirical evidence of an intention-behaviour gap in ethical consumption [J]. Journal of Business Ethics, 2016 (136): 219 – 236.

232. Hassani Y, Shahdany S M H, Maestre J M, et al. An economic-operational framework for optimum agricultural water distribution in irrigation districts without water marketing [J]. Agricultural Water Management, 2019, 221 (3): 348 – 361.

233. Hayes A F, Preacher K J. Statistical mediation analysis with a multicategorical independent variable [J]. British Journal of Mathematical and Statistical Psychology, 2014 (67): 451 – 470.

234. Hayes A F. An index and test of linear moderated mediation [J]. Multivariate Behavioral Research, 2015, 50 (1): 1 – 22.

235. Heumesser C, Fuss S, Szolgayová J, et al. Investment in irrigation systems under precipitation uncertainty [J]. Water Resources Management, 2012, 26 (7): 3113 – 3137.

236. Ho T T, Shimada K. The effects of climate smart agriculture and climate change adaptation on the technical efficiency of rice farming—an empirical study in the Mekong Delta of Vietnam [J]. Agriculture, 2019, 9 (5): 99 – 105.

237. Hoekstra Arjen Y, Chapagain Ashok K. Globalization of water: Sharing the planet's freshwater resources [M]. Blackwell Publishing Ltd: 2007.

238. Huang Q Q, Wang J X, Li Y M. Do water saving technologies save water? Empirical evidence from North China [J]. Journal of Environmental Economics and Management, 2017 (10): 1 – 16.

239. Huffaker R, Whittlesey N. A theoretical analysis of economic incentive policies encouraging agricultural water conservation [J]. International Journal of Wa-

ter Resources Development, 2003, 19 (1): 37 – 53.

240. Hugo S, Heckelei T, Heidecke C. Estimating irrigation water demand in the Moroccan Draa Valley using contingent valuation [J]. Journal of Environmental Management, 2011, 92 (10): 2803 – 2809.

241. Iacobucci D. Mediation analysis and categorical variables: The final frontier [J]. Journal of Consumer Psychology, 2012, 22 (4): 582 – 594.

242. Jevons W S. The coal question (2nd ed.) [M]. London: Macmillan, 1866: 35 – 69.

243. Kang S, Eltahir E. Impact of irrigation on regional climate over eastern China [J]. Geophysical Research Letters, 2019 (46): 5499 – 5505.

244. Kenny D A, Korchmaros J D, Bolger N. Lower level mediation in multilevel models [J]. Psychological Methods, 2003, 8 (2): 115 – 128.

245. Key N. Farm size and productivity growth in the United States Corn Belt [J]. Food Policy, 2019, 84 (4): 186 – 195.

246. Khanal U, Wilson C, Lee B, et al. Do climate change adaptation practices improve technical efficiency of smallholder farmers? Evidence from Nepal [J]. Climatic Change, 2018 (147): 507 – 521.

247. Kumar C S, Turvey C G, Kropp J D. The impact of credit constraints on farm households: Survey results from India and China [J]. Applied Economic Perspectives and Policy, 2013 (3): 508 – 527.

248. Kummu M, Moel D H, Porkka M, et al. Lost food, wasted resources: Global food supply chain losses and their impacts on freshwater, cropland and fertiliser use [J]. Science of The Total Environment, 2012, 438 (1): 477 – 489.

249. Lau R S, Cheung G W. Estimating and comparing specific mediation effects in complex latent variable models [J]. Organizational Research Methods, 2012 (15): 3 – 16.

250. Lee H, Eom J, Cho C, et al. A bottom-up model of industrial energy system with positive mathematical programming [J]. Energy, 2019, 173 (4): 679 – 690.

251. Lehmann N, Finger R. Economic and environmental assessment of irrigation water policies: A bio-economic simulation study [J]. Environmental Modelling and Software, 2014 (51): 112 – 122.

252. Letta M, Tol R S J. Weather, climate and total factor productivity [J]. Environmental and Resource Economics, 2019, 73 (4): 283 – 305.

253. Li X, Takahashi T, Suzuki N, et al. Impact of climate change on maize production in Northeast and Southwest China and risk mitigation strategies [J]. Apcbee Procedia, 2014 (8): 11 – 20.

254. Li Y H. Institutional reform in the irrigation secto in China [J]. Irrigation and Drainage, 2019, 68 (3): 98 – 102.

255. Li Y, Schneider J A, Bennett D A. Estimation of the mediation effect with a binary mediator [J]. Statistics in Medicine, 2007 (26): 3398 – 3414.

256. Li Y, Shen J, Lu L Y, et al. Water environmental stress, rebound effect, and economic growth of China's textile industry [J]. Peer J, 2018, 54 (6): 1 – 24.

257. Lin B Q, Tian P. The energy rebound effect in China's light industries: A translog cost function approach [J]. Journal of Cleaner Production, 2016, 112 (4): 2793 – 2801.

258. Lin B Q, Yan F, Liu X. A study of the rebound effect on China's current energy conservation and emissions reduction: Measures and policy choices [J]. Energy, 2013 (58): 330 – 339.

259. Lin F, Wu F P, Yu Y T, et al. Irrigation technology and water rebound in China's agricultural sector [J]. Journal of Industry Ecology, 2020, 4 (1): 1 – 13.

260. Liu J, Zhao X, Yang H, et al. Assessing China's "developing a water-saving society" policy at a river basin level: A structural decomposition analysis approach [J]. Journal of Cleaner Production, 2018, 190 (7): 799 – 808.

261. Liu M, Yang L, Min Q W. Water-saving irrigation subsidy could increase regional water consumption [J]. Journal of Cleaner Production, 2019 (213): 283 – 288.

262. Liu X J, He Y Q, Fu H L, et al. How environmental protection motivation influences on residents' recycled water reuse behaviors: A case study in Xi'an city [J]. Water, 2018 (10): 1282 – 1300.

263. Lobell D B, Bänziger M, Magorokosho C, et al. Nonlinear heat effects on African corn as evidenced by historical yield trials [J]. Nature Climate Change,

2011，1（1）：42 -45.

264. Loch A，Aadmson D. Drought and the rebound effect：A Murray – Darling Basin example ［J］. Nat Hazards，2015，79（1）：1 -21.

265. Luh Y H，Chang Y C. Effect of climate change on staple food production：Empirical evidence from a structural ricardian analysis ［J］. Agronomy，2021，11（2）：369 -386.

266. Lv J，Li Y P，Shan B G，et al. Planning energy-water nexus system under multiple uncertainties—A case study of Hebei province ［J］. Applied Energy，2018，229（3）：389 -403.

267. Mackinnon D P，Fairchild A J，Fritz M S. Mediation analysis ［J］. Annual Review of Psychology，2007（58）：593 -614.

268. Mackinnon D P，Lockwood C M，Hoffman J M，et al. A comparison of methods to test mediation and other intervening variable effects ［J］. Psychological Methods，2002（7）：83 -104.

269. Mackinnon，Luecken，Linda J. How and for whom? Mediation and moderation in health psychology ［J］. Health Psychology，2008，27（2）：99 -100.

270. Maia A G，Silveira R L F，Fonseca C V C，et al. Climate resilience programmes and technical efficiency：Evidence from the smallholder dairy farmers in the Brazilian semi-arid region ［J］. Climate and Development，2021（3）：190 -202.

271. Mamitimin Y，Feike T，Seifert I，et al. Irrigation in the Tarim Basin，China：Farmers' response to changes in water pricing practices ［J］. Environmental Earth Sciences，2015，73（2）：559 -569.

272. Mansoori H，Ghorbani M，Kohansal M. Determining the effects of climate change and market prices on farm's structure by using an agent based model ［J］. Journal of Agricultural Sciences，2021，27（2）：204 -210.

273. Marshall B，Emerick K. Adaptation to climate change：Evidence from US agriculture ［J］. Americian Economic Journal：Economic Policy，2016，8（3）：106 -140.

274. Mérel P，Howitt R. Theory and application of positive mathematical programming in agriculture and the environment ［J］. Annual Review of Resource Economics，2014，6（1）：451 -470.

275. Morais G A S，Silva F F，Freitas C，et al. Irrigation，technical efficien-

cy, and farm size: The case of Brazil [J]. Sustainability, 2021, 13 (3): 11 – 32.

276. Mpanga I K, Idowu O J. A decade of irrigation water use trends in southwestern USA: The role of irrigation technology, best management practices, and outreach education programs [J]. Agricultural Water Management, 2021, 243 (1): 106 – 113.

277. Mzyece A, Ngombe J N. Crop diversification improves technical efficiency and reduces income variability in northern Ghana [J]. Journal of Agriculture and Food Research, 2021, 5 (9): 100 – 106.

278. Nakashima T, Ishikawa S. Linking life cycle assessment to bio-economic modelling with positive mathematical programming: An alternative approach to calibration [J]. Journal of Cleaner Production, 2017, 167 (12): 875 – 884.

279. Ni W J, Dang P, Ding K L. Institutional reform and irrigation water pricing in China [J]. Irrigation and Drainage, 2020, 69 (S2): 19 – 24.

280. Nigbur D, Lyons E, Uzzell D. Attitudes, norms, identity and environmental behaviour: Using an expanded theory of planned behaviour to predict participation in a kerbside recycling programme [J]. British Journal of Social Psychology, 2010 (2): 259 – 284.

281. Ogg C W, Gollehon N R. Western irrigation response to pumping costs: A water demand analysis using climatic regions [J]. Water Resources Research, 1989, 25 (5): 767 – 773.

282. Ørum J E, Boesen M V, Jovanovic Z, et al. Farmers' incentives to save water with new irrigation systems and water taxation: A case study of Serbian potato production [J]. Agricultural Water Management, 2010, 98 (3): 465 – 471.

283. Overman A R, Scholtz R V. Corn response to irrigation and applied Nitrogen [J]. Communications in Soil Science and Plant Analysis, 2002, 33 (20): 3609 – 3619.

284. Pangapanga – Phiri I, Mungatana E D. Adoption of climate-smart agricultural practices and their influence on the technical efficiency of maize production under extreme weather events [J]. International Journal of Disaster Risk Reduction, 2021 (61): 2212 – 2232.

285. Patel N, Rajput T B S. Micro irrigation technology for increasing water and

fertilizer use efficiency of onion ［J］. Journal of Pharmacognosy and Phytochemistry, 2019, 8 (5): 144 - 147.

286. Paul C, Techen A K, Robinson J S, et al. Rebound effects in agricultural land and soil management: Review and analytical framework ［J］. Journal of Cleaner Production, 2019, 227 (8): 1054 - 1067.

287. Pei Z, Fang S, Wang L, et al. Comparative analysis of drought indicated by the SPI and SPEI at various timescales in inner Mongolia, China ［J］. Water, 2020, 12 (7): 1925 - 1945.

288. Perez - Blanco C D, Hrast - Essenfelder A, Perry C. Irrigation technology and water conservation: A review of the theory and evidence ［J］. Review of Environmental Economics and Policy, 2020, 14 (2): 216 - 239.

289. Pérez - Urdiales M, García - Valiñas M á. Efficient water-using technologies and habits: A disaggregated analysis in the water sector ［J］. Ecological Economics, 2016, 128 (8): 117 - 129.

290. Perren K, Yang L. Psychosocial and behavioural factors associated with intention to save water around the home: A Greek case study ［J］. Procedia Engineering, 2015 (8): 1447 - 1454.

291. Pfeiffera L, Cynthia L. Does efficient irrigation technology lead to reduced groundwater extraction? Empirical evidence ［J］. Journal of Environmental Economics and Management, 2014, 67 (2): 189 - 208.

292. Pino G, Toma P, Rizzo C, et al. Determinants of farmers' intention to adopt water saving measures: Evidence from Italy ［J］. Sustainability, 2017, 9 (77): 2 - 14.

293. Poddar R, Qureshi M, Syme G. Comparing irrigation management reforms in Australia and India: A special reference to participatory irrigation management ［J］. Irrigation and Drainage, 2011, 60 (2): 139 - 150.

294. Qin C H, Zhao Y, Pei Y S. Study on utility of generalized water resources utilization by adjustment of agricultural water price ［J］. Journal of Hydraulic Engineering, 2010, 41 (9): 1094 - 1100.

295. Qureshi M E, Whitten S M, Kirby M, et al. A multi-period positive mathematical programming approach for assessing economic impact of drought in the Murray - Darling Basin, Australia ［J］. Economic Modelling, 2014 (5): 32 - 39.

296. Rahman S, Anik A R. Productivity and efficiency impact of climate change and agroecology on Bangladesh agriculture [J]. Land Use Policy, 2020 (94): 104 – 119.

297. Ren Y T, Wei S, Cheng K, et al. Valuation and pricing of agricultural irrigation water based on macro and micro scales [J]. Water, 2018 (8): 1044 – 1057.

298. Rhodes E R, Bruijn G. How big is the physical activity intention-behaviour gap? A meta-analysis using the action control framework [J]. Health Psychology, 2013 (2): 296 – 309.

299. Rogers E M. Diffusion of innovations (5th ed.) [M]. New York: The Free Press, 2003: 79.

300. Rosegrant M W, Ringler C, Zhu T J. Water for agriculture: Maintaining food security under growing scarcity [J]. Annual Review of Environment and Resources, 2009 (34): 205 – 222.

301. Salat M, Swallow B. Resource use efficiency as a climate smart approach: Case of smallholder maize farmers in Nyando, Kenya [J]. Environments, 2018, 5 (8): 93 – 108.

302. Scott C A, Vicuña S, Blanco – Gutíerrez I, et al. Irrigation efficiency and water-policy implications for river basin resilience [J]. Hydrology and Earth System Sciences, 2014, 18 (4): 1339 – 1348.

303. Shen X B, Lin B Q. The shadow prices and demand elasticities of agricultural water in China: A StoNED – based analysis [J]. Resources, Conservation and Recycling, 2017, 127 (10): 21 – 28.

304. Sheng Y, Tian X H, Qiao W Q, et al. Measuring agricultural total factor productivity in China: Pattern and drivers over the period of 1978 – 2016 [J]. Australian Journal of Agricultural and Resource Economics, 2019, 64 (1): 82 – 103.

305. Shi M, Wang X, Yang H, et al. Pricing or quota? A solution to water scarcity in Oasis regions in China: A case study in the Heibe River basin [J]. Sustainability, 2014, 6 (11): 7601 – 7620.

306. Shrout P E, Bolger N. Mediation in experimental and non-experimental studies: New procedures and recommendations [J]. Psychological Methods, 2002 (7): 422 – 445.

307. Song J F, Guo Y N, Wu P, et al. The agricultural water rebound effect in China [J]. Ecology Economic, 2018, 146 (12): 497 – 506.

308. Storm H, Heckelei T. Estimating irrigation water demand in the Moroccan Draa Valley using contingent valuation [J]. Journal of Environmental Management, 2011, 92 (10): 2803 – 2809.

309. Tan X C, Zhu K W, Meng X Y, et al. Research on the status and priority needs of developing countries to address climate change [J]. Journal of Cleaner Production, 2021, 289 (5): 125 – 152.

310. Tapio P. Towards a theory of decoupling: Degrees of decoupling in the EU and the case of road traffic in Finland between 1970 and 2001 [J]. Transport Policy, 2005, 12 (2): 140 – 151.

311. Tsvetanov T, Earnhart D. The effectiveness of a water right retirement program at conserving water [J]. Land Economics, 2020, 96 (2): 56 – 74.

312. Turvey C G, He G W, Ma J J, et al. Farm credit and credit demand elasticities in Shanxi and Gansu [J]. China Economic Review, 2012 (23): 1020 – 1035.

313. Twumasi M A, Jiang Y S, Danquah F O, et al. Efficiency analysis of goat producers in Ghana: An instrumental variable approach [J]. Custos Agronegocio, 2020, 16 (2): 345 – 360.

314. Van O P, Wan G, Vos J, et al. Towards groundwater neutral cropping systems in the Alluvial Fans of the North China Plain [J]. Agricultural Water Management, 2016, 165 (11): 131 – 140.

315. Vanham D, Bidoglio G. The water footprint of agricultural products in European river basins [J]. Environmental Research Letters, 2014, 9 (6): 45 – 58.

316. Venot J P, Molle F. Groundwater depletion in the Jordan Highlands: Can pricing policies regulate irrigation water use? [J]. Water Resources Management, 2008, 22 (12): 1925 – 1941.

317. Wang J X, Li Y R, Huang J K, et al. Growing water scarcity, food security and government responses in China [J]. Global Food Security, 2017 (14): 9 – 17.

318. Wang J X, Song J H, Mao X J, et al. Effect of adjustment of agricultural water price on amount of irrigation water in Tarim River basin [J]. Journal of Eco-

nomics of Water Resources, 2009, 223 (10): 1341 – 1350.

319. Wang J X, Zhang L J, Huang J K. How could we realize a win-win strategy on irrigation price policy? Evaluation of a pilot reform project in Hebei Province, China [J]. Journal of Hydrology, 2016, 539 (5): 379 – 391.

320. Wang J X, Zhu Y Y, Sun T H, et al. Forty years of irrigation development and reform in China [J]. Australian Journal of Agricultural and Resource Economics, 2019, 64 (1): 126 – 149.

321. Ward F A, Pulido – Velazquez M. Water conservation in irrigation can increase water use [J]. Proceedings of the National Academy of Sciences, 2008, 105 (47): 18215 – 18220.

322. Wheeler S A, Carmody E, Grafton R Q, et al. The rebound effect on water extraction from subsidising irrigation infrastructure in Australia [J]. Resources, Conservation and Recycling, 2020, 159 (8): 1 – 17.

323. Wheeler S A, Zuo A, Loch A. Watering the farm: Comparing organic and conventional irrigation water use in the Murray – Darling Basin, Australia [J]. Ecological Engineering, 2015 (2): 78 – 85.

324. Wichelns D. Policy recommendations to enhance farm-level use of fertilizer and irrigation water in Sub – Saharan Africa [J]. Journal of Sustainable Agriculture, 2003, 23 (2): 53 – 77.

325. Wichelns D. Water productivity and food security: Considering more carefully the farm-level perspective [J]. Food Security, 2015, 7 (2): 247 – 260.

326. Yang H, Zhang X, Zehnder A J B. Water scarcity, pricing mechanism and institutional reform in northern China irrigated agriculture [J]. Agricultural Water Management, 2003, 61 (2): 143 – 161.

327. Yang L S, Li Z. Technology advance and the Carbon Dioxide emission in China-empirical research based on the rebound effect [J]. Energy Policy, 2017, 101 (2): 150 – 161.

328. Yazdanpanah M, Hayati D, Hochrainer – Stigler S, et al. Understanding farmers' intention and behavior regarding water conservation in the Middle – East and North Africa: A case study in Iran [J]. Journal of Environmental Management, 2014 (135): 63 – 72.

329. Yazdanpanah M, Hayati D, Zamani G H. Investigating agricultural

professionals' intentions and behaviours towards water conservation: Using a modified theory of planned behaviour [J]. Environmental Sciences, 2012 (1): 1 – 22.

330. Yu P, Zhu Y M, Liu S X, et al. Environmental regulation and Carbon emission: The mediation effect of technical efficiency [J]. Journal of Cleaner Production, 2019, 236 (11): 74 – 90.

331. Zhang B, Fu Z T, Wang J Q, et al. Farmers' adoption of water-saving irrigation technology alleviates water scarcity in metropolis suburbs: A case study of Beijing, China [J]. Agricultural Water Management, 2019, 212 (9): 349 – 357.

332. Zhong F, Li L L, Guo A J, et al. Quantifying the influence path of water conservation awareness on water-saving irrigation behavior based on the theory of planned behavior and structural equation modeling: A case study from northwest China [J]. Sustainability, 2019 (11): 2 – 16.

333. Zhou Q, Wu F, Zhang Q. Is irrigation water price an effective leverage for water management? An empirical study in the middle reaches of the Heihe River basin [J]. Physics and Chemistry of the Earth, 2015 (90): 25 – 32.

334. Zhou W B, Wang H Y, Hu X, et al. Spatial variation of technical efficiency of cereal production in China at the farm level [J]. Journal of Integrative Agriculture, 2021, 20 (2): 470 – 481.